AF482439

FINANZAS PARA EMPRESAS COMPETITIVAS

Diseño de tapa:
JUAN PABLO OLIVIERI

DIANA MONDINO
EUGENIO PENDÁS

Prólogo de Alfredo Romano

FINANZAS PARA EMPRESAS COMPETITIVAS

Conceptos esenciales para decisiones eficientes

GRANICA

ARGENTINA - ESPAÑA - MÉXICO - CHILE - URUGUAY

ARGENTINA
Ediciones Granica S.A.
Lavalle 1634 3º G / C1048AAN Buenos Aires, Argentina
granica.ar@granicaeditor.com
atencionaempresas@granicaeditor.com
Tel.: +54 (11) 4374-1456 - 1158549690

MÉXICO
Ediciones Granica México S.A. de C.V.
Calle Industria N° 82 - Colonia Nextengo - Delegación Azcapotzalco
Ciudad de México - C.P. 02070 México
granica.mx@granicaeditor.com
Tel.: +52 (55) 5360-1010 - 5537315932

URUGUAY
granica.uy@granicaeditor.com
Tel.: +59 (82) 413-6195 - Fax: +59 (82) 413-3042

CHILE
granica.cl@granicaeditor.com
Tel.: +56 2 8107455

ESPAÑA
granica.es@granicaeditor.com
Tel.: +34 (93) 635 4120

www.granicaeditor.com

Mondino, Diana
  Finanzas para empresas competitivas : conceptos esencia-
  les para decisiones eficientes / Diana Mondino ; Eugenio
  Pendas. - 2a. edición especial - Ciudad Autónoma de Buenos
  Aires : Granica, 2023.
  328 p. ; 22 x 15 cm.

  ISBN 978-631-6544-10-0

  1. Finanzas. I. Pendas, Eugenio. II. Título.
  CDD 658.4032

¿A quién, si no a ustedes?

ÍNDICE

PARTE I
DE LOS CONCEPTOS CONTABLES AL ANÁLISIS FINANCIERO

Capítulo 1

Capítulo 2

PARTE II
EVALUACIÓN FINANCIERA DE PROYECTOS DE INVERSIÓN

PARTE III
TASAS DE DESCUENTO APROPIADAS,
ESTRUCTURA DE FINANCIAMIENTO Y MERCADOS FINANCIEROS

Capítulo 13
LA INVERSIÓN EN LOS MERCADOS FINANCIEROS   301

PRÓLOGO

Las finanzas siempre han sido y seguirán siendo una parte fundamental de cualquier empresa que busque alcanzar el éxito y la rentabilidad. En un mundo cada vez más competitivo y cambiante, la gestión financiera se ha convertido en una herramienta clave para la toma de decisiones empresariales.

Esta obra fue creada con un objetivo muy claro: facilitar la comprensión de las herramientas del análisis financiero y su aplicación en el mundo empresarial actual.

Los autores nos presentan en este libro un enfoque actualizado y pragmático de las finanzas empresariales, que aborda tanto los conceptos teóricos como las herramientas prácticas que permiten a las empresas tomar decisiones financieras sólidas y efectivas en un entorno altamente competitivo.

El libro aborda los temas más relevantes en finanzas, desde conceptos básicos hasta estrategias avanzadas. Con un lenguaje claro y sencillo, los autores demuestran la importancia de las finanzas en el mundo empresarial actual y cómo pueden ser aplicadas de manera efectiva para mejorar la rentabilidad y el crecimiento de las empresas.

Es una guía valiosa para aquellos que buscan mejorar sus habilidades financieras y para aquellos que buscan comprender el papel crucial que juegan las finanzas en la toma de decisiones empresariales. Hace foco en los líderes que deben tomar decisiones y asumir responsabilidades ejecutivas en el ámbito financiero, que a veces puede ser intimidante. Por esta razón, el libro está diseñado para ayudar al lector a entender mejor los conceptos financieros y aplicarlos en situaciones reales.

Es una herramienta invaluable tanto para empresarios como para estudiantes de finanzas y negocios, ya que proporciona una base sólida de conocimientos y habilidades necesarias para tomar decisiones financieras efectivas.

La vigencia y actualidad de las finanzas es innegable y este libro es una excelente muestra de cómo las finanzas pueden ser utilizadas como una ventaja competitiva en el mundo empresarial actual.

Esta obra es ideal para aquellos que buscan una comprensión clara y detallada de los conceptos contables y del análisis financiero. También cubre la evaluación financiera de proyectos de inversión, la estructura del capital, la valuación de activos y la inversión en mercados financieros.

El enfoque de los autores en la integración de las decisiones financieras con los otros aspectos del quehacer empresarial es un aspecto especialmente importante del libro. La autora entiende que la gestión financiera no es un tema aislado en una empresa, sino que está estrechamente vinculada a otros aspectos, como la gestión de recursos humanos, la producción, el marketing y la estrategia empresarial.

Diana Mondino es una reconocida experta en finanzas corporativas y empresariales con más de 20 años de experiencia en el campo. Ha trabajado con empresas de diversos sectores, desde pequeñas y medianas empresas hasta grandes corporaciones multinacionales, brindando asesoramiento en temas financieros y estratégicos. Su conocimiento y experiencia son altamente valorados por sus clientes y colegas en la industria financiera.

La experiencia y el conocimiento de Diana como docente e investigadora en finanzas empresariales se reflejan en este libro, que es una obra imprescindible para cualquier profesional que desee mantenerse actualizado en un entorno empresarial altamente competitivo. Asimismo, Eugenio tiene experiencia de gestiòn que logra transmitir con notable sencillez.

Finalmente, Mondino, a través de una brillante carrera profesional, ha logrado el equilibrio perfecto entre la academia y el sector privado. Su paso por directorios de compañías prestigiosas de la Argentina y su continuado proceso en la docencia la vuelven una figura relevante de nuestro país. Este libro es una obra de arte de su experiencia profesional y académica.

ALFREDO ROMANO
Buenos Aires, septiembre de 2023

INTRODUCCIÓN

Solo cuando ya habíamos terminado de escribir este libro nos dimos cuenta de lo importante que resulta la "Introducción". Al mismo tiempo, como cabía esperar, notamos que nos habíamos olvidado de hacerla.

El propósito que nos animó a escribir estas páginas fue tratar de evitar que tres de las más valiosas enseñanzas que la experiencia ha recogido en el campo de la ingeniería tengan aplicación en el de las finanzas de empresas. Estas enseñanzas son:

- El axioma de la inexorabilidad:
  Si se atasca ,fuércelo.
  Si se rompe, no importa: de todas maneras había que cambiarlo.
- El principio de la reparación contundente:
  Si tiene dudas, utilice un martillo más grande.
- El teorema de la acumulación de experiencia:
  La experiencia adquirida es proporcional a la cantidad de material destruido.

El dramatismo de estas enseñanzas (naturales extensiones de las famosas Leyes de Murphy) aumenta en el campo financiero, dada la "materia prima" con la que se trabaja en este terreno.

Luego de haber pasado por distintos cursos de postgrado en Dirección de Empresas, como alumnos y como profesores, hemos podido comprobar que, en lo que hace a las finanzas de empresas, todavía hay lugar para desarrollar una recomendación adicional, también proveniente del campo de la ingeniería:

- El postulado de la solución eficiente:
  Cuando todo lo demás falla, lea adecuadamente las instrucciones.

Sin embargo, el problema que notamos es que éramos demasiado optimistas; aunque se tratara de leerlas adecuadamente, "las instrucciones" no eran tan claras como deseábamos que fueran. Al menos las que traían los textos que normalmente habíamos utilizado.

Una vez que observamos esto, la conclusión era sumamente clara: se necesitaba un libro que detallara las instrucciones a las que responde el conjunto de herramientas que conforman el "Análisis Financiero". Queda así totalmente explícito que de ninguna manera pretendemos mover las fronteras de la Teoría Financiera; solo pretendemos facilitar un poco la comprensión de algunos de los temas contenidos en esas fronteras.

Por lo tanto, aunque los más inmediatos destinatarios de este libro son los estudiantes de Dirección de Empresas, el "lector objetivo" no está en el mundo académico. Estas páginas no son para "estudiosos". Justamente por este motivo no hemos indicado bibliografía.

Este es un libro de finanzas para quienes tienen (o tendrán) que tomar decisiones, asumiendo responsabilidades ejecutivas. De ahí que hemos optado por un enfoque para usuarios, es decir aquellos que cotidianamente enfrentan problemas vinculados con el campo financiero.

El *nicho de mercado*

A nuestro criterio, los textos comúnmente utilizados para enseñar Administración Financiera (*Corporate Finance*) en los programas de Dirección de Empresas o similares presentan notables "fallas" o deficiencias, las que a su vez originan un importante nicho de mercado para un texto alternativo (obviamente el que el lector tiene en sus manos).

Las principales "fallas" que en general observamos y que intentamos subsanar son:

a) falta de una adecuada integración entre distintas disciplinas (por ejemplo: entre finanzas y contabilidad, marketing, etcétera),

b) inadecuada explicitación de los supuestos que sustentan muchos de los instrumentos que utiliza el análisis financiero.

La primera de estas deficiencias conduce a una visión y/o aplicación fragmentada de los conceptos que se vinculan con las finanzas, lo que produce la formación de compartimientos estancos. Así, los fenómenos económicos aparecen completamente disociados de los fenómenos contables y de los fenómenos financieros. De este modo se rompe la visión general que debe siempre privar en la dirección de empresas, convirtiéndose en realidad aquello de que "el árbol no deja ver el bosque".

La segunda de estas fallas genera importantes problemas, ya sea porque conduce a errores de diagnóstico financiero (en los que se hace una extensión inadecuada de la validez de una teoría) o porque lleva al planteamiento de soluciones correctas para problemas equivocados.

Explicitado el "nicho de mercado" (la necesidad de nuestros lectores que pretendemos satisfacer), no queda más que explicar la forma en la que hemos organizado esta obra.

Una guía de lectura: la estructura del libro

Hemos dividido este libro en tres grandes partes. La Primera Parte, "De los conceptos contables al análisis financiero", pretende familiarizar al lector con el análisis e interpretación de la información financiera: Balance, Cuenta de Resultados, *Cash-flow*. El objetivo final es que el lector, luego de aventurarse en la lectura de los primeros cinco capítulos, esté en condiciones de diagnosticar la situación económico-financiera de corto plazo de una empresa.

El tipo de situaciones a las que se hace referencia en esta Primera Parte se relaciona con la determinación de la posición financiera de la empresa (déficit o superávit financiero) y al estudio de la rentabilidad. De la evaluación de la consistencia temporal de esos dos resultados (¿cómo y cuánto se pueden sostener esos resultados en el tiempo?), surge como consecuencia natural el pronóstico económico-financiero de corto plazo de la empresa.

Estos primeros capítulos pretenden ser sumamente conceptuales y no van por lo tanto al detalle puntilloso. La idea para esta primera parte es preparar al lector para que sea un especialista en el análisis de ese tipo de información y no en la confección de los mismos. Por lo tanto, priva en estos capítulos una visión generalista y/o "integradora".

La Segunda Parte, en cambio, está orientada a que el lector se convierta en un especialista en materia de "Evaluación financiera de proyectos de inversión", no solo en lo que al análisis de los mismos se refiere, sino también en cuanto al planteamiento metodológico. Por este motivo tratamos de que aun los pequeños detalles no se le escapen al lector.

En estos capítulos de la Segunda Parte tratamos de familiarizar al lector con los alcances y limitaciones que tienen los principales instrumentos de análisis financiero y que se vinculan con la evaluación de los *Cash-flows* que se espera genere un proyecto.

Más aún, escribimos estos capítulos (en particular los Capítulos 8, 9 y 10) con el espíritu –y la secreta aspiración– de que se conviertan en una guía de consulta especializada para los profesionales que de forma constante tratan el tema.

Aunque finalmente hemos optado por una organización distinta, una alternativa que estuvimos evaluando con cuidado fue la inclusión del Apéndice al Capítulo 11 y el Capítulo 13 al final de esta Segunda Parte. Quizás ese ordenamiento hubiese sido más natural que el que finalmente elegimos. En cualquier caso, si usted está muy interesado en la evaluación financiera de proyectos, no deje de leerlos.

En la Tercera Parte del libro, tratamos de introducir al lector en lo que podríamos denominar "tópicos especiales", algunos de los cuales tienen un planteamiento relativamente "teórico" en relación con el resto de este libro.

En este caso, el objetivo fue no marginar al lector de cuestiones que han concitado y concitan gran parte de la atención del mundo académico en el campo de las finanzas. En primer lugar, se trata el tema de la estructura de financiamiento y las implicaciones que la misma tiene para la determinación de las tasas de descuento apropiadas para la evaluación de proyectos. En segundo lugar, se trata el tema de los riesgos en relación con el costo de capital apropiado para una empresa.

Finalmente, aunque desde el punto de vista académico no constituye un tópico especial, en el último capítulo se muestra una serie de aplicaciones de las herramientas financieras presentadas a lo largo del libro, aplicadas al análisis de las inversiones más comunes en los mercados de capital (obligaciones negociables o bonos y acciones).

Solo nos resta agradecer a todos los que colaboraron en este libro. Entre nuestros acreedores por tal motivo, en primer lugar figura Javier Bolzico (Master en Economía del CEMA, Centro de Estudios Macroeconómicos de Argentina), Alejandro Henke y María Figueroa (Masters en Dirección de Empresas del CEMA) quienes colaboraron muy activamente en todos los trabajos que requirió la consolidación final de esta obra para su publicación.

La lista de los demás acreedores es bastante extensa y sin duda nos estaremos olvidando de muchos ellos si solo citamos a quienes tuvieron la paciencia y el desinterés de leer la versión preliminar, lo que nos permitió corregir y eliminar algunos errores. Pero, a fin de eximirlos y exculparlos por los errores remanentes, no podemos sino agradecer a Andrés Canto y Hernán Madero (Masters en Dirección de Empresas del CEMA), al Dr. Armando Bertagnini (actualmente en la Universidad de San Andrés), al Lic. Víctor Pérez Barcia y al Lic. Osvaldo Cariatti (del IAMC, Instituto Argentino del Mercado de Capitales) y al Sr. Gabriel Caraciolo. De más está decir que todos los errores que subsisten son de nuestra exclusiva responsabilidad.

PARTE I

DE LOS CONCEPTOS CONTABLES AL ANÁLISIS FINANCIERO

CAPÍTULO 1

LA INFORMACIÓN ECONÓMICO-FINANCIERA BÁSICA

El que no sabe dónde está,
seguro que está perdido.

El objetivo de este capítulo es exponer el conjunto de principios elementales de registración que habitualmente se siguen en la presentación de la información económico-financiera de la empresa.

Estos principios elementales de registración son imprescindibles para mostrar de una manera homogénea y uniforme las diferentes relaciones básicas que se establecen entre las variables que están bajo la responsabilidad de la dirección de una empresa. Asimismo, en este capítulo se establecerán los alcances y convenciones que en materia de términos y abreviaturas se emplearán en los sucesivos capítulos de este libro.

Los sistemas contables

Los sistemas contables no son más que formas útiles y consistentes de ordenar datos susceptibles de ser medidos de manera homogénea. La *homogeneidad* de los datos es condición *sine qua non* para poder agruparlos y comparar. La *utilidad* se refiere a la forma apropiada y clara en la que se debe exhibir la información. Finalmente, la *consistencia* significa que los datos no muestran relaciones que en realidad no se verifican.

Estos ordenamientos de datos, que constituyen la información financiera proporcionada por los sistemas contables, pretenden brindar información a distintos destinatarios, quienes a su vez la requieren para, básicamente, dos propósitos:

1) Control de gestión y organización

Este es un típico análisis *ex-post* en el que, sobre hechos consumados y por lo tanto ya conocidos, se recaba información para:

a) saber de qué recursos se dispone y a quiénes pertenecen,
b) chequeo y comparación de la *performance* que los mismos tienen en la empresa (desde la evaluación de la gestión general hasta las *performances* individuales).

2) Planeamiento

Este es un típico análisis *ex-ante* en el que, antes de que las cosas efectivamente sucedan (y por lo tanto se conozcan los resultados que finalmente se producirán), se proyecta información con el objeto de conocer cómo será la situación de la empresa con la orientación que se pretende dar a los recursos.

La información financiera a la que aludíamos más arriba se concentra y resume en tres estados financieros mutuamente relacionados: el Balance, la Cuenta de Resultados y el Cuadro de Origen y Aplicación de Fondos (o Flujo de Fondos o *Cash-flow*), cada uno de los cuales requiere de una acumulación previa de datos y un adecuado criterio de ordenación y clasificación. El conocimiento de estos últimos elementos, la metodología contable, es el paso previo y necesario para poder interpretar correctamente la información brindada por los estados financieros de cualquier empresa o institución.

Un tanto metafóricamente podemos decir que la información concentrada en estos estados financieros tiene por objeto proporcionar los "planos cartográficos" que muestran dónde se está, adónde se va a llegar y cómo será el camino. Los Balances, Cuentas de Resultado y Flujos de Fondos *históricos* (*ex-post*) muestran dónde se está actualmente y cómo se llegó; los Balances *presupuestados* (*ex-ante*) indican adónde se llegará y las Cuentas de Resultado y Flujo de Fondos presupuestados indican cómo se prevé que será el camino.

En lo que sigue se presentarán los grandes lineamientos que normalmente se utilizan para la confección e interpretación de los estados financieros. La idea es que, para poder interpretarlos adecuadamente, se requiere conocer cómo están construidos y cómo funciona su lógica interna.

En este sentido, cabe recordar un precepto básico de la Dirección Estratégica: "mala información produce malas decisiones". Para el caso, también vale decir que: "buena información + mala interpretación = malas decisiones".

El criterio que hemos seguido en las secciones siguientes es el de simplificar la exposición todo lo que sea posible, para no llegar a tal grado de detalle que "por ver el árbol no se vea el bosque".

Los estados financieros

El Balance

Es el estado financiero que pretende medir la situación de la empresa *en un momento dado*, recopilando por lo tanto información con respecto a variables de tipo stock (aquellas que se miden con referencia a un momento y no a un período).

Estas variables *stock* son clasificadas de acuerdo con sus características propias y agrupadas en distintas cuentas.

La información que brindan las distintas cuentas del Balance están concentradas en tres grandes rubros: el *Activo*, el *Pasivo* y el *Patrimonio Neto*. El Balance, justamente, tiene por objeto informar los montos y la composición de cada uno de estos grandes rubros.

En el *Activo* de la empresa se agrupan los recursos que la misma posee con la expectativa de que le generen beneficios o le ayuden en la obtención de sus objetivos. Esto es: en las cuentas del Activo se refleja el conjunto de *bienes y derechos* en favor de la empresa.

En las cuentas del Pasivo se agrupa el conjunto de *compromisos y/o obligaciones* pendientes con terceros, en los que se ha incurrido para poder mantener el Activo.

En el *Patrimonio Neto* se agrupa, en distintas cuentas, la diferencia entre los bienes y/o derechos y las obligaciones de la empresa (*Activo - Pasivo,* o *Activo neto de Pasivo*), es decir: lo que queda en favor de los propietarios de la empresa una vez que se ha dado cumplimiento a todas las obligaciones.

La ecuación básica del Balance es entonces:

$$Activo = Pasivo + Patrimonio\ Neto$$

Muy escuetamente podemos decir que en el lado izquierdo de la igualdad está lo que la empresa posee y en el lado derecho se lee cómo se lo financia, a quién le debe: a terceros (Pasivo) o a los accionistas (Patrimonio Neto).

Otra interpretación alternativa del Balance, especialmente apropiada desde el punto de vista del *Cash-flow,* es identificar el lado derecho de la relación, particularmente el Pasivo, con el conjunto de recursos que se han obtenido y aún no han sido pagados por la empresa.

Esta interpretación del Balance pone su acento en la diferencia entre lo *devengado* (el reconocimiento y/o generación de un derecho o una obligación) y lo *percibido* (lo efectivamente pagado en relación con un derecho o una obligación).

Esta diferencia entre *devengado* y *percibido* es fundamental para todo lo relacionado con temas financieros. Para mayor claridad, es exactamente la misma que existe entre "un pájaro volando y un pájaro en la mano". Es más, en términos estrictamente financieros esa frase se traduciría como: "un pájaro devengado y un pájaro percibido".

Asimismo, del mismo modo se puede identificar el Activo con el conjunto de recursos que aún no han sido cobrados: el conjunto de derechos *devengados* en favor de los accionistas y que aún no han sido efectivamente percibidos por ellos.

Los datos financieros vinculados con el Activo –las cuentas del Activo–, por lo general, se ordenan siguiendo un criterio de *liquidez,* entendiéndose por liquidez la facilidad que posee un bien para transformarse en dinero. Los datos financieros vinculados con el Pasivo se ordenan siguiendo un criterio de *exigibilidad,* o sea la *inmediatez* o *perentoriedad* de las obligaciones.

Nótese que hemos dicho que este estado financiero *pretende medir* (y no *mide*) los recursos a disposición de la empresa, porque no todos los recursos que posee la empresa figuran en su Activo, ni todos los recursos que adeuda aparecen en su Pasivo.

Un muy claro ejemplo de esto se puede ver en la ausencia, en el Activo, de los recursos humanos de los que dispone la empresa. Del mismo modo, el permanente devengamiento de obligaciones (tales como los salarios, por ejemplo), impide en la práctica que el Pasivo que se está leyendo refleje exactamente la situación de una empresa.

Otro tipo de ausencias notables en el Balance son los Activos y Pasivos *ocultos*: derechos y obligaciones no explicitados en el Balance.

Exceptuando los casos en los que se oculta expresamente esta información (por mala fe, negligencia o incompetencia), en general, estos Activos y Pasivos ocultos son derechos u obligaciones contingentes, con una alta probabilidad de aparición. Por ejemplo: los resultados del conjunto de reclamos judiciales en los que la empresa está representada. Teóricamente este tipo de eventos contingentes se deben buscar entre las *cuentas de orden* y/o entre las notas a los estados contables.

Aunque existen muchas formas de agrupamiento de datos, en general y en una forma muy estereotipada, al comienzo de un ejercicio, el Balance típico de una empresa suele presentarse de la siguiente forma:

ACTIVO	PASIVO
ACTIVO CIRCULANTE (AC)	PASIVO CIRCULANTE (PC)
Caja y Bancos Clientes Existencias	Proveedores Deuda Bancaria de Corto Plazo Impuestos a Pagar
ACTIVO FIJO (AF)	DEUDA DE LARGO PLAZO (DLP)
Muebles y Útiles Maquinarias y Equipos Inmuebles y Terrenos	PATRIMONIO NETO (K_0) Capital Social Resultados Previos Acumulados

Este ordenamiento de cuentas, como ya se dijo, distingue muy claramente entre derechos y obligaciones a corto plazo (llamadas *circulante*) y a largo plazo.

En el primer grupo (con la posible excepción de la cuenta *Deuda Bancaria a Corto Plazo*) cabe hacer notar el carácter de *recurrencia* y *espontaneidad* que tienen los conceptos: las magnitudes de estas cuentas variarán –por lo general– en forma natural y directa (*espontánea*) acompañando la evolución de las ventas. En términos económicos, estas son variables endógenas: los cambios que se producen en las mismas se explican por cambios previos ocurridos en otras variables.

Las cuentas vinculadas con el largo plazo, en cambio, requieren una previa toma de decisiones que no necesariamente están ligadas con la evolución inmediata de las ventas. En términos económicos, estas son variables *exógenas*: los cambios que se producen en estas variables son cambios autónomos, que no requieren para su explicación cambios previos en otras variables.

El Capital de Trabajo

Dos conceptos originados a partir de un ordenamiento particular de las cuentas del Activo y Pasivo Circulante merecen destacarse. En primer lugar el Capital de Trabajo (*CT*):

$$CT = Activo\ Circulante - Pasivo\ Circulante$$

Este concepto hace referencia a los recursos netos disponibles para la empresa en el corto plazo.

En segundo lugar, el Capital de Trabajo Estrictamente Operativo (*CTEO*):

$$CTEO = Clientes + Existencias - Proveedores - Impuestos\ a\ pagar$$

Este concepto es similar al Capital de Trabajo, pero hace referencia a los recursos estrictamente originados o requeridos por la gestión operativa de la empresa, y por lo tanto no considera las cuentas *Caja* y *Deuda Bancaria a Corto Plazo*. Más adelante, en el Capítulo 5, volveremos sobre estas cuestiones, introduciendo el concepto de una Caja mínima necesaria por razones operativas.

La Cuenta de Resultados

Este estado financiero mide la actuación o desempeño de una empresa *durante un período*, por lo tanto, recopila información respecto de variables *flujo* (variables que miden lo acontecido entre dos momentos).

Lo que aparece como Resultados Acumulados en el Balance presentado anteriormente no es más que la suma del flujo de beneficios a partir de un momento dado: la acumulación de sucesivas Cuentas de Resultados.

Lo que se está midiendo en esta cuenta, el Beneficio, es la diferencia entre los ingresos y los gastos devengados durante un período, con independencia de que los mismos hayan sido efectivamente cobrados o pagados (*percibidos*).

La incorporación de la Cuenta de Resultados al Balance, a fin de obtener el Balance al final del ejercicio, implica modificar la ecuación básica del siguiente modo:

Activo = Pasivo + Patrimonio Neto (al comienzo del período) +
Cuenta de Resultados (del período)

O sea:

Activo = Pasivo + Patrimonio Neto (al comienzo del período) +
Ingresos Devengados − Gastos Devengados

Queda claro que, en este caso, los valores del Activo y del Pasivo son los que corresponden al final del período.

En forma un tanto estereotipada, las dos modalidades más comunes que suelen presentar las Cuentas de Resultados son:

VERSIÓN 1	VERSIÓN 2
Ventas (V) - Costo de Mercaderías Vendidas (*CMV*)*	Ventas (V) - Costos Variables (CV)
Margen Bruto o Beneficio antes de Amort. e Impuestos (BAAIT)	Margen de Contribución (MC)
- Amortizaciones (A)	- Costos Fijos (CF) - Amortizaciones (A)
Beneficio antes de Intereses e Impuestos (BAIT)	Beneficio antes de Intereses e Impuestos (BAIT)
- Intereses (I)	- Intereses (I)
Beneficio antes de Impuestos (BAT)	Beneficio antes de Impuestos (BAT)
- Impuestos (T)	- Impuestos (T)
Beneficio después de Impuestos (BDT)	Beneficio después de Impuestos (BDT)

* En este caso, en el *CMV*, obviamente, no están incluidas las amortizaciones.

Estas distintas versiones de presentación, aunque brindan el mismo resultado final, proporcionan muy diferentes informaciones intermedias. En particular, la información intermedia de la primera versión (el *Margen Bruto*) permite visualizar con más claridad cuánto está ganando o perdiendo la empresa y es especialmente útil para comparar la *performance* de costos con otras empresas.

La información intermedia de la segunda versión (el *Margen de Contribución*) presenta, en cambio, un ordenamiento especialmente útil para decisiones vinculadas con la gestión operativa de corto plazo.

Vale la pena destacar algunas observaciones adicionales.

En primer lugar, nótese que las *Amortizaciones* son una forma de distribuir el costo de los Activos Fijos a lo largo del tiempo, por lo que son totalmente equiparables a un costo. No obstante, una Amortización jamás implica el desembolso de dinero en efectivo.

Es decir: aumentar o disminuir el importe correspondiente a la Amortización incide directamente en el nivel de beneficios que señala la Cuenta de Resultados, pero bajo ninguna circunstancia mueve la Caja de la empresa. El movimiento en la Caja ya se produjo en el momento en que fue pagado el Activo Fijo, con el cual se vincula la Amortización.

En segundo lugar, lo que llega al Balance no es el Beneficio después de Impuestos, sino una de las partes que lo componen: los Beneficios Retenidos. Es decir:

Beneficio después de Impuestos = Beneficios Retenidos + Dividendos

En tercer lugar, nótese que lo que en definitiva hace la Cuenta de Resultados es brindar una aproximación al monto total del Valor Agregado por la empresa (que podemos asociar con el Margen de Contribución) y la forma en la que el mismo es distribuido remunerando a los distintos factores de producción (esto es: pagando salarios al factor trabajo; intereses y dividendos al factor capital, etcétera).

Reglas básicas para la registración de datos

Toda la metodología contable se fundamenta en el concepto de la partida doble: la idea es que, para mantener el *equilibrio* (de allí el nombre Balance), un movimiento debe ser compensado por otro. Así, cada transacción da origen a dos movimientos, una *entrada* y una *salida* o un *derecho* y una *obligación*.

Cada uno de estos movimientos puede ser clasificado como un *débito* (dando origen a un asiento en el *Debe* de la cuenta que resulta afectada por la transacción) o como un crédito (dando origen a un asiento en el *Haber* de la cuenta que resulta afectada por la transacción).

Por convención, los asientos que se originan de una transacción pueden descomponerse de la siguiente manera:

Si la cuenta pertenece al:	DEBE (Débitos)	HABER (Créditos)	SALDO ESPERABLE para la cuenta
ACTIVO	Si aumenta	Si disminuye	Deudor
PASIVO	Si disminuye	Si aumenta	Acreedor
RESULTADOS	Gastos	Ingresos	Acreedor

Como fácilmente puede apreciarse, las inversiones (aumentos de Activo) y las pérdidas (gastos), contablemente, se registran del mismo modo: con un débito. De igual manera: las desinversiones (o disminuciones de Activo) y los beneficios se registran de forma similar: mediante créditos.

Esto implica que podemos encontrar entre los Activos lo que se denomina "pérdidas activadas", es decir, no reconocidas y/o diferidas. Activos sobrevaluados y/o inexistentes –especialmente en rubros tales como "Activos Intangibles"– son la forma bajo la cual, por lo general, aparecen estos conceptos. Por idéntico criterio, se podrían encontrar "reservas ocultas" o Beneficios (ingresos) aún no reconocidos o explicitados, los que aparecerían como Activos subvaluados.

Aplicando los mismos conceptos, se puede observar que los Beneficios y los aumentos de Pasivo se registran de la misma forma: acreditando cuentas. Por este motivo también se pueden encontrar reservas ocultas entre Pasivos excesivamente abultados, por ejemplo, por la constitución de generosas "previsiones para…".

También podríamos observar que el no reconocimiento de obligaciones –lo que implica Pasivos disminuidos en relación con su verdadera magnitud– es otra forma de ocultar Pérdidas.

Por otra parte, aunque puede pensarse en cierto tipo de convencionalismo, para los débitos y créditos nótese que el criterio establecido –desde un punto de vista estrictamente financiero– implica que los "créditos" son fuentes de generación de Caja en tanto que los "débitos" son fuentes de aplicación o absorción de Caja. Justamente esta es la base del estado financiero que quedaba pendiente de explicación: el Estado de Origen y Aplicación de Fondos.

Estado de Origen y Aplicación de Fondos

Este estado financiero surge de la comparación de la posición de la empresa (expresada por sus Balances) en dos momentos distintos.

Aunque desde el punto de vista algebraico no es más que el resultado de proceder a restar las distintas cuentas del Balance correspondientes a dos fechas, conceptualmente expresa de dónde han provenido los fondos utilizados por la empresa durante un período (origen de fondos) y en qué se los ha utilizado (aplicación).

Como una primera aproximación, podemos expresar lo antedicho en la siguiente tabla:

ORÍGENES DE FONDOS	APLICACIONES DE FONDOS
Aumentos de Pasivo Disminuciones de Activo Aportes de Capital Social Fondos Generados por las Operaciones (*FGO*): • Beneficios del Período • Amortizaciones del Período	Disminuciones de Pasivo Aumentos de Activo Dividendos

Lo que esta tabla está indicando es que las fuentes de recursos no pueden ser otras que las que provienen de aumentar las obligaciones de la empresa (Aumentos de Pasivo y/o aportes de Capital Social), disminuir los derechos (Disminución de Activos) o generar recursos con la misma actividad de la empresa (los Fondos Generados por las Operaciones [*FGO*]).

Por otra parte, los destinos de los fondos no pueden ser otra cosa que la disminución de otras obligaciones (disminución de Pasivos y/o pago de Dividendos) o el aumento de derechos (Aumentos de Activo). Obviamente, ambas columnas de la tabla deben sumar igual importe.

Los Fondos Generados por las Operaciones (*FGO*)

Los Fondos Generados por las Operaciones de la tabla surgen de la simple suma algebraica del beneficio estimado y la Amortización registrada para el período:

$$FGO = Beneficio\ del\ Período + Amortizaciones$$

Una forma, no muy ortodoxa por cierto, de apreciar este concepto de *FGO* es asimilarlo a la operatoria de un préstamo.

Cuando se efectúa un préstamo cancelable en varias cuotas, en cada una de estas cuotas el prestamista percibe, por una parte, un retorno o retribución sobre el préstamo (la parte de la cuota correspondiente a *intereses*) y, por otra parte, recibe una cierta suma correspondiente a la devolución del monto original del préstamo (*devolución del principal* en la jerga).

De alguna manera podríamos pensar que la empresa se "presta" fondos a sí misma. En tal caso, los *FGO* no son más que los importes correspondientes a las cuotas antes mencionadas: por una parte se obtiene un retorno sobre el "préstamo" (el Beneficio) y la otra parte corresponde a la recuperación de lo invertido (la Amortización).

Nótese que hemos colocado a los *FGO* como un origen de fondos. En rigor esto no es siempre así. Si en lugar de beneficios se tuvieran pérdidas y estas fueran superiores al monto imputado como Amortizaciones, los *FGO* serían negativos y, en tal caso, corresponderían a una aplicación de fondos.

Otro punto a tener en cuenta es que no necesariamente los *FGO* positivos corresponden a un aumento de disponibilidades líquidas. Esto significa que se debe distinguir entre lo que son Fondos Generados por las Operaciones (un concepto de devengado) de lo que es la Caja Generada por las Operaciones (*CGO*). Este último es un concepto de *percibido* y es el que normalmente se asocia con el *Cash-flow*, tal como veremos más adelante.

En otras palabras, lo que implícitamente se está diciendo es que, aunque se hayan obtenido beneficios durante un período (por ejemplo, porque se compró barato y se vendió caro) no necesariamente los mismos pueden ser retirados por los accionistas en ese período (por ejemplo: porque ya se pagó lo comprado y aún no se cobró lo vendido).

Una digresión sobre las Amortizaciones

En este punto es conveniente recalcar nuevamente que las Amortizaciones, en sí mismas, no son una fuente de ingreso de fondos para la empresa: "no por mucho amortizar… se generan más fondos".

Si no se debiese pagar impuestos, una mayor Amortización disminuiría el Beneficio del Período, pero mantendría inalterado el *FGO*. Dicho en otras palabras: los *FGO* son una suma fija que se puede distribuir más o menos arbitrariamente entre los conceptos de *Beneficio* y *Amortización*.

Lo que sí sucede en el caso en que se pagan impuestos es que, al aumentar la Amortización de un período (disminuyendo por lo tanto el beneficio de ese período), se pagan menos impuestos. Obviamente esto significa que en otros períodos la Amortización será menor (aumentando por lo tanto el beneficio de esos períodos) y se deberán pagar entonces mayores impuestos.

Esto justamente es lo que sucede con los métodos de Amortización acelerada: se amortiza más al comienzo y menos al final de la vida del Activo. Acelerar la Amortización de un bien significa, entonces, el pago de menores impuestos hoy a cambio de pagar mayores impuestos en el futuro (aunque la suma total que se pague finalmente en concepto de impuestos, nominalmente, sea siempre la misma). Por ejemplo:

Supóngase que una empresa tiene un Activo de $ 1.000 con una vida útil de *cinco* años y un Beneficio antes de Amortizaciones e Impuestos (BAAIT) de $ 800 por período, y que puede amortizar el Activo siguiendo el método lineal o siguiendo un método acelerado. Por simplicidad, no consideramos intereses.

Al cabo de cinco años, el resultado obtenido por seguir el método lineal sería el que aparece en la tabla siguiente:

Año	BAAIT	Amortización lineal	BAT	Impuestos (30%)	BDT	FGO	FGO Acumulado
1	800	(200)	600	(180)	420	620	620
2	800	(200)	600	(180)	420	620	1.240
3	800	(200)	600	(180)	420	620	1.860
4	800	(200)	600	(180)	420	620	2.480
5	800	(200)	600	(180)	420	620	3.100
Total	4.000	(1.000)	3.000	(900)	2.100	3.100	

A su vez, el resultado obtenido por seguir un método acelerado (el sistema de los números dígitos en este caso), al cabo de cinco años sería el siguiente:

Año	BAAIT	Amortiza-ción acelerada	BAT	Impuestos (30%)	*BDT*	FGO	FGO Acumu-lado
1	800	(333)	467	(140)	327	660	660
2	800	(267)	533	(160)	373	640	1.300
3	800	(200)	600	(180)	420	620	1.920
4	800	(133)	667	(200)	467	600	2.520
5	800	(67)	733	(220)	513	580	3.100
Total	4.000	(1.000)	3.000	(900)	2.100	3.100	

Nótese que, al cabo de los cinco años, todos los resultados son iguales (los beneficios, los impuestos, la Amortización y el *FGO*). Sin embargo, los *FGO* iniciales son mayores en este segundo caso, en el que se ha acelerado la Amortización.

En la medida en que $ 1 disponible hoy vale más que $ 1 disponible en el futuro, un sistema de amortización acelerado se convierte en un auténtico generador de fondos para la empresa: deja disponibles fondos hoy que, reinvertidos, pueden generar fondos adicionales en los períodos sucesivos.

El *Cash-flow*

Estamos ahora en condiciones de ver cómo se origina el famoso *Cash-flow* (*CF*) o *Flujo de Caja*, que no es más que la variación de dinero que se ha producido en un período (la variación que ha experimentado la cuenta Caja y Bancos de nuestro Balance).

Podemos reescribir el anterior Estado de Origen y Aplicación de Fondos de la siguiente forma, en la que hemos descompuesto las variaciones de Activo en *Caja Generada por las Operaciones* y un gran componente de *Otros Activos*:

Beneficio después de Impuestos
+ Amortización

Fondos Generados por las Operaciones (FGO)
+ Aumentos de Pasivo
+ Disminuciones de Otros Activos
+ Aportes de Capital Social

Total de Fondos Generales en el Período
– Aumentos de Otros Activos
– Disminuciones de Pasivo
– Dividendos

Caja Generada por las Operaciones (CGO)

Este es el concepto que se asocia al *Cash-flow* y al que, de aquí en más, nos referiremos indistintamente como *Cash-flow*, flujo de fondos o caja generada por las operaciones.

Una forma alternativa de ver este esquema de *Cash-flow* es reagrupando las cuentas que están englobadas en los conceptos más amplios de Otros Activos y Pasivo:

Beneficio después de Impuestos
+ Amortización

Fondos Generados por las Operaciones (FGO)
+ Variación del Capital de Trabajo estrictamente Operativo
+ Variación de la Deuda Bancaria a Corto Plazo
+ Variación de los Activos Fijos
+ Aportes de Capital
– Dividendos

Cash-flow

Como se ve, no existe una única manera expositiva de presentar el famoso *Cash-flow*, las distintas maneras sirven para distintos propósitos. Sin embargo, esta última forma permite observar claramente varias cuestiones:

a) En primer lugar, algo sobre lo que ya antes habíamos llamado la atención: el flujo de fondos puede ser negativo aun cuando haya grandes beneficios, y viceversa, puede haber generación de fondos aun en el caso en que haya grandes pérdidas.

b) En segundo lugar, cuando se habla de un *largo plazo*, lo suficientemente largo como para pensar que se ha llegado a una situación de equilibrio definitivo (el *steady state* de los economistas), en el cual los aumentos de Activo Fijo igualan a las Amortizaciones, el Capital de Trabajo Estrictamente Operativo no se mueve y la relación entre la Deuda a Largo Plazo y el Patrimonio permanece constante, la única fuente de generación de fondos son los beneficios.

c) Una observación de tipo más general, común a cualquier forma de presentar el *Cash-flow*, es la siguiente: se suele decir que el dinero que está en la Caja (el stock de dinero) no está marcado, en el sentido de que no tiene escrito cuál es su origen y su destino. Sin embargo, al dinero generado en un período, es decir al "*Cash-flow*", sí se le puede atribuir una "paternidad" relativamente precisa. Justamente por ello es que es tan valioso el análisis de *Cash-flow*: para ver dónde está siendo generado el dinero y dónde está siendo gastado.

Conclusiones

Esperamos que al cabo de este primer capítulo el lector tenga una clara idea de conceptos básicos que serán intensamente utilizados a lo largo de este libro, tales como: devengado y percibido, *ex-ante* y *ex-post*, flujos y stocks.

Asimismo, confiamos en haber presentado adecuadamente la técnica de interpretación de estados contables que resume la información económico-financiera de una empresa, en particular lo que se vincula con el concepto de *Cash-flow*. El conocimiento de esta técnica de interpretación es lo que permite ligar los elementos proporcionados por la teoría con las situaciones que plantea la práctica cotidiana.

Finalmente, nunca olvide que, si bien pueden modificar sustancialmente los resultados de un período, las Amortizaciones jamás generan fondos. En el Apéndice a este capítulo presentamos una muy breve síntesis de los métodos de Amortización más usuales.

APÉNDICE AL CAPÍTULO 1

Distintos métodos de Amortización

El método de amortización más usual y conocido es, sin lugar a dudas, el lineal, que consiste simplemente en dividir el valor del Activo a amortizar (un número *I*, por *I*nversión) por la cantidad de períodos que se prevé será la vida útil del bien (otro número *n*). Así, la Amortización periódica calculada por este método A_t será igual a:

$$A_t = \frac{I}{n}$$

En este caso, obviamente, el valor que alcanzará la Amortización del Activo será siempre igual, período por período.

En ciertas oportunidades, muy especialmente cuando se permiten deducciones impositivas, resulta importante utilizar métodos que posibiliten amortizar montos más significativos en los primeros períodos. El método del *saldo decreciente* constituye una de las posibles variantes.

En este caso, la Amortización periódica responde a la siguiente formulación:

$$A_t = \frac{2}{n} \cdot \left[I - AA_{t-1} \right]$$

donde AA_{t-1} es igual a la Amortización periódica que se ha acumulado hasta el final del período anterior, siendo igual a cero para el primer período y, A_n para el último período, igual al saldo pendiente de Amortización.

Otro método de Amortización acelerado está constituido por el de *números dígitos*. En este caso, la Amortización periódica A_t requiere el cálculo previo de un número que llamaremos N y que resulta de la aplicación de la siguiente fórmula:

$$N = \frac{n \cdot (n+1)}{2}$$

una vez obtenido este número N, la Amortización periódica responde al siguiente esquema:

$$A_1 = \frac{n}{N} \cdot I$$

$$A_2 = \frac{n-1}{N} \cdot I$$

$$\vdots$$

$$A_n = \frac{1}{N} \cdot I$$

Una comparación de los tres métodos puede resultar sumamente útil para ver con más claridad las diferencias. Para ello, en las tablas siguientes se presentan los valores de las Amortizaciones periódicas y acumuladas junto con el valor remanente del Activo al final de cada período, para un bien valuado originalmente en $ 100.

Como puede verse, para este ejemplo el método de los números dígitos proporciona prácticamente la misma Amortización durante los primeros períodos que el método del saldo decreciente. Pasado este primer momento, rápidamente lo supera en cuanto a monto amortizado.

Más adelante (en el Capítulo 10) volveremos sobre el tema de las Amortizaciones cuando consideremos los efectos impositivos en la evaluación de proyectos de inversión.

SISTEMA DE AMORTIZACIÓN LINEAL			
t	Amortización A_t	Amortización Acumulada	Valor del Activo
0			100
1	10	10	90
2	10	20	80
3	10	30	70
4	10	40	60
5	10	50	50
6	10	60	40
7	10	70	30
8	10	80	20
9	10	90	10
10	10	100	0

SISTEMA DE AMORTIZACIÓN POR SALDO DECRECIENTE			
t	Amortización A_t	Amortización Acumulada	Valor del Activo
0			100
1	20	10	80
2	16	36	64
3	12,80	48,80	51,20
4	10,24	59,04	40,96
5	8,19	67,23	32,77
6	6,55	73,79	26,21
7	5,24	79,03	20,97
8	4,19	83,22	16,78
9	3,36	86,58	13,42
10	13,42	100	0

SISTEMA DE AMORTIZACIÓN POR NÚMEROS DÍGITOS			
t	Amortización A_t	Amortización Acumulada	Valor del Activo
0			100
1	18,18	18,18	81,82
2	16,36	34,55	65,45
3	14,55	49,09	50,91
4	12,73	61,82	38,18
5	10,91	72,73	27,27
6	9,09	81,82	18,18
7	7,27	89,09	10,91
8	5,45	94,55	5,45
9	3,64	98,18	1,82
10	1,82	100	0

CAPÍTULO 2

EL ANÁLISIS DE *BREAK-EVEN* O PUNTO MUERTO

*La principal causa de los problemas
son las soluciones.*

El riesgo empresarial

El riesgo empresarial suele estar asociado con la incertidumbre que *ex-ante* se presenta acerca de los futuros beneficios de una actividad. En este sentido, las fuentes de esta incertidumbre pueden atribuirse a un variado conjunto de motivos: inestabilidad de la demanda, de los precios de venta o del costo de los insumos, cambios tecnológicos, etcétera.

En cualquier caso, desde el punto de vista estrictamente operativo, el ejercicio de una actividad suele estar íntimamente asociado con el pago de una cantidad de costos fijos, ineludibles, a cambio de una serie de ingresos inciertos.

Como es obvio, el recupero de estos costos fijos no puede hacerse si no es a través del Margen de Contribución que aportan las ventas. Recordemos que el Margen de Contribución, tal como vimos en el Capítulo 1, es lo que queda disponible de una venta luego de cubrir los costos variables. Por lo tanto, el grado de recuperación de los costos fijos totales depende directamente del nivel de actividad (el volumen de ventas) y del Margen de Contribución.

El análisis de *break-even,* también llamado "punto de equilibrio" o "punto muerto", trata de establecer –dados los precios y costos– cuál es el nivel mínimo de actividad que debe alcanzarse para no incurrir en pérdidas. Alternativamente, suponiendo prefijada la cantidad vendida y los costos variables, el análisis de *break-even* establece qué política de precios debe seguirse para no entrar en pérdidas.

En cualquier caso, queda claro que este análisis permite realizar una serie de combinaciones entre niveles de actividad mínimos y precios de productos, que requieren ser superados a fin de evitar pérdidas. Desde este punto de vista, este es el primer análisis de riesgo que suele hacerse en cualquier tipo de estudio previo a la toma de decisiones.

Break-even: el planteamiento formal

Como ya hemos visto, la Cuenta de Resultados, en forma muy esquemática, puede presentarse de la siguiente manera:

$$Ventas - Costos\ Variables - Costos\ Fijos = Beneficio$$

En forma abreviada:

$$V - CV - F = B$$

Donde:

$V\ \ =\ Ventas\ Totales$

$CV =\ Costos\ Variables\ Totales$

$F\ \ =\ Costos\ Fijos$

$B\ \ =\ Beneficios$

Dado que:

$$Ventas = Precio\ unitario\ de\ Venta \cdot Cantidad\ Vendida = P \cdot Q$$

$$Costos\ Variables =$$
$$Costo\ Variable\ unitario \cdot Cantidad\ Vendida = cv \cdot Q$$

podemos reescribir la Cuenta de Resultados simplificada de la siguiente forma:

$$P \cdot Q - cv \cdot Q - F = B$$

o lo que es lo mismo:

$$(P - cv) \cdot Q - F = B$$

donde lo único que es variable es la cantidad vendida Q o el precio P. Si suponemos prefijado el precio, esta expresión pone al beneficio en función del nivel de actividad, indicado este por la cantidad vendida Q.

Por lo que decíamos al comienzo de este capítulo, el punto muerto trata de establecer el nivel de actividad, Q^*, tal que el beneficio sea igual a cero:

$$(P - cv) \cdot Q^* - F = 0$$

lo que implica encontrar un nivel de actividad tal que:

$$Q^* = \frac{F}{(P - cv)} = \frac{Costos\ Fijos}{Margen\ de\ Contribución\ Unitario\ (MCU)}$$

Es decir, para no incurrir en pérdidas, dado el *MCU*, se debe alcanzar un nivel de ventas de Q^* unidades; superando este umbral fijado por Q^* comienzan a generarse beneficios. En este umbral Q^*, el Margen de Contribución Total generado por la actividad alcanza para afrontar exactamente el importe de los Costos Fijos:

$$Q^* \cdot MCU = F$$

Queda claro que, si junto con el nivel de costos fijos F, la cantidad Q^* también estuviera prefijada por algún motivo (porque se trata de un contrato, porque no se puede aumentar la participación de mercado o el mercado no crece, etc.), la única variable de ajuste pasaría a ser el *MCU*, por medio del precio P.

Existe una versión alternativa para establecer el nivel de *break-even* que, en lugar de establecer la cantidad vendida de un producto Q^*, establece un valor V^* para las ventas. Para ello simplemente alcanza con multiplicar y dividir por P (el Precio de Venta unitario) el lado izquierdo de la última expresión, con lo que se obtiene:

$$P \cdot Q^* \cdot \frac{MCU}{P} = V^* \cdot mcu = F$$

donde MCU = Margen de Contribución Unitario, expresado como porcentaje del Precio de Venta. Reordenando los términos:

$$V^* = \frac{F}{mcu}$$

Nuevamente en el nivel de actividad V^* –el *break-even*– el Margen de Contribución Total generado por la actividad alcanza para afrontar exactamente el importe de los Costos Fijos (F).

El nivel de actividad así calculado, medido como volumen de ventas V^* o cantidad de unidades vendidas Q^*, sirve para ser comparado con el nivel de actividad que se espera alcanzar.

Es justamente este punto de vista el que convierte al *break-even* en una contundente medida del riesgo: la primera de las pruebas que, *ex-ante*, debe sortear una actividad que está siendo evaluada.

En los gráficos siguientes se presentan las relaciones más arriba establecidas. Nótese que los Costos Fijos han sido graficados como una línea recta. Sin embargo, no hay nada que impida verlos de una manera más realista, como una serie de segmentos horizontales que se van ubicando en un nivel cada vez más alto, dependiendo del nivel de actividad Q o V que vaya siendo alcanzado. Como se sabe, los costos son fijos para un determinado nivel de actividad y en el corto plazo; *a largo plazo todos los costos son variables* (con suficiente tiempo siempre es posible modificar los determinantes de los costos fijos: tamaño de planta, personal ocupado, estructura gerencial, etcétera).

En el primer gráfico se ha descompuesto el ingreso total por ventas (las cantidades B' y A) en una parte que cubre los costos fijos (A' y B) y otra parte remanente que indica el beneficio o pérdida alcanzado en ese nivel de actividad (indicados como C' y C).

Como puede verse, al nivel de actividad $V_{(0)}$ el ingreso por ventas A es menor que los costos fijos B, lo que produce una pérdida igual a C. Al nivel de actividad $V_{(1)}$ los ingresos por ventas B' son mayores que los costos fijos A', lo que da lugar a un beneficio de C'. Solo en el nivel de actividad $V_{(\#)}$ los ingresos por ventas igualan a los costos fijos: ese es entonces, y por definición, el nivel de *break-even*.

Las sugerencias del *break-even*

Supóngase ahora que usted ha encontrado un determinado nivel de actividad de *break-even*, tal como sucede en el gráfico 2, en el punto indicado como A –lo que requiere que venda la cantidad física $Q_{(\#)}$– y, para arruinarle el día, le informan que difícilmente pueda su empresa vender más que la cantidad $Q_{(\#\#)}$.

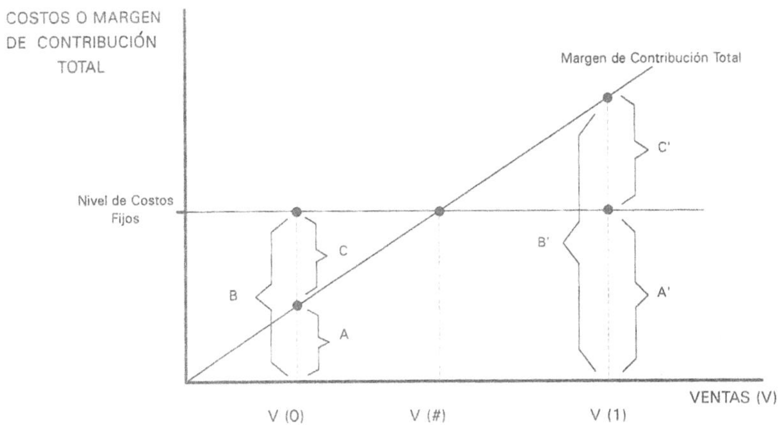

Gráfico 1.
Determinación del *break-even* en función de las Ventas (V).

Frente a este panorama, antes de desechar todos los planes que tenía con respecto a esta actividad, se le presenta a usted una serie de alternativas y por lo tanto una serie de posibles decisiones a tomar.

La primera alternativa es la *optimista y/o imaginativa* y significa que, dado que sí o sí se debe vender como mínimo la cantidad $Q_{(\#)}$, toda la empresa debe comenzar a pensar cómo se vende más y más y más.

La segunda alternativa es la *marketinera y/o creativa*, que implica ver cómo se maquillan y cambian los productos para venderlos más caros: en términos del gráfico consiste en mover la curva de Margen de Contribución Total pretendido (MCT) a MCT", con lo cual el *break-even* se ubica en $Q_{(\#\,\#)}$.

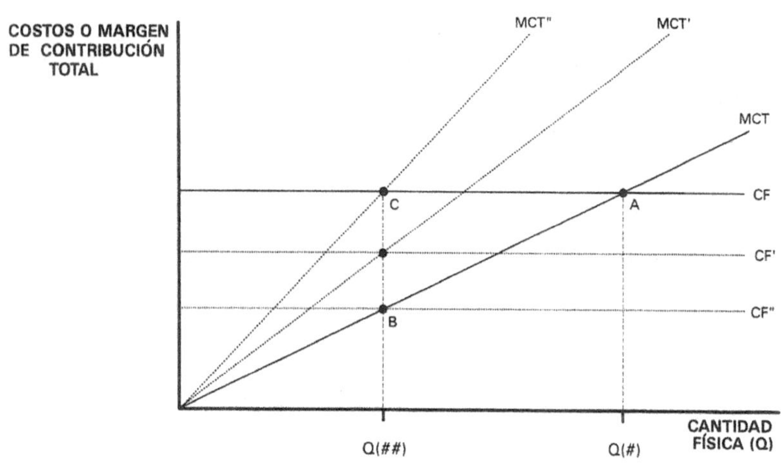

Gráfico 2.
Distintas alternativas de ajuste para restablecer el nivel de *break-even*.

La tercera alternativa es la escéptica, típica de épocas de crisis. Esta es la más antipática de todas y aparece con los famosos recortes de estructura y disminución de los costos fijos. Por ejemplo, cambiando la curva CF a un nivel de CF", mientras se mantiene el Margen de Contribución (y por ende la curva MCT).

La cuarta alternativa es la *pragmática y/o negociada*, que aparece como una combinación de las dos alternativas anteriores, bajando un tanto los costos fijos y sumando un poco de marketing. Por ejemplo, cambiando los costos fijos de CF a CF' y el margen de contribución de MCT a MCT'.

Existen dos alternativas más que no siempre suelen explicitarse adecuadamente. Una es la *transitoria y/o del diferimiento* que consiste más o menos en lo siguiente: en una situación cargada de incertidumbre lo más racional es postergar la toma de decisiones importantes; en estas situaciones no tomar decisiones puede ser la mejor decisión.

La última de todas estas alternativas, que suele complementarse con alguna de las anteriores, es la *religiosa*: cualquiera sea la decisión que tome, rece. En realidad, nada le garantiza que pueda llegar a $Q_{(\#)}$ y es esa falta de garantías lo que justifica sus ganancias (¡¡en el eventual caso de que estas aparezcan...!!).

Como puede verse, las lecciones del *break-even*, pese a lo elocuentes y claras que resultan, no son nada novedosas. El mensaje, una vez más, es: si usted quiere mejorar el beneficio de su actividad, baje los costos fijos y/o mejore el Margen de Contribución.

En el Gráfico 3 podemos ver distintas combinaciones de disminuciones de costos fijos y aumentos en el Margen de Contribución que permiten mantener un mismo nivel de actividad o de beneficios (en este caso a nivel de *break-even*).

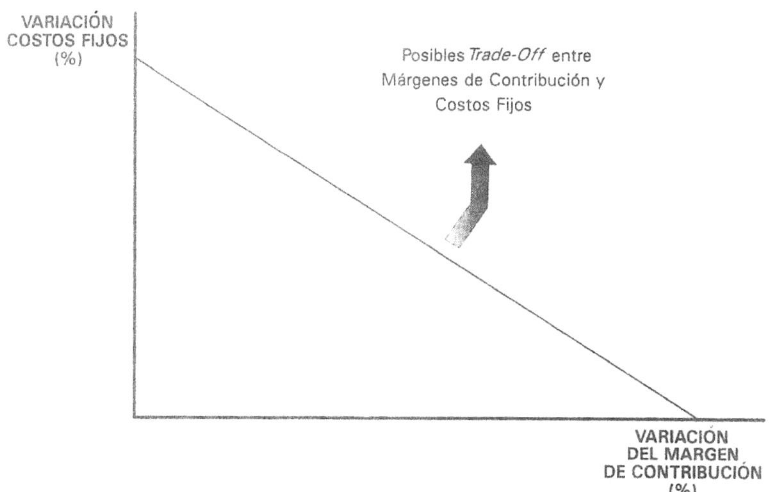

Gráfico 3.
Combinaciones de Disminución de Costos Fijos y aumentos del Margen de Contribución que mantienen constante el nivel de actividad.

El Apalancamiento Operativo

Decíamos al comienzo de este capítulo que el riesgo empresario, entre otros motivos, estaba asociado con la percepción de ingresos inciertos para hacer frente a costos fijos.

En este sentido, cuanto mayor sea la participación de los costos fijos dentro de los costos totales, tanto mayor será el riesgo empresario. Este mayor riesgo empresario se traduce en que el beneficio de la empresa que tiene una alta proporción de costos fijos tenderá a variar mucho ante pequeñas variaciones en el nivel de actividad. O sea: en estos casos los beneficios tienden a mostrar grandes fluctuaciones.

Veamos un ejemplo de esto comparando dos actividades distintas que se encaran para vender un mismo producto. El costo variable es el mismo para ambas actividades, la única diferencia consiste en que la actividad A tiene un perfil muy *marketinero* (mucho costo fijo y mucho margen), en tanto que la actividad B tiene un perfil más bien conservador (pocos costos fijos y bajos márgenes).

	Actividad A	**Actividad B**
Costos fijos	100.000	50.000
Costo variable	80	80
Precio de venta	120	100
Margen de contribución $	40	20
Margen de contribución %	33,33%	20,00%

Cantidad Vendida	**Ventas A**	**Beneficio A**	**Ventas B**	**Beneficio B**
1.000	120.000	(60.000)	100.000	(30.000)
1.500	180.000	(40.000)	150.000	(20.000)
2.000	240.000	(20.000)	200.000	(10.000)
2.500	300.000	0	250.000	0
3.000	360.000	20.000	300.000	10.000
3.500	420.000	40.000	350.000	20.000
4.000	480.000	60.000	400.000	30.000

Aun cuando las dos actividades alcanzan el nivel de *break-even* en 2.500 unidades, la actividad A tiene un rango de posibles beneficios mucho más amplio. Más aún, a nivel de *break-even*, un aumento (disminución) del 20% en la cantidad vendida implica que en la actividad A se duplican los beneficios (pérdidas) que se obtendrían con la actividad B.

Este enfoque suele utilizar una variante expositiva sumamente interesante: el beneficio puede interpretarse fácilmente como la prima de riesgo esperada por el mantenimiento de una actividad. En este sentido, la prima de riesgo que *ex-ante* ofrece a la actividad A es el doble de la que ofrece la actividad B.

De aquí viene el nombre de *Apalancamiento Operativo*: un pequeño esfuerzo en la palanca (el nivel de actividad) produce un gran aumento en los beneficios (o primas de riesgo). La *viceversa* de esto, lamentablemente, es un poco dramática: una pequeña caída en el nivel de actividad provoca rápidamente grandes pérdidas.

Para quienes recuerdan algo de estadística: aunque las dos actividades tienen la misma esperanza de beneficio (que en este caso, por ejemplo, podría ser el *break-even*), la actividad A tiene un desvío estándar o una varianza mucho mayor que la actividad B. Por eso es tanto más riesgosa y ofrece mayores primas de riesgo.

En el Gráfico 4 mostramos las variaciones alcanzadas en los beneficios (o primas de riesgo) ante cambios en las cantida-

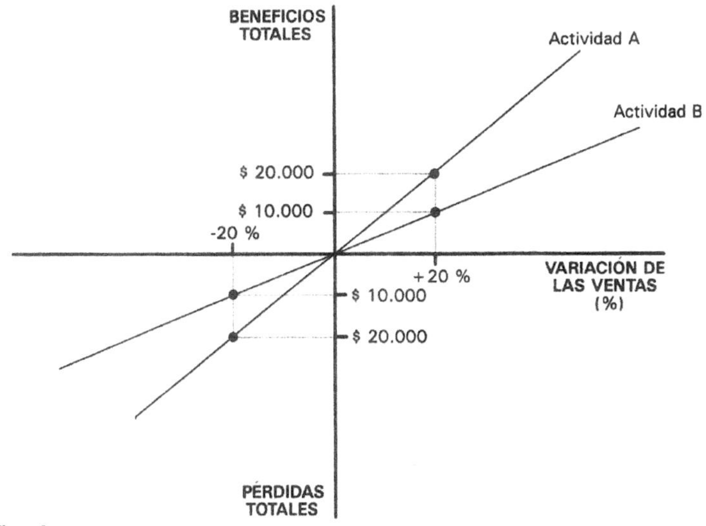

Gráfico 4.
Análisis de Sensibilidad. Variación de los Beneficios ante cambios en las Ventas.

des vendidas. Este tipo de gráficos suele llamarse de sensibilidad: refleja cuánto cambia una variable, generalmente asociada con la rentabilidad, ante modificaciones en otras variables. Por su claridad explicativa este tipo de gráficos suele ser intensamente utilizado siempre que se hace referencia a los riesgos y beneficios.

Apalancamiento Operativo: el planteamiento formal

La medida que permite calibrar con precisión la sensibilidad de los cambios en el beneficio ante alteraciones en las cantidades vendidas es el *Grado de Apalancamiento Operativo (GAO)*. Esta medida compara las variaciones porcentuales en el beneficio ante variaciones porcentuales en las ventas, es decir:

$$\text{Grado de Apalancamiento Operativo (GAO)} = \frac{\dfrac{\text{Variación Beneficios}}{\text{Beneficios}}}{\dfrac{\text{Variación en Cantidad Vendida}}{\text{Cantidad Vendida}}} =$$

$$= \frac{\dfrac{\Delta(P \cdot Q - cv \cdot Q - F)}{P \cdot Q - cv \cdot Q - F}}{\dfrac{\Delta Q}{Q}} = \frac{\dfrac{\Delta Q \cdot (P - cv)}{Q \cdot (P - cv) - F}}{\dfrac{\Delta Q}{Q}}$$

$$\text{GAO} = \frac{Q \cdot MCU}{Q \cdot (P - cv) - F}$$

$$\text{Formulación } 1 = \frac{Q \cdot MCU}{Q \cdot (P - cv) - F}$$

$$\text{Formulación } 2 = \frac{V \cdot mcu}{V \cdot mcu - F}$$

$$\text{Formulación } 3 = \frac{MCU}{MCU - f}$$

Cualquiera de estas formulaciones es equivalente. En el primer caso hemos simplificado y reordenado los términos: en el segundo caso hemos multiplicado y dividido por P y en el último caso hemos multiplicado y dividido por Q. Cabe aclarar para este último caso que f $(f = F/Q)$ es el costo fijo unitario, por lo que, aunque los costos fijos totales (F) no varíen, f cambiará ante variaciones en la cantidad Q.

Para cualquiera de estas formulaciones corresponde hacer notar dos cosas:

a) En primer lugar, se supone que los costos fijos totales, F, son fijos en serio, y por lo tanto no varían.

b) En segundo lugar, dado que la cantidad Q es variable, el Grado de Apalancamiento Operativo irá variando a medida que vaya cambiando la cantidad vendida que se utiliza como punto de referencia.

Dado que el Grado de Apalancamiento Operativo mide la tasa de cambio de la prima de riesgo, lo que en definitiva esta medida proporciona es una estimación de la estabilidad de la prima de riesgo.

En buen romance, esto significa que, en la medida en que el riesgo empresario puede asociarse con el Grado de Apalancamiento Operativo, este riesgo no es constante, irá variando a medida que cambie la cantidad vendida. Veamos, si no, el caso del ejemplo de la sección anterior:

Cantidad Física Vendida	Variación % de las Ventas	Variación % de los Beneficios	*GAO*
1.500	33,33	50	1,5
3.500	14,29	50	3,5

En esta tabla vemos que el Grado de Apalancamiento Operativo es el mismo para las dos actividades (la tasa a la que cambia la prima de riesgo es la misma para A y B), y es mayor cuanto mayor es la cantidad vendida.

Sin embargo, tal como vimos en la sección anterior, dado que la prima de riesgo es mayor en la actividad A, aunque ambas actividades tengan el mismo *GAO*, la actividad A es más sensible y, por lo tanto, normalmente, estará asociada con mayores riesgos. Dicho de otra manera: para calibrar el riesgo de una actividad vale tanto la prima de riesgo que tiene asociada como la tasa de variación a la que esta prima cambia.

Completando el análisis de *break-even*

Lo que suele suceder muchas veces en la práctica es que, *ex-post*, los valores del Margen de Contribución y de los Costos Fijos son lamentablemente diferentes a los calculados. Por muy distintos y variados motivos, *ex-ante* se tiende a *sobreestimar* la capacidad de vender a precios altos y a *subestimar* la incidencia de los costos fijos. La consecuencia de esto es que el nivel de *break-even* es, en realidad, superior al previsto.

Con respecto al Margen de Contribución, cabe señalar que normalmente, *ex-ante* (fruto del entusiasmo o de la imprudencia), no suele considerarse la existencia de incobrables y/o de cambios en los stocks (por mermas o revaluaciones). Más aún, muchas veces ni siquiera se considera la Amortización o los Intereses como formando parte de los costos fijos.

Todos estos conceptos, sin embargo, están presentes en cualquier tipo de actividad y, más tarde o más temprano, terminan apareciendo y disminuyendo los beneficios. En este sentido, vale la pena recordar una frase célebre, como una aproximación al éxito: "Prudencia en el planeamiento y audacia en la ejecución" (que en realidad se debería complementar con el más célebre aún Principio General de Prudencia: "Jamás haga algo por primera vez").

Podemos entonces afinar el análisis grueso de la sección anterior, incorporando estos elementos que muchas veces son subestimados. Para ello, definiremos las siguientes variables:

$H =$ *Costo Total de los incobrables del período.*

$M =$ *Costo Total de las mermas producidas por el mantenimiento de los stocks.*

$R =$ *Revalúo de los stocks mantenidos.*

Llamar la atención sobre estos componentes de la Cuenta de Resultados no es arbitrario. En primer lugar, el costo de los incobrables es particularmente alto en nuestro país, donde si no las leyes, sí la jurisprudencia, tienden a favorecer a los deudores más que a los acreedores, con lo cual el costo de recuperar créditos no suele ser nada despreciable.

En segundo lugar, el costo de las mermas suele ser alto en muchas actividades, en particular en aquellas vinculadas con bienes *evaporables* (por ejemplo: combustibles, productos de la industria química y bebidas alcohólicas), bienes perecederos (por ejemplo: alimentos y medicinas) y bienes fácilmente *robables* (por ejemplo: ganado, mercadería de supermercados, etcétera).

En tercer lugar, el revalúo de stocks (tanto de signo positivo como de signo negativo) es particularmente importante en actividades vinculadas con la moda y con la estacionalidad.

Llamando:

$$h = \frac{\textit{Costo de los incobrables del período}}{\textit{Ventas}} = \frac{H}{V}$$

$$m = \frac{\textit{Costo por mermas en los stocks}}{\textit{Existencias}} = \frac{M}{E}$$

$$r = \frac{\textit{Revalúo de los stocks mantenidos}}{\textit{Existencias}} = \frac{R}{E}$$

Podemos reescribir los costos de incobrables, mermas y revalúos de la siguiente manera:

$$H = h \cdot V$$
$$M = m \cdot E = m \cdot e \cdot V$$
$$R = r \cdot E = r \cdot e \cdot V$$

donde:

$$e = \frac{\textit{Existencias}}{\textit{Ventas}}$$

Puede formularse entonces una expresión más completa para el *break-even*, de la siguiente manera (denominando A = Amortización e I = Intereses):

$$V^* - CV^* - H - M - R = F + A + I$$

o, lo que es lo mismo:

$$V^* - CV^* - h \cdot V^* - m \cdot e \cdot V^* - r \cdot e \cdot V^* = F + A + I$$

Por lo tanto, reordenando los términos, el nivel del *break-even* quedaría definido de la siguiente forma:

$$V^* = \frac{F + A + I}{mc - h - e \cdot (r - m)}$$

Esta expresión puede determinar un V^* igual, menor o mayor al determinado en la sección anterior, dependiendo de los valores que adopten las variables h, m, r y e, variables estas que, normalmente, no son consideradas en el análisis tradicional de *break-even*.

Por otra parte, vale la pena hacer notar que, aun con la última formulación alcanzada, el análisis de *break-even* solo indica el nivel de actividad donde explícitamente no se tienen pérdidas, *pero nada dice de lo que se deja de ganar*. Dicho de otro modo: el *break-even* no considera la existencia de costos de oportunidad para los fondos invertidos en una actividad.

Para el lector no muy al tanto de esta terminología: se entiende por costo de oportunidad de adquirir un bien o ejecutar una actividad al sacrificio que representa dejar de adquirir otro bien o de ejercer otra actividad. Así, por ejemplo, el costo de oportunidad de mantener un stock de bienes está dado por los intereses que se pierden si, en lugar de mantener ese stock, se invirtiese ese dinero de otra forma.

Una manera muy sencilla de introducir los costos de oportunidad en el análisis de *break-even* es asignar en el numerador de la fórmula anterior junto con los costos fijos, amortizaciones e intereses, una suma correspondiente a los beneficios que, como mínimo, se esperan obtener con esta actividad.

Break-even y financiamiento del capital de trabajo

Dado que el mercado financiero siempre da una alternativa inmediata para invertir los fondos disponibles en la empresa, a fin de afinar el análisis de *break-even*, se puede desagregar del componente de intereses la parte correspondiente a la retribución que se obtendría en el mercado financiero por el Capital de Trabajo Estrictamente Operativo (Clientes + Existencias – Proveedores).

Al seguir este procedimiento, se pone en evidencia cuánto cuesta (¡o cuánto se gana!) mantener una actividad que se escapa del contado rabioso y, por lo tanto, origina costos y beneficios financieros.

Más formalmente, deberemos descomponer el valor de I (Intereses) en una parte fija I_f y otra parte variable, I_v. La porción I_f es la parte de intereses pagados, asignable a la Deuda a Largo Plazo, neta de los intereses ganados atribuibles a aquellos Activos Financieros que tienen un carácter permanente en la empresa. La porción I_v, a su vez, es la parte correspondiente a los intereses generados o absorbidos por el Capital de Trabajo Estrictamente Operativo.

La expresión anterior del *break-even* se convertiría entonces en:

$$V^* = \frac{F + A + I_f}{mc - h + e \cdot (r - m) - (c + e - g) \cdot i}$$

donde:

- i = tasa de interés de mercado
- c = relación entre *Clientes* y Ventas
- e = relación entre *Existencias* y Ventas
- g = relación entre *Proveedores* y Ventas

El "mérito" de esta expresión es no solo complicar el sencillo análisis de *break-even*, sino llamar la atención de los tomadores de decisiones con respecto a una serie de circunstancias que raramente son consideradas al realizar una *evaluación previa*, a nivel operativo, y que pueden alterar sustancialmente el tipo de decisión a tomar (y muchas de las ilusiones de los directores de ventas y producción).

En particular, no es que simplemente se han introducido un conjunto de variables financieras que, *ex-post*, suelen afectar decididamente la rentabilidad de cualquier actividad, sino que se ha presentado una expresión relativamente simple, capaz de resumir el funcionamiento integral de la empresa.

Así, mientras la primera expresión del *break-even* estaba exclusivamente vinculada con aspectos comerciales y de producción de una empresa (costos fijos y variables), la última expresión está "plagada" de connotaciones financieras. Nótese que c, e y g son variables estrictamente financieras, vinculadas con los días de cobro, días de permanencia en stock y días de pago.

Finalmente, obsérvese que esta última expresión puede ser interpretada de un modo mucho más versátil que la versión más primitiva. Esto es particularmente importante para ver los posibles *trade-off* o combinaciones de variables que permiten obtener el mismo resultado. O sea: dados los valores de todas las variables menos dos, puede estudiarse cuál es la combinación de estas dos variables que mantiene el *break-even*.

En tanto que en el caso original solamente se podían apreciar las combinaciones de Costos Fijos y Márgenes de Contribución que mantenían el *break-even* (recuérdese el Gráfico 3), en la última expresión, por ejemplo, puede llegar a estudiarse qué combinación de días de cobro y días de pago permite mantener un determinado nivel de actividad sin pérdidas, o qué combinación de Margen de Contribución y días de permanencia en stock consigue el mismo objetivo, etcétera.

De tal forma, esta última expresión del *break-even* resume para la Dirección General de la empresa un modelo de monitoreo permanente, cuya principal ventaja es la de adaptarse a muy distintas circunstancias. Asimismo, al integrar las diferentes áreas de la empresa, facilita el planteamiento de un problema desde distintos ángulos y la obtención de soluciones alternativas, no convencionales, para un mismo problema.

Dicho de otra manera: la última expresión permite encontrar una solución financiera a un problema que habitualmente se presenta como estrictamente comercial o de producción y viceversa. Obviamente, solo las características de cada situación y el criterio del tomador de decisiones puede decidir sobre esto último, pero, en cualquier caso, la formulación encontrada para el *break-even* ayuda a enmarcar apropiadamente, y con una perspectiva más amplia, los problemas típicos de la gestión empresaria.

En el apéndice a este capítulo aplicaremos una variante de estas ampliaciones que hemos hecho del análisis de *break-even*, para ver un caso particular: la decisión de ampliar o no el nivel de actividad en una institución financiera. Al examinarlo podremos obtener un pequeño pantallazo de cómo se relacionan las tasas de interés activas y pasivas y cuáles son las variables más relevantes a tener en cuenta en el análisis de este tipo particular de empresas.

Conclusiones

La principal conclusión que puede obtenerse de este capítulo es la potencia del *break-even* como instrumento que no solo se adapta fácilmente al análisis de situaciones relativamente complejas, sino que, apropiadamente usado, es una fuente de soluciones no convencionales.

Para los más escépticos, en el apéndice de este capítulo ofrecemos una aplicación del análisis del *break-even* a la ampliación de una institución financiera. En el mismo puede verse con claridad la versatilidad de este tipo de análisis.

La "potencia" de este instrumento es también particularmente interesante para plantear posibles *trade-off* de variables y, cuando se lo combina con análisis de sensibilidad, sirve para establecer claramente cuáles son las variables que se deben mantener bajo un estrecho monitoreo de la Dirección General.

APÉNDICE AL CAPÍTULO 2

La expansión de una institución financiera.
Un caso práctico de aplicación del aná`lisis de *break-even*

Una vez alcanzado un determinado nivel de beneficios, ¿en qué medida conviene expandir la actividad de una entidad financiera? La respuesta que el análisis de *break-even* proporciona a esta pregunta es bastante contundente.

En la medida en que no se incurra en costos fijos adicionales, la ampliación del nivel de actividad se justifica siempre y cuando se generen ingresos que, por lo menos, cubran los costos variables adicionales.

De una manera muy simplificada, podemos decir que, para una entidad financiera, el rubro Ventas de su Cuenta de Resultados no es más que el producto de los préstamos extendidos por la entidad, multiplicados por la tasa de interés activa que cobra a sus clientes (si es que las reservas o fondos mantenidos como encaje no son remuneradas).

Los costos variables, por su parte, no son más que los depósitos recibidos multiplicados por la tasa de interés pasiva.

De este modo, en *break-even*, para ampliar la actividad alcanza con que:

$$(1) \quad \Delta P \cdot r = \Delta T \cdot d$$

donde:

ΔP = *Préstamos adicionales de la entidad bancaria*

ΔT = *Depósitos de la entidad que son remunerados (incremento de)*

r = *Tasa de interés activa (para préstamos)*

d = *Tasa de interés pasiva (para depósitos remunerados)*

La capacidad prestable de una entidad es la cantidad de dinero que puede prestar luego de constituir el correspondiente encaje (legal y/o técnico) sobre los depósitos tomados. Para el caso de una ampliación de la actividad, suponiendo que existe un único encaje para todo tipo de depósitos y que el mayor nivel de actividad no requiere costos fijos adicionales, esto significa:

$$(2) \quad \Delta P = (1 - e) \cdot (\Delta T + \Delta V)$$

donde:

ΔV = *Depósitos adicionales captados por la entidad bancaria, que no son remunerados*

e = *Porcentaje de encaje (legal y/o técnico) sobre los depósitos captados por la entidad bancaria*

De la relación (1) y (2) se obtiene la siguiente expresión:

$$(3) \quad [(1 - e) \cdot (\Delta T + \Delta V)] \cdot r = \Delta T \cdot d$$

por lo tanto, la ampliación del nivel de actividad estará justificada siempre y cuando, como mínimo:

$$(4) \quad r = \frac{\Delta T}{(1 - e) \cdot (\Delta T + \Delta V)} \cdot d$$

o, lo que es lo mismo:

$$(5) \quad r = \frac{t}{(1 - e)} \cdot d$$

donde t = proporción de nuevos depósitos remunerados sobre el total de nuevos depósitos captados.

A nivel macroeconómico, puede interpretarse a la relación (5) como una función que explica el nivel de la tasa de interés activa r, en función de los parámetros t y e y de la variable d. Para ello, se suele suponer que el coeficiente t definido más arriba para "nuevos depósitos" (un concepto *marginal*), puede ser bien estimado utilizando una relación de los "depósitos ya existentes" (un concepto *promedio*).

En este caso, la tasa de interés activa aumentaría siempre que aumente la tasa de interés pasiva y/o la proporción de depósitos remunerados dentro del total de depósitos o el porcentaje de encaje.

A un nivel más práctico, dadas las tasas de interés pasiva y activa y el porcentaje de encaje (d, r y e), la cuestión de ampliar o no la actividad queda supeditada a estudiar si la proporción t de depósitos remunerados puede efectivamente obtenerse ampliando la actividad. Si $r = 11\%$, $d = 10\%$ y $e = 30\%$, la proporción de depósitos remunerados t resultante de la ampliación de la actividad debe ser de, a lo sumo, el 77%.

Claro está que, si se puede incrementar la tasa de interés activa de los préstamos preexistentes, puede requerirse una tasa de interés activa un tanto menor, para lo cual la expresión (3) debería modificarse de una forma adecuada. En cualquier caso, obsérvese que, en general, la expansión requiere tasas activas mayores o, lo que es lo mismo, incursionar en segmentos de mayor riesgo.

Como se ve, la fórmula (5) permite jugar con diversos supuestos. El resultado de utilizar distintos conjuntos de supuestos nos han ayudado, en un caso, a definir la política de precios (la fijación de la r para los nuevos préstamos), y en otro caso, a fijar los objetivos comerciales en materia de captación de clientes (la proporción t requerida).

El break-*even* y las probabilidades

Podemos afinar más aún el análisis. Como se sabe, no todos los préstamos son recuperables; supóngase entonces que solo una proporción p de los préstamos se paga normalmente, en tanto que una proporción $(1 - p)$ pasa a registrarse como incobrable. ¿Cuál es el nuevo *spread* que debe requerirse para ampliar la actividad? En este caso, la relación (1) se transforma en:

$$(1') \quad p \cdot \Delta P \cdot r = \Delta T \cdot d + (1 - p) \cdot \Delta P$$

es decir, el total generado por la actividad comercial de la institución (el lado izquierdo de 1') debe alcanzar para remunerar a los depositantes y para soportar las pérdidas por incobrabilidad (el lado derecho de 1').

Reemplazando (2) en (1'):

$$p \cdot [(1 - e) \cdot (\Delta T + \Delta V)] \cdot r =$$
$$= \Delta T \cdot d + (1 - p) \cdot [(1 - e) \cdot (\Delta T + \Delta V)]$$

entonces, haciendo los correspondientes pasajes de término:

$$(5') \quad r = \frac{t}{p \cdot (1 - e)} \cdot d + \frac{(1 - p)}{p}$$

Nótese que las expresiones (5) y (5') son iguales siempre y cuando p (la proporción de préstamos cobrables) sea igual al 100%.

La primera conclusión es que la aparición de deudores con problemas de cobros incrementa el *spread* requerido para ampliar el nivel de actividad y varía la composición requerida de depósitos remunerados y no remunerados (t) que mantiene en equilibrio el nuevo nivel de actividad.

Asimismo, la aparición de deudores incobrables fija un piso al nivel de la tasa de interés activa, elemento que no estaba presente en la expresión (5).

Supóngase que $e = 30\%$, $d = 10\%$ y $r = 11\%$. Si no existiesen problemas de cobro, la ampliación del nivel de actividad se podría encarar en la medida en que la proporción t de depósitos remunerados a obtener por la ampliación de la actividad fuese igual o inferior a:

$$t = \frac{r\,(1 - e)}{d} = \frac{11\% \cdot 70\%}{10\%} = 77\%$$

Supóngase ahora que solo el 95% de los préstamos son recuperables; en este caso, la proporción t a obtener por el nuevo nivel de actividad debe ser, cuanto mucho, de 38,15%. Es decir, para bancar el 5% de préstamos que se caen, debe disminuirse en alrededor del 50% la proporción de nuevos depósitos remunerados sobre el total de nuevos depósitos.

Si se sabe que $t = 80\%$, $d = 10\%$, $e = 30\%$ y $p = 95\%$, la tasa de interés activa a cobrar sobre los nuevos préstamos debería ser del 17,29%, versus el 11,4% que se requeriría en el caso en que todos los préstamos fuesen perfectamente recuperables.

La principal conclusión es que, en el caso de una entidad bancaria, pequeños cambios en la cobrabilidad de los préstamos provocan muy importantes cambios en el resto de las variables.

Dicho sea de paso, nótese que, en la bibliografía vinculada con el tema del *spread* existente entre las tasas de interés activas y pasivas, rara vez es tenido en cuenta este aspecto de la cobrabilidad de las carteras activas de los bancos. No obstante lo cual, el tema de los problemas judiciales para recuperar créditos es notable en nuestro país, en donde las caídas y dificultades de muchas entidades financieras han estado directamente ligadas con este tema.

CAPÍTULO 3

ANÁLISIS FINANCIERO MEDIANTE EL USO DE RATIOS

*El optimista es un pesimista
con la información mal procesada.*

En el presente capítulo se intentan señalar algunos de los aspectos más destacables del análisis financiero mediante el uso de ratios, tanto en lo que hace a sus limitaciones como a las precauciones que se deben tener presentes al interpretarlos.

No se pretende, por lo tanto, ni hacer la presentación detallada de una batería de ratios ni una explicación exhaustiva del significado de cada uno de ellos.

¿Qué son las ratios?

Las ratios no son otra cosa que una relación que se establece entre dos o más variables con el objeto de:

a) ayudar a diagnosticar una situación determinada,
b) pronosticar qué sucederá con alguna variable a partir de información disponible para otras.

Es decir: las ratios son, simplemente, una forma de reordenamiento de la información que se utiliza para facilitar y enriquecer su interpretación.

Básicamente, lo que hacen las ratios, al relacionar variables, es relativizar la información que cada una de ellas proporciona por separado. Relativizar la información significa no solo ponerla en su justo contexto, sino también ampliar el panorama que el analista enfrenta.

En este sentido, un claro ejemplo de esto es una definición del tipo: "No solo es rico el que tiene sino también el que no necesita", en donde no solo se relativizan los datos disponibles, sino que se los presenta de un modo que sorprende.

Volviendo a casos más concretos, las variables que se relacionan en una ratio, por lo general, están asociadas o forman parte de alguno de los tres estados básicos en los que se resume la información económico-financiera de la empresa y que ya hemos visto: el Balance, la Cuenta de Resultados y el Flujo de Fondos. De hecho, ya hemos visto una serie de ratios a lo largo de los capítulos anteriores.

Sin embargo, no hay nada que impida extender el análisis de ratios a un conjunto de empresas o a la economía misma. De hecho, todo el análisis económico está permanentemente referido a distintas ratios.

Casi demás está decir que el problema más importante que genera el análisis con ratios aparece cuando se las pretende aplicar mecánicamente para predecir el futuro, con el íntimo convencimiento de que *la historia siempre se repite.*

En principio, y para abrir el paraguas de algún desprevenido lector, no está de más recordar las lecciones de un historiador: la historia no se repite o, si lo hace, las cosas no suceden exactamente de la misma forma o, si se suceden exactamente de la misma forma, no lo hacen con una regularidad periódica. Si después de todo eso, aun así, la historia se repite, no se preocupe: no estaremos nosotros para verlo, y mucho menos, para contarlo.

Tipos de ratios

A fin de simplificar la presentación de las ratios, siempre que sea posible se utilizarán las abreviaturas que ya fueron presentadas en el primer capítulo.

Ratios de crecimiento

Son ratios que comparan los valores alcanzados por una variable stock en dos momentos o por una variable flujo en dos períodos y se expresan por medio de tasas porcentuales por período.

Para anualizar una tasa de crecimiento se utiliza la misma fórmula que para convertir en "anual efectiva" una tasa de interés "por un período":

$$Tasa\ de\ interés\ anual\ efectiva = (1 + i)^{Año/Período} - 1$$

donde i es la tasa porcentual (expresada en tanto por uno) que se vincula con el período para el que fue calculada (30 días, 7 días, etc.). Nótese que *Año* significará 365 días siempre que el período al cual está referida la tasa de interés sean días, 12 meses si el período se refiere a *meses,* 52 semanas si el período se refiere a *semanas,* etcétera.

Ratios de rentabilidad

Son ratios que pretenden reflejar los resultados económicos de una gestión. Por lo general vinculan distintos componentes de la Cuenta de Resultados con variables tales como Ventas, Costo de Mercaderías Vendidas, Activo Total, Activo Operativo, Activo Fijo, Activo Fijo + Capital de Trabajo Operativo, Patrimonio Neto, etcétera.

Generalmente estas ratios se expresan en tasas porcentuales. En algunos casos estas tasas están referidas a un período –cuando la rentabilidad se refiere a un stock– y en otros casos no tienen dimensión temporal –cuando la rentabilidad está referida a otra variable flujo–.

Las ratios de rentabilidad más usuales son:

a. Margen Bruto

$$\frac{Margen\ Bruto}{Ventas}$$

Expresa la rentabilidad bruta como porcentaje de las ventas.

b. Margen de Beneficios sobre Ventas

$$\frac{Beneficios\ después\ de\ impuestos}{Ventas} = \frac{BDT}{V}$$

Expresa el beneficio neto como porcentaje de las ventas.

c. ROE = Return on Equity, Tasa de Retorno sobre el Patrimonio Neto

$$\frac{Beneficios\ después\ de\ impuestos}{Patrimonio\ neto} = \frac{BDT}{K}$$

Expresa el porcentaje de beneficios totales que genera la empresa para sus accionistas.

d. Potencial de Beneficios Operativos

$$\frac{Beneficios\ antes\ de\ Intereses\ e\ impuestos}{Activo\ total} = \frac{BAIT}{A}$$

Expresa la capacidad de generación de ingresos operativos de la empresa, en ausencia de efectos impositivos y financieros (es decir, sin considerar las implicaciones del *leverage* o Apalancamiento Financiero).

e. ROA = Return on Assets, Tasa de Retorno sobre los Activos

Existen distintas versiones de esta ratio, que pretende medir la generación de ingresos atribuible a los Activos que posee la empresa. La forma más común es la siguiente:

$$\frac{Beneficios\ después\ de\ impuestos}{Activos} = \frac{BDT}{A}$$

En otra versión de esta ratio, que resulta consistente con la utilización que del mismo haremos más adelante, se incluyen los intereses (y eventualmente otros cargos asociados con los mismos [comisiones e impuestos, por ejemplo]) en el numerador.

f. Crecimiento Autosostenible

$$\frac{Beneficios\ retenidos}{Patrimonio\ neto} = \frac{BR}{K} = g$$

Expresa la tasa de crecimiento que podría mantener la empresa si no variasen las condiciones generales de la empresa (véase más adelante una explicación más detallada de esta importante ratio).

Ratios operativas

Miden la efectividad de distintas actividades dentro de una empresa. Por lo general vinculan variables flujo con variables stock, por lo que pueden adquirir una determinada dimensión temporal.

La interpretación de estos indicadores puede hacerse de dos modos distintos. Cuando se trata de una medición tipo *Flujo/Stock* se trata de un índice de rotación: conceptualmente podemos decir que brinda información sobre la cantidad de veces que el stock se convierte en flujo al cabo de un período.

Cuando se trata de una medición del tipo *Stock/Flujo,* es un índice de retención: la cantidad requerida de stock, necesaria para hacer posible el mantenimiento del flujo periódico. Así, por ejemplo, si el flujo es de periodicidad diaria, la ratio es un índice de la cantidad de días de flujo que son retenidos en forma de stock.

A continuación, se presentan las ratios operativas más usuales, con algún comentario sobre sus principales características:

a. Rotación de Stocks

$$\frac{Costo\ Anual\ de\ Mercaderías\ Vendidas}{Stock\ de\ Bienes\ de\ Cambio}$$

Indica el número de veces que las existencias de bienes de cambio se convierten en ventas al cabo de un año. La utilización del *CMV* en lugar de Ventas responde, obviamente, a que en el Balance los bienes están valuados al costo y no al precio final.

Nótese que, excepto para el caso de una empresa comercial, al utilizarse en esta ratio variables tan genéricas como son el Costo de las Mercaderías Vendidas y el Stock de Bienes de Cambio, este es un índice muy amplio y por tanto relativamente poco preciso.

En muchas circunstancias puede tenerse interés en medidas mucho más ajustadas, por ejemplo: para medir la gestión de producción no se utilizaría todo el Stock de Bienes de Cambio, sino que se excluirían del mismo los bienes finales y no se utilizaría el *CMV* sino el Costo de las Mercaderías Producidas.

b. Retención de Stocks

$$\frac{\dfrac{Stock\ de\ Bienes\ de\ Cambio}{Costo\ de\ Mercaderías\ Vendidas}}{365}$$

Este índice muestra la cantidad de días que se podría mantener el nivel de ventas diario con el stock existente. Nuevamente, por tratarse del caso inverso al anterior, puede ser reiterado todo lo señalado en Rotación de Stocks.

c. Rotación del Activo Circulante

$$\frac{Ventas\ Anuales}{Activo\ Circulante}$$

Indica el número de veces que el Activo Circulante se convierte en ventas. Es un indicador más genérico que el señalado en el punto *a*, que de alguna manera (como casi siempre que se utiliza Ventas en lugar de Costo de Mercaderías Vendidas) supone el mantenimiento de un Margen de Contribución estable.

d. Rotación del Activo Fijo

$$\frac{Ventas\ Anuales}{Activo\ Fijo}$$

Indicador de la relación entre las ventas y los Recursos que la empresa tiene inmovilizados.

e. Rotación del Capital de Trabajo Estrictamente Operativo (CTEO)

$$\frac{Ventas\ (o\ Costo\ de\ Mercaderías\ Vendidas)\ Anuales}{(Clientes + Existencias + Proveedores)}$$

Expresa el número de veces que el *CTEO* se convierte en Ventas al cabo de un año.

f. Período de cobro

$$\frac{Clientes}{Ventas\ Diarias}$$

Señala el número de días que tarda en cobrarse una factura, es decir, es una medida del período promedio de financiamiento extendido a las ventas. Nótese que en el denominador se ha utilizado "Ventas Diarias" y no "Ventas a Plazo": en este último caso interesaría saber cuál es el plazo promedio de financiamiento de las ventas a plazo.

g. Período de pago

$$\frac{Proveedores}{Compras\ Diarias}$$

Indica el número de días que, en promedio, tarda en pagarse una compra. Período promedio de financiamiento de las compras.

h. Problemas de cobro

Existen muchas y distintas ratios vinculadas con esta faceta, por ejemplo:

$$Días\ de\ Mora =$$
$$= Período\ de\ cobro\ efectivo - Período\ de\ cobro\ esperado$$

$$Incobrables = \frac{Incobrables\ del\ período}{Ventas}$$

$$Cartera\ sana = \frac{(Total\ de\ Clientes - Clientes\ en\ mora\ y\ litigio)}{Total\ de\ Clientes}$$

i. Período de Necesidad de Capital de Trabajo Estrictamente Operativo (CTEO)

$$\frac{CTEO}{\dfrac{Ventas\ (o\ CMV)\ Anuales}{365}}$$

Indica la cantidad de días de venta requeridos para mantener el nivel de actividad. En el caso en que el $CTEO < O$, puede interpretarse como el financiamiento neto aportado por el $CTEO$, expresado en cantidad de días de venta.

Ratios de liquidez

Son ratios que pretenden medir la capacidad de pago de la empresa a corto plazo. Cuando la medición de las variables es exclusivamente a nivel de stock, relacionan los Activos líquidos y/o el Activo Circulante con Pasivos a corto plazo y/o el Pasivo circulante. Cuando además se incorporan flujos, estos por lo general siempre se expresan en días, por tratarse de medir variables a muy corto plazo.

Algunas de estas ratios:

a. De circulante

$$\frac{Activo\ Circulante}{Pasivo\ Circulante}$$

Porcentaje del Pasivo Circulante que está cubierto por Activos de rápida maduración. Se entiende por maduración el tiempo que se requiere para que un bien pueda ser convertido en *cash*.

Si el resultado de esta ratio es mayor que 1, implica que hay más Activos que Pasivos circulantes, por lo que cabe esperar que no existan problemas de liquidez. En cualquier caso, cabe hacer notar que estos problemas pueden no existir aun con ratios notablemente bajas. Por ejemplo, si la rotación del Activo Circulante es mayor que la del Pasivo Circulante.

b. Prueba ácida

$$\frac{Activo\ Circulante - Stocks}{Pasivo\ Circulante}$$

Esta es una de las más típicas ratios: proporciona, en una forma mucho más ajustada, la misma información que la ratio anterior: del Activo Circulante se resta el ítem de menor liquidez (los stocks de bienes).

c. Días de Caja

$$\frac{Caja}{Pagos\ Diarios}$$

Cantidad de días que la empresa podría seguir cumpliendo con sus obligaciones en caso de que se interrumpiesen sus cobros. Cuando no se dispone de un detalle de los pagos, para ver esta capacidad de cumplimiento, se suelen hacer relaciones con: compras, *CMV*, gastos de estructura, etcétera.

Ratios de endeudamiento

Son relaciones que pretenden medir la forma en la que se está financiando la empresa: la relación de recursos propios y de terceros que se está exponiendo en la empresa. Nótese que esta relación determina cómo se sobrelleva el riesgo del negocio.

Las más frecuentes:

a. Proporción de financiamiento de largo plazo

$$\frac{Deuda\ a\ Largo\ Plazo + Recursos\ Propios}{Activo\ Total} = \frac{DLP + K}{A}$$

b. Proporción de financiamiento con deuda

$$\frac{Deuda\ Total}{Activo\ Total} = \frac{PC + DLP}{A} = \frac{D}{A}$$

c. Apalancamiento Financiero o Relación Deuda-Capital

$$\frac{Deuda\ Total}{Patrimonio\ Neto} = \frac{PC + DLP}{K} = \frac{D}{K}$$

d. Proporción de Deuda a Corto Plazo

$$\frac{Deuda\ a\ Corto\ Plazo}{Activo\ Total} = \frac{PC}{PC + DLP} = \frac{PC}{D}$$

e. Porcentaje de Cobertura de Intereses

$$\frac{Beneficio\ antes\ de\ Intereses\ e\ Impuestos}{Intereses} = \frac{BAIT}{I}$$

Este es un indicador de la cantidad potencial de intereses que estaría en condiciones de pagar la empresa antes de incurrir en pérdidas.

Ratios bursátiles

Son relaciones de utilidad para la toma de decisiones desde el punto de vista de un inversor bursátil. A diferencia de los anteriores, son ratios que consideran variables que no suelen aparecer en un Balance, por ejemplo: precios de mercado, beneficio por acción, etcétera.

Las más usuales:

a. Valor Libros

$$\frac{Patrimonio\ Neto}{N\acute{u}mero\ de\ acciones} = \frac{K}{N}$$

Proporciona el valor contable de una acción.

b. Valuación de mercado

$$\frac{Precio\ de\ Mercado}{Valor\ Libros} = \frac{PM}{VL}$$

Indicador de la sobre o subvaluación que el mercado hace con respecto a la valuación contable de una empresa.

c. Rentabilidad de la acción

$$\frac{Beneficio\ Neto\ por\ Acci\acute{o}n}{Precio\ de\ Mercado\ de\ la\ Acci\acute{o}n} = \frac{BpA}{PM} = \frac{\dfrac{BDT}{N}}{PM}$$

Indicador de rentabilidad para el accionista. Este es un caso claro de la conveniencia de considerar todos los supuestos que yacen detrás de la interpretación de una ratio (¿la variación del precio de la acción no forma parte del beneficio del accionista?; ¿es lo mismo un beneficio retenido que un beneficio que se reparte en forma de dividendos?, etcétera).

d. PER, Price Earnings Ratio

$$\frac{Precio\ de\ Mercado\ de\ una\ Acci\acute{o}n}{Beneficio\ Neto\ por\ Acci\acute{o}n} = \frac{PM}{BpA}$$

Tiempo que tarda la acción en pagarse a sí misma. Nótese que el *PER* establece la relación inversa a la ratio anterior, que medía la rentabilidad de la acción.

e. Rentabilidad explícita de la acción

$$\frac{Dividendos}{Precio\ de\ Mercado} = \frac{Divid.}{PM}$$

f. Proporción de pago de Dividendos

$$\frac{Dividendos}{Beneficios\ después\ de\ Impuestos} = \frac{Dividendos}{BDT}$$

g. Proporción de Retención de Beneficios

$$\frac{Beneficios\ Retenidos}{Beneficios\ después\ de\ Impuestos} = \frac{BR}{BDT} =$$

$$= \frac{BDT - Divid.}{BDT} = 1 - \frac{Divid.}{BDT}$$

Nótese que esta última ratio es la complementaria de la ratio anterior.

Descomposición de ratios

El análisis de ratios con fines de diagnóstico suele plantear el eterno problema del bosque y los árboles. Más concretamente: un determinado indicador puede señalar que la empresa no es rentable, pero no decir nada acerca de cuál es el origen de la falta de rentabilidad.

En tal caso hay que recurrir a otro indicador y ver cómo se relaciona con el primero. Pero, dado que existen múltiples indicadores parciales, este camino suele restarle credibilidad al diagnóstico y desperdigar la información.

Una de las formas con las que se ha pretendido evitar este inconveniente es descomponiendo una ratio global en varias ratios parciales. De este modo se observa el bosque y los árboles al mismo tiempo.

Un ejemplo de tal desagregación: si la ratio de *Beneficio/Activo* está indicando una baja rentabilidad, no hay forma de saber cuál es el origen del problema: ¿una baja generación de beneficios o una excesiva acumulación de Activos?

Sin embargo, si se descompone la ratio del siguiente modo:

$$\frac{Beneficio}{Ventas} \cdot \frac{Ventas}{Activo}$$

quizá se pueda diagnosticar que el problema tiene su origen en una mala política comercial (bajo porcentaje de *Beneficio/Ventas*); o en una errada política de producción porque, por ejemplo, se tienen excesivos Activos para el nivel de ventas en el que se opera, etcétera.

El problema de los árboles y el bosque, pese a todo, no consigue eliminarse totalmente con la descomposición. Siguiendo con el ejemplo anterior: quizás el problema no sea ni un bajo porcentaje de *Beneficio/Ventas*, ni Activos excesivos para el nivel de ventas, sino una baja participación de mercado.

En cualquier caso, por la excelente combinación de alto poder explicativo y mucha sencillez, las siguientes son las descomposiciones de ratios que más adeptos han generado:

$$ROE = \frac{BDT}{K} = \frac{BDT}{A} \cdot \frac{A}{K} = ROA \cdot \frac{A}{K} = ROA \cdot (1 + \frac{D}{K})$$

$$ROE = \frac{BDT}{K} = \frac{BDT}{V} \cdot \frac{V}{A} \cdot \frac{A}{K} = \frac{BDT}{V} \cdot \frac{V}{A} \cdot (1 + \frac{D}{K})$$

es decir, el *ROE* puede descomponerse en dos o tres ratios diferentes:

a) *ROE = ROA · (1 + Apalancamiento Financiero)*
b) *ROE = Margen Bruto · Rotación ·*
     · (1 + Apalancamiento Financiero)

cada una de estas ratios en las que está descompuesto el *ROE* pone el acento en una de las partes funcionales en las que se divide la gestión de la empresa: el Margen va asociado con la gestión comercial, la Rotación y el *ROA* se vinculan con la gestión de Producción y el Apalancamiento Financiero con la gestión financiera.

Otra descomposición de ratios que muy frecuentemente suele utilizarse es la que explica la tasa de crecimiento autosostenible de la empresa (el factor *g*):

$$g = \frac{BR}{K} = \frac{BDT}{K} \cdot \frac{BR}{BDT} = \frac{BDT}{V} \cdot \frac{V}{A} \cdot \frac{A}{K} \cdot \frac{BR}{BDT}$$

$$g = \frac{BDT}{V} \cdot \frac{V}{A} \cdot (1+\frac{D}{K}) \cdot (1-\frac{Divid}{BDT})$$

$$g = (a) \cdot (b) \cdot (c) \cdot (d)$$

donde:

$(a) = $ Margen sobre Ventas

$(b) = $ Rotación de Activos

$(c) = $ Estructura de Financiamiento

$(d) = $ Política de Dividendos

o, lo que es lo mismo:

$$Efectividad\ Operativa = (a) \cdot (b)$$

$$Política\ de\ Financiamiento = (c) \cdot (d)$$

de lo que se deduce que:

$$g = Efectividad\ Operativa \cdot Política\ de\ Financiamiento$$

o en lenguaje político de la década de los 80: el crecimiento autosostenible es el producto de la *revolución productiva* y la *patria financiera*.

La interpretación de esta ratio es sumamente importante. Tal como ha quedado expuesto, lo que el parámetro g expresa es que $ 1 adicional de ventas genera una cantidad (a) de recursos adicionales en forma de Beneficio después de Impuestos, *BDT*.

Una porción de este *BDT* [la cantidad definida en (d)] quedará retenida en la empresa, incrementando el Patrimonio Neto. Esto permitirá aumentar los recursos totales de la empresa (mediante la captación de nuevos recursos en forma de Deuda), en una cantidad establecida por (c).

El mayor Activo de la empresa (alcanzado en el paso anterior) permitirá sostener una cantidad de ventas tal como la expresada por (b).

Obviamente la expresión *g* anterior tiene sentido en la medida en que estas ratios están referidas al futuro y siempre y cuando las mismas sean estables. No obstante ello, lo que usualmente se hace es asumir que los datos actuales (o incluso los del pasado) pueden proyectarse al futuro.

Este tipo de criterios, tal como ya lo advertimos al comienzo del capítulo, puede provocar, *ex-post*, grandes y desagradables sorpresas. Conviene, por lo tanto, siempre que se trabaje con ratios, tomar los recaudos necesarios. Algunos de ellos (de no gratuito aprendizaje) son los que presentamos en la próxima sección.

15 precauciones 15
para desprevenidos usuarios del análisis de ratios

En lo que sigue se explicitarán un conjunto de circunstancias que condicionan fuertemente los resultados que pueden ser generados por el análisis de ratios y, por lo tanto, resulta sumamente conveniente tenerlas en cuenta antes de empezar a sacar conclusiones demasiado rápido.

1) El significado de una ratio no es independiente de la fuente que origina la información

Como ya se sabe, las formas de organizar la información económico-financiera de la empresa depende de quién es el destinatario de la misma: no es lo mismo el Balance para el Director General de la empresa, que el Balance para la Dirección General Impositiva, que el Balance para el accionista, etc. Por lo tanto, pueden no ser iguales las ratios que de estos datos surgen.

2) La efectividad o utilidad de una ratio depende del objetivo que se busca

La efectividad del uso de las ratios, en el diagnóstico, depende de la contundencia del mensaje que transmiten y, en el pronóstico, de la credibilidad que despiertan. En el primer caso se trata de encontrar una relación que tenga una fuerte capacidad explicativa.

En el segundo caso, cuando se quiere pronosticar, además de poder explicar, la ratio debe establecer una relación que sea estable a lo largo del tiempo o, al menos, que tenga una evolución predecible.

3) Mucho más importante que la ratio son los supuestos que la sostienen

Existen infinidad de ratios, porque existen infinidad de relaciones que pueden establecerse entre distintas variables. Aunque la imaginación es el único límite que existe para la construcción de ratios, la "razonabilidad" es el único criterio que existe para la construcción de las ratios útiles.

4) La razonabilidad de una ratio no es inamovible

La *razonabilidad* de una ratio depende de la situación particular que se está analizando.

Por ejemplo, si se trata de una empresa que vende helados en verano y chocolate en invierno y ambos productos tienen márgenes distintos, diferentes volúmenes de venta, etc., no es razonable confeccionar ratios vinculadas con las "ventas anuales" para pronosticar lo que sucederá en un mes en particular.

5) La información proporcionada por una sola ratio no solo es pobre, es irrelevante

Por sí misma, lo que una ratio dice es muy poco. Por ejemplo, de nada sirve saber que una persona pesa 70 kg si no sabemos cuánto mide, de qué sexo es, cuántos años tiene, etcétera.

Desde el punto de vista del diagnóstico, lo que interesa es la situación que queda descrita por un conjunto de ratios. En este caso las ratios funcionan describiendo un conjunto de "síntomas": es bastante atípico que una enfermedad pueda ser descrita por un único y exclusivo síntoma.

Por lo general el primer paso que se da en el análisis financiero de una empresa mediante el uso de ratios es estudiar una misma serie de ratios a lo largo del tiempo para ver cómo "han evolucionado los síntomas".

El segundo paso que se suele dar es comparar las ratios de la empresa con las del sector, con las del entorno y la época en la que se desarrollan sus actividades. Por ejemplo, un Beneficio del 80% con respecto a las Ventas puede ser "muy alto" en el sector de alimentos y "muy bajo" en el sector de la construcción o "muy alto" en Argentina y "muy bajo" en Chile o "muy alto" en 1993 pero "muy bajo" en 1988.

6) Tan importante como las ratios es el crecimiento de las variables que la componen

En muchos casos, al comparar una misma ratio en dos momentos distintos, se está dejando de ver una de las dimensiones de la situación: el crecimiento que las mismas variables han experimentado.

Por ejemplo, si se compara el Beneficio con respecto a las Ventas, en dos años distintos, nada se puede apreciar con respecto al aumento o caída de las Ventas o de los Beneficios: no es igual un mismo porcentaje estable de Beneficios sobre unas Ventas permanentemente en crecimiento o continuamente disminuidas.

7) Es fundamental distinguir entre variables flujo y variables stock

En tanto que las primeras hacen referencia a algo que está sucediendo en un PERÍODO, las segundas se refieren a algo que existe en un MOMENTO. La información vinculada con las variables flujo en una empresa aparece en la Cuenta de Resultados y en el Cuadro de Origen y Aplicación de Fondos (la tabla que indica el *Cash-flow* de la empresa); la información vinculada con las variables stock aparece en el Balance.

8) No toda la información económico-financiera es comparable

Dado que, fruto de la inflación, unidades de dinero disponibles en distintos momentos del tiempo tienen diferente poder adquisitivo, hay que tener especial cuidado en este punto. Así, si la tasa de inflación periódica es p, el poder de compra que hoy tienen $\$A'$, disponibles al final de t períodos, es de $\$A$:

$$\$A = \frac{\$A'}{(1 + p)^t}$$

Por lo tanto, si se desean obtener "ratios reales", despojadas de cualquier componente inflacionario, previamente se deben deflactar las variables mediante la fórmula anterior.

En cualquier caso, no alcanza con expresar los datos en unidades de dinero que poseen un poder adquisitivo constante (esto es: en términos reales). Previamente, hay que homogenizar la información de modo tal de poder hacer las comparaciones adecuadas.

Por ejemplo: la información vinculada con stocks, al estar referida a un único momento, casi siempre es comparable. En cambio, la información vinculada con flujos no siempre es comparable; para poder comparar previamente es necesario homogeneizar la información referenciándola a períodos que tengan la misma duración. Más claramente: una venta de $ 100.000 no es lo mismo por día que por semana.

9) La utilización del valor promedio de una variable puede quitar sesgos de la información y hacer más significativa la ratio

Por lo general, cuando se utilizan relaciones entre flujos y stocks, el stock que se utiliza para la ratio es el inicial, que es el que estuvo expuesto durante todo el período en el que se generó el flujo. En la medida en que la diferencia entre el flujo inicial y el final es importante, las ratios así construidas muestran un sesgo.

En tales casos es útil emplear una medida promedio del stock que estuvo expuesto durante el período en cuestión. Por ejemplo:

$$\frac{\textit{Flujo durante el período } t}{\dfrac{\textit{(Stock inicial + Stock final)}}{2}}$$

En general, cuando se han verificado cambios de mucha importancia en valores que alcanzan las variables que componen la ratio, suele ser conveniente utilizar un valor promedio de dichas variables, para evitar distorsionar o sesgar la información que se utiliza y, consecuentemente, distorsionar el resultado de la ratio.

En la jerga más técnica esto se conoce como medición "promedio contra promedio", versus la tradicional medición "punta a punta". La utilización del criterio "promedio contra promedio" tiende a producir crecimientos y decrecimientos más suavizados de las variables, producto de los "efectos arrastre".

Cabe notar que, ante una interrupción y/o reversión de la tendencia, estos "efectos arrastre" producen sesgos muy importantes en los resultados. Véase al final del Apéndice 2 al Capítulo 10 una digresión sobre las consecuencias de aplicar distintos criterios de indexación.

10) La unidad de medida que se utiliza cambia el número de la ratio pero nunca la información que la ratio proporciona

Debe tenerse presente que la unidad de medida con la que se está trabajando es la que determina la dimensión que adquiere la ratio. Por lo tanto, al evaluar la información que brinda la ratio, hay que tener siempre presente cuál es esa unidad de medida con la que la ratio está confeccionada y no dejarse impresionar antes de saberlo.

Por ejemplo: lo gorda o flaca que esté una persona no depende de que se la pese en una balanza que mida kilos o libras. Del mismo modo, un beneficio del 80% no es lo mismo durante un mes que durante un año.

11) La interpretación de una ratio requiere más atención que su cálculo

La interpretación de una ratio no suele ser ni sencilla ni inexorable. Nuevamente, el criterio decisivo es la *razonabilidad*.

Por ejemplo: una gran acumulación de stocks puede significar desde la preparación para una guerra de precios a encarar en el próximo período hasta el seguimiento y ejecución de una pésima política comercial.

12) Los efectos impositivos no son superfluos

Al confeccionarse las ratios debe tenerse particular cuidado con los efectos impositivos. Por ejemplo: en una empresa que paga impuestos el costo efectivo de una deuda es menor, dado que los intereses se pueden deducir del beneficio gravable. En cualquier caso, a fin de poder establecer comparaciones válidas, no solo es relevante sino también imprescindible saber si la información es antes o después de impuestos.

13) "LA" ratio no existe

Lo que existen son distintas medidas y aproximaciones a un concepto que suelen ser útiles o no según las circunstancias en las que se está llevando a cabo el análisis.

Nuevamente, recurriendo a la metáfora médica: una ratio no es más que un instrumento como el bisturí, el escalpelo o la pinza, sin validez universal. Todos estos instrumentos son tan útiles para ciertas finalidades en determinadas oportunidades como pueden ser completamente inútiles para otros objetivos en otras circunstancias.

14) El análisis con ratios, siendo un instrumento sumamente útil, no es ni exclusivo ni excluyente

El análisis de *Cash-flows*, de tendencias, de elementos no presentes en los estados de información económico-financiera, etc., puede ser mucho más valioso que el estudio de las ratios. En cualquier caso, siempre puede brindar una importante información complementaria que enriquezca el panorama.

15) Debe distinguirse entre lo transitorio y lo permanente

Aunque el resultado de la ratio esté prediciendo un determinado resultado, hay que tener en cuenta que las variables utilizadas en la construcción de la misma pueden estar correspondiendo a un estado transitorio y no a un estado permanente de la situación. Nuevamente aparece el criterio de *razonabilidad* a aplicar en la construcción y elaboración del índice.

CAPÍTULO 4

EL CICLO DE CAJA, LA CUENTA DE RESULTADOS Y LOS RESULTADOS FINANCIEROS

Lo único que puede delegarse (con total tranquilidad) son las culpas.

I. Una visión crítica de la Cuenta de Resultados "tradicional"

La Cuenta de Resultados, cualquiera sea su forma de presentación, es un instrumento vital para la gestión empresarial. Cuando se trata de información histórica sirve para medir la gestión, saber dónde se gana y dónde se pierde, a quiénes se debe premiar y a quiénes se debe castigar; cuando se trata de información proyectada sirve para asignar recursos entre distintas actividades.

En cualquiera de las dos versiones que hemos presentado de la Cuenta de Resultados en el Capítulo 1, se distinguen claramente dos factores en la generación de los beneficios. Por un lado aparece la gestión operativa –*la parte de arriba de la Cuenta de Resultados*–, el *BAIT* o *Beneficio antes de Amortizaciones, Intereses e Impuestos*. Estos son resultados que se suelen vincular con la Dirección Comercial y con la Dirección de Producción por ser estas justamente las áreas de la empresa que usualmente se consideran principales responsables de los valores alcanzados por el Margen de Contribución y por los Costos Fijos.

Por otro lado, en *la parte de abajo* de la Cuenta de Resultados, el rubro *Intereses,* se concentran los resultados financieros, originados principalmente por los stocks de deuda y de Activos financieros que posee la empresa y cuya administración recae en la Dirección Financiera.

Nótese que a partir de esta concepción de la Cuenta de Resultados, que llamaremos *tradicional,* no se reconoce la existencia de una relación explícita entre los resultados de la gestión operativa (Margen de Contribución, Costos Fijos y Amortización) y los resultados financieros.

Posiblemente la principal diferencia entre ambos tipos de resultados sea que, mientras los resultados operativos se vinculan con lo *devengado,* los resultados financieros se relacionan con lo *efectivamente percibido.*

En una situación no inflacionaria y/o con tasas de interés bajas, la distinción entre *devengado* y *percibido,* para relativamente cortos períodos, carece de importancia: la *percepción* de *lo que se devenga* no tiene costos significativos. En estos casos, los indicadores usuales de gestión, presentes en la Cuenta de Resultados *tradicional* y que distinguen entre resultados operativos y financieros, cumplen adecuadamente su función.

Sin embargo, cuando las tasas de interés y/o de inflación son altas, la diferencia entre *devengado* y *percibido* se torna crítica: de nada sirve *devengar beneficios positivos* si la *percepción* de los mismos implica incurrir en costos financieros que los anulan o, más aún, los tornan negativos.

En particular, en un contexto como el argentino de la década de los 80 –con muy altos costos financieros– la rentabilidad de la empresa se juega en *la parte de abajo* de la Cuenta de Resultados (gestión financiera), más que en *la parte de arriba* (gestión operativa).

Un fenómeno que no siempre es bien comprendido es que a la gestión operativa –la Dirección Comercial y la Dirección de Producción–, al tener bajo su responsabilidad el mantenimiento del nivel de actividad de la empresa, le corresponde una responsabilidad sustancial en el nivel que alcance la posición financiera.

Dicho de otra manera: cambios en la gestión operativa de la empresa tienen una repercusión directa en su situación financiera. La única excepción a esta regla estaría dada por los extrañísimos casos en que se compra y vende al contado rabioso y no se mantienen stocks de ningún tipo.

Claramente entonces: una parte de los resultados financieros no obedece al manejo eficiente o ineficiente de una Dirección Financiera totalmente autónoma, sino que corresponden y deben ser imputados a la gestión operativa, que es la que en definitiva ha determinado la posición financiera de la empresa.

El Ciclo de Caja y la Cuenta de Resultados

Siguiendo con el criterio anterior, se puede concluir que la utilización de la información presentada en la Cuenta de Resultados *tradicional,* sin considerar la absorción y generación de fondos asociada con cada actividad, no provee el marco de información más adecuado para la toma de decisiones.

Más aún, la ausencia de consideraciones financieras en los principales indicadores operativos de la Cuenta de Resultados *tradicional* puede promover el mantenimiento de líneas de producto que son rentables únicamente en su aspecto meramente formal pero que, merced a una intensa absorción de fondos, generan importantes costos financieros.

Al mismo tiempo, este tipo de información *tradicional* puede ocasionar el rechazo de otras actividades que no son formalmente rentables en su presentación formal (tienen un Margen de Contribución que no alcanza a cubrir los Costos Fijos) pero, al generar un importante volumen de fondos, permiten la obtención de ingresos financieros.

En el Gráfico 1 se ilustra el Ciclo de Caja, conformado por los distintos momentos y períodos más usuales de una operación comercial y productiva.

Obsérvese que en *la parte de arriba* de la Cuenta de Resultados –los resultados de la gestión operativa– se recoge información puntual correspondiente a los valores que se devengan en los momentos de compra y de venta.

En *la parte de abajo* de la Cuenta de Resultados –intereses– se recopila información respecto de lo que sucede durante el período comprendido entre los momentos de pago y de cobro (los momentos de efectiva *percepción* de los *devengamientos*): el Ciclo de Caja asociado con la operación.

Podemos ver el Ciclo de Caja como el periplo que atraviesan los productos que vende la empresa hasta que alcanzan su objetivo final de convertirse en *cash*. Durante el Período de Stock, los productos están en las distintas cuentas del rubro Existencias, transformándose y/o esperando ser vendidos; durante el Período de Cobro están en el rubro Clientes esperando ser cobrados y, finalmente, durante el Plazo de Pago aparecen en el rubro Proveedores (aquí es cuando los que esperan son los otros...).

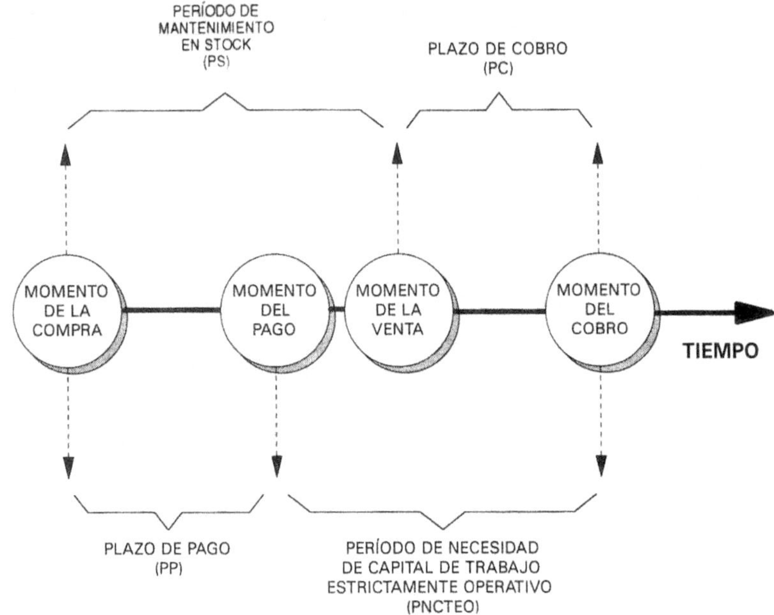

Gráfico 1.
El Ciclo de Caja.

El Gráfico 1 pone claramente de manifiesto que el plazo que media entre el *momento de la Compra* y el *momento del Cobro* puede dividirse entre un período de mantenimiento de Stock (*PS*) y un período de Cobro (*PC*). Del mismo modo, este período puede ser descompuesto en un período para el que se cuenta con el financiamiento de los mismos proveedores, el Plazo de Pago (*PP*), y un período para el que se requiere un financiamiento adicional, el Período de Necesidad de Capital de Trabajo Estrictamente Operativo *(PNCTEO)*.

Más formalmente:

$$PNCTEO = PS + PC - PP$$

En la medida en que el Plazo de Pago sea inferior a la suma de tiempo requerido por el Período de Stock y el Plazo de Cobro, se requerirá de financiamiento adicional, para poder cubrir el período de necesidad de Capital de Trabajo Estrictamente Operativo *(CTEO)*. A corto plazo, la cobertura de este *CTEO* debe ser provista por una disminución de los Activos Financieros o por un aumento de la Deuda Financiera de Corto Plazo.

Obsérvese que, llegado el caso, un Plazo de Pago superior a la suma $(PS + PC)$ aporta recursos financieros superiores a los que la empresa requiere para su gestión operativa corriente y, por lo tanto, pueden ser aplicados a la generación de intereses en el mercado financiero o al financiamiento de Activos fijos. Este suele ser el sueño de los directores financieros: un *CTEO* negativo.

Estos últimos comentarios no hacen más que poner de relieve la existencia de un efecto indirecto de la gestión operativa sobre la parte de *Intereses* de la Cuenta de Resultados.

Resumiendo: en un contexto de altos costos financieros, la presentación tradicional de la Cuenta de Resultados, al desvincular los resultados operativos de los resultados financieros, presenta información parcializada y, por lo tanto, distorsionada. Alternativamente, la presentación tradicional, sin un nexo que vincule los resultados operativos con los financieros –el Ciclo de Caja–, no resulta ser un instrumento confiable o eficiente para el responsable de la gestión empresarial.

Reinterpretación formal de los resultados

Desde un punto de vista más formal, el nivel de actividad junto con las condiciones de cobro, de pago y de permanencia en stock son las variables que, por definición, determinan el tamaño que alcanzan los Activos y Pasivos Operativos de una empresa.

Lo que durante un período debe ser mantenido como un stock (tal como cualquiera de los ítems que aparecen en una cuenta del Balance), en algún momento se debe transformar en un flujo operativo (tal como cualquiera de los ítems que aparecen en *la parte de arriba* de la Cuenta de Resultados). Las condiciones de cobro, de pago y de permanencia en stock (*PC*, *PP* y *PS*) son los elementos que permiten la conversión de un ítem operativo del *Cash-flow* en un ítem de las cuentas del Balance y viceversa.

Si los Activos y Pasivos Operativos no están exactamente compensados, por condición de equilibrio del Balance, se deberán generar Activos o Pasivos Financieros que mantengan la igualdad. Esto a su vez dará origen a déficit o superávit financiero, exclusivamente atribuible a la gestión operativa. Dicho de otro modo: el período durante el cual el flujo operativo mantiene la dimensión de stock requiere una contrapartida financiera en el Balance. Esta contrapartida financiera tiene un precio, explícito o no, que da origen a otro flujo de la Cuenta de Resultados: los Intereses.

Un ejemplo

Con un ejemplo se clarificará más el punto en cuestión. Considérese que, para simplificar, no existen impuestos ni amortizaciones y supóngase que dos determinadas actividades están definidas por la información contenida en la Tabla 1.

Supóngase además que, para facilitar las comparaciones, ambas actividades mantienen un nivel similar de Activo Total, de Patrimonio Neto y de Deuda a Largo Plazo y que en ambos casos se trabaja sin stock de productos.

Aparentemente, con esta información, la gestión operativa de la actividad *A* es mejor que la de la actividad *B*. Desde el punto de vista financiero, dados los costos financieros de ambas actividades, la gestión de *B* es muy superior a la de *A*.

	Actividad A	**Actividad B**
Ventas	140.000	120.000
Costos Variables	(95.000)	(80.000)
Margen de Contribución	45.000	40.000
Costos Fijos	(25.000)	(27.000)
Beneficio Operativo	20.000	13.000
Intereses	(8.000)	(1.000)
Beneficio	(12.000)	12.000
TABLA 1		

Las conclusiones que rápidamente sacaría el manager a cargo de ambas actividades son aparentemente muy claras: "premios para los encargados de la gestión operativa de *A* y de la gestión financiera de *B*; castigos para los encargados de la gestión financiera de *A* y de la gestión operativa de *B*".

Sin embargo, ¿pueden mantenerse estas conclusiones si la tasa de interés (real anual) de mercado y las condiciones de cobro y pago, en días, son las de la Tabla 2?

Período o Plazo (en días)	**Actividad A**	**Actividad B**
Cobro de las Ventas	45	1
Pago de Costos Variables	5	60
Pago de Costos Fijos	1	45
Tasa Real de Interés	23%	23%
TABLA 2		

La respuesta a esta pregunta se puede encontrar en la Tabla 3, donde se han prorrateado los costos y/o beneficios financieros atribuibles a cada actividad, con arreglo al criterio que ya antes presentamos: el financiamiento de las ventas requiere la absorción de fondos durante el período de cobro; mientras que el pago diferido de los costos fijos y variables deja recursos financieros disponibles durante el plazo de pago.

Es decir, tanto la utilización como la generación de fondos no son gratuitas, tienen un precio: la tasa de interés.

En la Tabla 3 quedan de manifiesto los efectos de considerar la dimensión financiera de la gestión operativa. Estos aspectos, aunque suelen quedar formalmente ocultos en la versión tradicional de la Cuenta de Resultados, quiérase o no, van a estar siempre presentes porque son inherentes a la gestión operativa.

ACTIVIDAD A	Información tradicional	Intereses atribuibles	Información no tradicional
Ventas	140.000	(3.970)	136.060
Costos Variables	(95.000)	299	(94.701)
Margen Contribución	45.000	(3.671)	41.329
Costos Fijos	(25.000)	16	(24.984)
Beneficio Operativo	20.000	(3.655)	16.345
Intereses	(8.000)	(3.655)	(4.345)
Beneficio	12.000		12.000
ACTIVIDAD B			
Ventas	120.000	(76)	119.924
Costos Variables	(80.000)	3.025	(76.975)
Margen Contribución	40.000	2.949	42.949
Costos Fijos	(27.000)	766	(26.234)
Beneficio Operativo	13.000	3.715	16.715
Intereses	(1.000)	(4.715)	(4.715)
Beneficio	12.000	3.715	12.000
TABLA 3			

Cuando esta faceta es tomada en cuenta, la actividad B es la que posee una gestión operativa verdaderamente rentable y la actividad A es la que puede calificarse de operativamente deficiente. Inversamente: la gestión financiera de A genera intereses a favor, en tanto que B genera intereses a pagar. En consecuencia, con los supuestos utilizados, la actividad A, desde un punto de vista exclusivamente financiero, sería más eficiente.

Implicaciones de la "verdadera" Cuenta de Resultados

Implícitamente, al seguirse el procedimiento propuesto en la Tabla 3, lo que se está poniendo de manifiesto es la inexistencia de algo asimilable al financiamiento gratuito.

Desde el punto de vista de la conducción empresaria, la primera implicación de este sencillo cambio introducido en la Cuenta de Resultados es la aparición de una profunda alteración en las mediciones de rentabilidad atribuibles a las distintas áreas de la empresa.

En la práctica, la adopción de esta "verdadera" Cuenta de Resultados, con el consiguiente abandono de los indicadores de gestión puramente operativos, puede llevar a un cambio sustancial en el sistema de "aplausos y abucheos" imperante en una empresa. Junto con esto, aparecen nuevas y diferentes responsabilidades explícitas para la Dirección Comercial y para la Dirección de Producción.

Para la Dirección Financiera, la presentación propuesta también acarrea nuevas responsabilidades: al delimitarse claramente cuál es el componente de intereses atribuible a la gestión operativa, se está aceptando que solo el remanente de intereses es asignable a la gestión financiera.

Lógicamente, si se buscase evaluar a las distintas gestiones de la empresa con ajuste a este criterio, aparecerían zonas grises en lo que se refiere a qué parámetros PC, PS y PP deben ser utilizados para evaluar la gestión comercial y de producción.

En efecto, en la medida en que el cumplimiento efectivo de las condiciones pactadas para los plazos de cobro y de pago es competencia de la Dirección Financiera, existe una zona de indefinición: unos abogarán por los PC, PS y PP efectivamente ejecutados y otros por los PC, PS y PP pactados con clientes y proveedores. Entre lo pactado y lo ejecutado, obviamente, queda una amplia zona de responsabilidades a ser distribuidas entre los responsables del área operativa y los del área financiera.

II. El Apalancamiento Financiero

Habíamos definido el riesgo empresario (en el Capítulo 2) como aquel conjunto de contingencias que está asociado con la percepción de futuros ingresos variables e inciertos, con los que se deben recuperar costos fijos y ciertos, y en los que debe incurrirse con antelación. Es decir, el riesgo empresario está íntimamente asociado con *la parte de arriba de la Cuenta de Resultados,* más precisamente, con el *BAIT.*

Desde este punto de vista, el riesgo empresario es un riesgo de tipo exclusivamente operativo, vinculado con las condiciones particulares de la industria y con las más generales de la economía en su conjunto.

El riesgo financiero, en cambio, está vinculado con *la parte de abajo de la Cuenta de Resultados:* en la medida en que una empresa esté siendo financiada con deuda, aumenta la variabilidad de los posibles resultados que se obtienen de una actividad.

Con un ejemplo veremos esto un tanto más claro. Supóngase que una empresa tiene dos alternativas distintas de definir la estructura de su financiamiento para llevar a cabo una determinada actividad. Es decir: la única diferencia que puede producirse en sus resultados finales solo puede ser atribuida a las diversas formas que tome el lado derecho de su Balance.

Como la actividad que se lleva a cabo es la misma en cualquiera de las dos alternativas, la parte de arriba de la Cuenta de Resultados será común a ambas: el *ROA* y/o el *BAIT* serán equivalentes. Sin embargo, como *la parte de abajo de la Cuenta de Resultados* será distinta, el *BDT* y los Recursos Propios serán distintos y, por lo tanto, la retribución final que perciban los accionistas también será distinta: el *ROE,* por lo general, será diferente.

Veamos la estructura de financiamiento en cada una de estas dos alternativas:

Estructura de financiamiento:	Alternativa 1	Alternativa 2
* Deuda	0	50.000
* Recursos Propios	100.000	50.000
* Total de Activos	100.000	100.000
* Cantidad de Acciones de $1	100.000	50.000
TABLA 4		

Supongamos ahora que las condiciones esperadas para esta actividad, todas ellas con las mismas probabilidades, sean las consignadas en la Tabla 5.

Situación esperada	Muy mala	Mala	Regular	Buena	Muy buena	Excelente
BAIT asociado	(15.000)	(5.000)	20.000	40.000	60.000	80.000
ROA asociado	−15%	−5%	20%	40%	60%	80%
CUENTA DE RESULTADOS ALTERNATIVA 1						
BAIT	(15.000)	(5.000)	20.000	40.000	60.000	80.000
Intereses	0	0	0	0	0	0
BAT	(15.000)	(5.000)	20.000	40.000	60.000	80.000
Impuestos (30%)	4.500	1.500	(6.000)	(12.000)	(18.000)	(24.000)
BDT	(10.500)	(3.500)	14.000	28.000	42.000	56.000
ROE	−10,50%	−3,50%	14%	28%	42%	56%
BpA	(0,11)	(0,04)	0,14	0,28	0,42	0,56
CUENTA DE RESULTADOS ALTERNATIVA 2						
BAIT	(15.000)	(5.000)	20.000	40.000	60.000	80.000
Intereses	(5.000)	(5.000)	(5.000)	(5.000)	(5.000)	(5.000)
BAT	(20.000)	(10.000)	15.000	35.000	55.000	75.000
Impuestos (30%)	6.000	3.000	(4.500)	(10.500)	(16.500)	(22.500)
BDT	(14.000)	(7.000)	10.500	24.500	38.500	52.500
ROE	−28%	−14%	21%	49%	77%	105%
BpA	(0,28)	(0,14)	(0,21)	0,49	0,77	1,05

TABLA 5. Cuentas de Resultados esperadas para las distintas situaciones posibles.

A partir de la tabla 5 se pueden establecer relaciones bastante claras entre el *BAIT* (o el *ROA*) y el *BpA* (o *ROE*).

Así, desarrollando estas relaciones se puede ver que las dos alternativas solo dan el mismo resultado cuando el *ROA* es igual al 10%: en ese caso ambas alternativas dan un mismo *ROE* (igual al 7%). A este nivel de *ROE* los accionistas de esta empresa estarían indiferentes entre financiar la empresa 100% con Recursos Propios o hacerlo 50% con Deuda y 50% con Recursos Propios. A tal situación la llamaremos *Break-Even de los accionistas* (véase la Tabla 6 y el Gráfico 2).

	Alternativa 1	Alternativa 2
BAIT	10.000	10.000
Intereses	0	(5.000)
BAT	10.000	5.000
Impuestos	(3.000)	(1.500)
BDT	7.000	3.500
ACTIVOS TOTALES	100.000	100.000
ROA(*)	10%	10%
RECURSOS PROPIOS	100.000	50.000
ROE (%)	7%	7%
TABLA 6		

Como puede apreciarse en el Gráfico 2: para valores de *ROA* > *ROA(*)* es mejor el *ROE* de los accionistas obtenible en la Alternativa 2 (con Apalancamiento Financiero); para *ROA* < *ROA(*)* es mejor el *ROE* alcanzable con la Alternativa 1 (100% Recursos Propios).

Es decir, excepto en el caso en que *ROA* = *ROA(*)*, la única forma de que los accionistas estén indiferentes entre estas dos alternativas de financiación es que el aporte (o *desaporte*) que el apalancamiento origina sea compensado por los rendimientos operativos.

Esto es: para que la estructura de financiamiento sea neutral tendría que ocurrir que los resultados operativos tuviesen una fuerte dependencia de la estructura financiera, de modo tal que, por algún "mágico" motivo, a niveles inferiores a *ROE(*)* la Alternativa 2 genere un *BAIT* mayor que el que genera la Alternativa 1

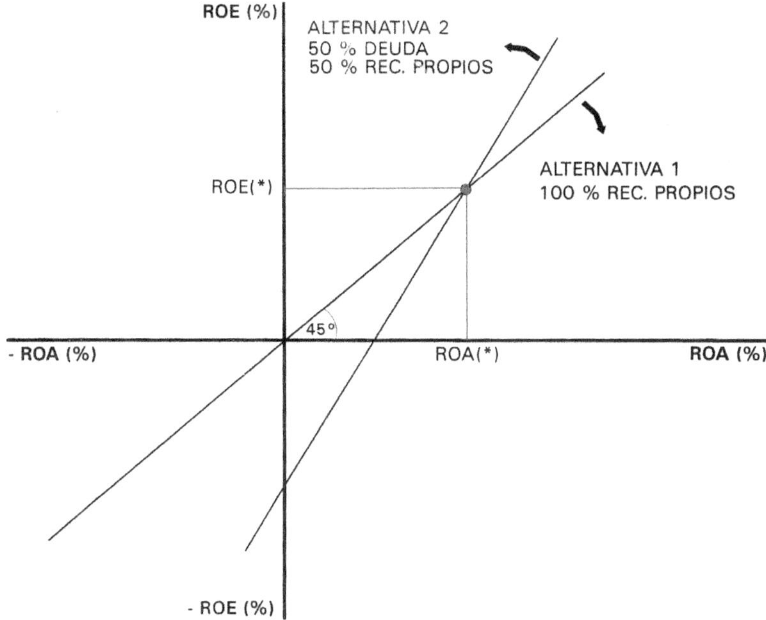

Gráfico 2.
Break-even para los accionistas frente a las dos alternativas de financiamiento.

y, a niveles superiores de *ROE(*)*, la Alternativa 1 sea la generadora de un *BAIT* mayor.

Volviendo a nuestro Gráfico 2: el Apalancamiento Financiero sensibiliza el *ROE* (o el *BDT*). A cualquier nivel de *ROA* (o *BAIT*), pequeños cambios en el *ROA* (o en el *BAIT*), producen modificaciones relativamente importantes en el *ROE* (la pendiente de la curva de la Alternativa 2 es mayor que la de la Alternativa 1).

A partir de la Tabla 5, queda abierto un panorama en el que los resultados esperados por los accionistas en ambas alternativas serían:

Alternativa 1	Retorno esperado	21,00 %
	Varianza	0,06 %
Alternativa 2	Retorno esperado	35,00 %
	Varianza	0,22 %
TABLA 7. Efectos del Apalancamiento Operativo.		

Con estos resultados se puede apreciar que el Apalancamiento Financiero aumenta la rentabilidad que pueden esperar los accionistas. Ahora bien, este aumento en el retorno esperado no es gratuito, tiene un costo. El costo es el aumento en el riesgo de la Alternativa 2.

¿En qué se manifiesta el riesgo? En primer lugar por la amplitud de los posibles resultados: la Alternativa 1 (100% Recursos Propios) le da al accionista un rango de posibles resultados que implican una variación de $ 0,67 por acción (entre + $ 0,56 o – $ 0,11) frente a un resultado promedio esperado de $ 0,21 (ver Tabla 5).

La Alternativa 2 (con Apalancamiento Financiero) pone al accionista frente a un resultado esperado de $0,35 con un rango esperado de posibles resultados que implican una variación de $ 1,33 en el Beneficio por Acción (entre + $ 1,05 y – $ 0,28) (ver Tabla 5). Es decir: la Alternativa 2 le mejora el resultado esperado en un 66,67% pero le aumenta el posible rango de resultados en un 100%.

Como es obvio, *en la vida real nadie puede recibir un promedio como resultado*. En la práctica, en cada período no puede darse sino un solo y único resultado. El promedio únicamente lo recibe aquel que sistemáticamente se mantiene en la actividad durante un muy prolongado plazo y las probabilidades de cada posible resultado se mantienen constantes a lo largo de todo ese tiempo. Esto sin contar que, si los resultados malos se producen al principio, además debe tener fondos adicionales (y mucho espíritu) para mantenerse en la actividad.

En la Alternativa 2 (con Apalancamiento Financiero) ese resultado puede ser mucho más favorable que en la Alternativa 1 (financiamiento 100% Recursos Propios), pero también mucho más desfavorable. Ese justamente es el riesgo: la mayor dispersión o volatilidad de los resultados esperados.

Técnicamente el promedio (o media aritmética o esperanza matemática) de los resultados posibles es el nombre del rendimiento esperado. El nombre técnico del riesgo es la varianza, aunque –obviamente– existen otras medidas de dispersión, volatilidad o inestabilidad de los resultados esperados.

Según vemos en los números más arriba expuestos, para la

Alternativa 2, *Varianza ROE > Varianza ROA,* la diferencia entre estos dos valores es el riesgo aportado por el Apalancamiento Financiero.

Así planteado podemos decir que la *Varianza del ROA* es el riesgo empresarial, en tanto que la diferencia entre las dos varianzas (las que corresponden al *ROE* y al *ROA*) es el riesgo financiero.

Riesgo de los accionistas   =   *Riesgo empresarial + Riesgo Financiero*
Riesgo de los accionistas   =   *Var ROE*
Riesgo empresarial   =   *Var ROA*
Riesgo financiero   =   *Var ROE – Var ROA*

En el Gráfico 3 presentamos bajo la forma de curvas *normales* las relaciones entre los resultados de la Alternativa 1 y los de la Alternativa 2.

Podemos apreciar en el Gráfico 3 que la curva correspondiente a la Alternativa 1 está más concentrada en torno del *ROE* esperado, en tanto que la que corresponde a la Alternativa 2 es más dispersa. Es decir, esta última tiene una varianza mayor.

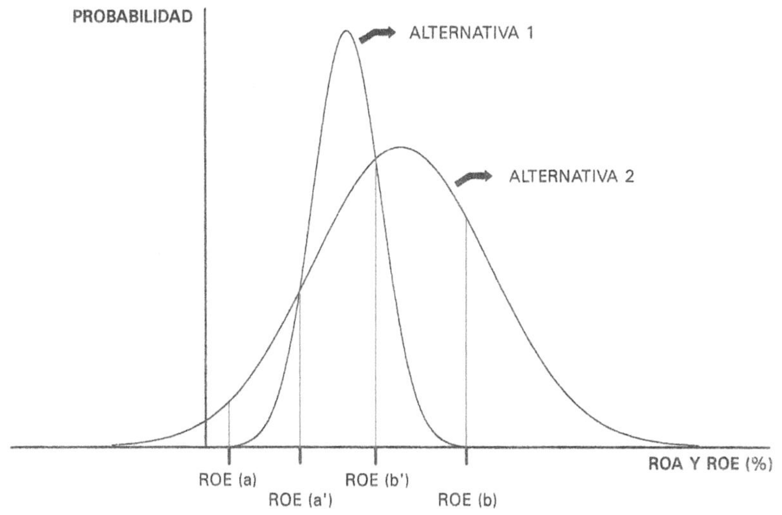

Gráfico 3.
Distribución de probabilidad para las dos alternativas de financiamiento.

Dicho de otra manera: en la Alternativa 1 son casi imposibles los resultados inferiores a *ROE(a)*, del mismo modo que son casi totalmente imposibles los resultados superiores a *ROE(b)*. Sin embargo, estos resultados son perfectamente posibles en la Alternativa 2.

Del mismo modo (observando las superficies bajo cada curva), se puede ver que hasta *ROE(a')* los peores resultados son claramente más probables en la Alternativa 2. A partir de *ROE(b')* los mejores resultados son, a todas luces, más probables en la Alternativa 2.

En el Gráfico 4 presentamos las curvas de probabilidad acumulada para ambas alternativas, con lo que, desde otro punto de vista, podemos ver con más detalle aún los puntos comentados en los párrafos anteriores.

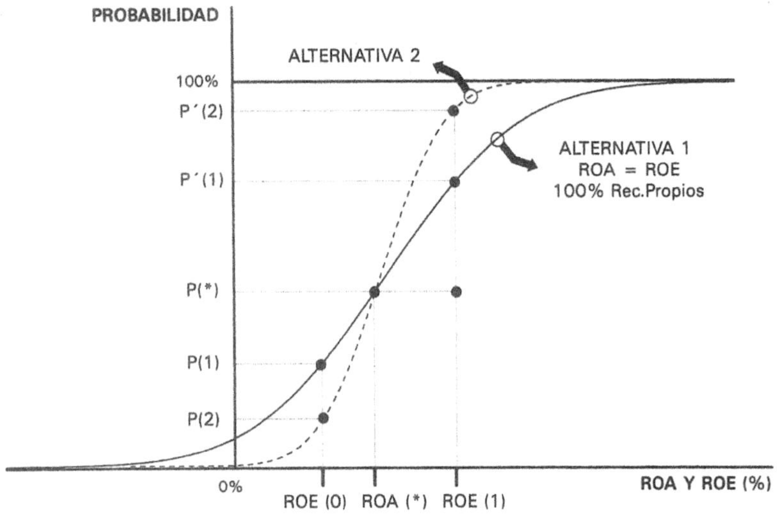

Gráfico 4.
Curvas de probabilidad acumulada para las dos alternativas de financiamiento.

Podemos interpretar este tipo de gráfico de la siguiente manera (ver Gráfico 4): recién a partir de *ROA(*)* los resultados que dejan un mejor *ROE* son más probables en la Alternativa 2. Hasta llegar a ese nivel de *ROA(*)*, esa misma Alternativa 2 es la que deja los peores y más probables *ROE*.

Véase, por ejemplo, que alcanzar *ROE(0)* tiene en la Alternativa 1 una probabilidad *P(1)*, que es mayor que la probabilidad *P(2)* con la que está asociada la Alternativa 2. En cambio, para alcanzar *ROE(1)*, la probabilidad *P'(2)* (correspondiente a la Alternativa 2), es mayor que la probabilidad *P'(1)* (correspondiente a la Alternativa 1).

Esto lo podemos asociar, desde un punto de vista muy amplio, con la aversión que en general existe para comenzar negocios tomando deudas [cuando el *ROA(*)* requiere una alta probabilidad].

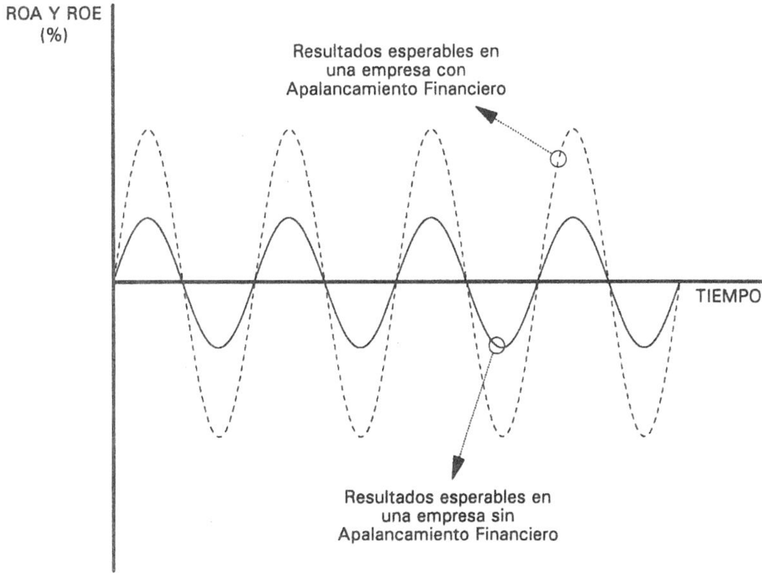

Gráfico 5.
Los resultados del Apalancamiento Financiero a lo largo del tiempo.

Por último, si asumimos que buenos y malos tiempos no son eternos y que por lo tanto los *BAIT* son relativamente cíclicos, podemos ver (en el Gráfico 5) cuál es el resultado de seguir una política de Apalancamiento Financiero.

La interpretación de este gráfico es sumamente elocuente: los buenos resultados son aún mejores cuando hay Apalancamiento Financiero y los malos resultados son peores cuando se está endeudado.

Sin embargo, esta última apreciación habla en favor de una política de endeudamiento relativamente pragmática, que no sea permanente: endeudarse en la bonanza y cancelar deuda con la recesión. La pregunta inmediata, tan aguda como carente de respuesta es: *¿cómo se hace para cancelar deudas cuando solo se tienen vacas flacas?*

CAPÍTULO 5

EL PRONÓSTICO FINANCIERO DE CORTO PLAZO EN LA EMPRESA

*Conocer la respuesta ayuda
a solucionar el problema.*

Entre las necesidades de información más importantes para un directivo, pocas hay que sean tan importantes como un pronóstico financiero de corto plazo. Esta no es una información para nada trivial, por el contrario: permite saber cuándo, cuánto y durante cuánto tiempo se necesitarán fondos adicionales o se dispondrá de fondos excedentes.

Dedicaremos por lo tanto este capítulo a presentar una forma de pronosticar el déficit o superávit de corto plazo de una empresa. Para ello haremos un uso intensivo de los conceptos que hemos presentado en los capítulos precedentes.

Una clasificación de las cuentas del Balance

Comenzaremos clasificando las cuentas del Balance como correspondiente a tres categorías o grupos distintos.

Un primer grupo de cuentas se encuentra asociado con variables de largo plazo y, por lo tanto, a los fines del pronóstico financiero de corto plazo, los movimientos que se producen por estos conceptos resultan totalmente conocidos.

En la práctica las decisiones que afectan a estas cuentas no se están tomando todos los días y son el tipo de decisiones que tiende a tomar la "alta dirección", más que la "línea". Para terminar de redondear el concepto, en términos económicos, podríamos asociar los movimientos de estas cuentas con *variables exógenas*.

Dentro de este primer grupo se encuentran, por el lado de los Activos, las cuentas correspondientes a *Activos Fijos:* Muebles y Útiles, Maquinarias, Inmuebles, Activos Intangibles, etcétera.

Por el lado derecho del Balance, dentro de este primer grupo, se encuentran las fuentes de financiamiento que tienen un carácter de relativo largo plazo: el Patrimonio Neto de la empresa y la Deuda de Largo Plazo. A este grupo de cuentas se lo suele identificar con el nombre de *Recursos Permanentes.*

Un segundo grupo de cuentas del Balance corresponde a partidas directamente vinculadas a la evolución operativa o al nivel de actividad de la empresa. Es decir, son cuentas que surgen como resultado del nivel de ventas (y consecuentemente de producción y compras) que enfrenta la empresa.

Estas cuentas son las que, en el Capítulo 1, hemos asociado con el Capital de Trabajo Estrictamente Operativo. Es decir, por el lado del Activo se encuentran cuentas tales como Clientes, Existencias de Bienes de Cambio, etc., en tanto que, por el lado del Pasivo, figuran cuentas tales como: Proveedores, Cuentas a pagar, etcétera.

Este grupo de cuentas *operativas* tienen características muy definidas. En primer lugar, suelen variar espontánea y/o automáticamente con el nivel de actividad. Por ejemplo: un aumento en el nivel de actividad conlleva, casi necesariamente, aumentos de stocks de bienes y materias primas, de crédito a clientes, de crédito recibido de proveedores, etc. Obviamente, el resto de las cuentas del Balance también varían con el nivel de actividad, pero no lo hacen de una manera tan directa e inmediata.

Además de su generación o absorción automática, las principales características diferenciales de los Activos y Pasivos Operativos responden a las siguientes características:

a) en tiempos normales, suelen no poseer un costo o rendimiento financiero explícito,

b) por lo general no están bajo el manejo directo de la Dirección Financiera de la empresa,

c) las decisiones que afectan a estas cuentas se toman permanentemente, motivo por el cual la "línea" suele participar activamente en la definición de los niveles y composición de estas cuentas,

d) los resultados devengados, atribuibles a los Activos y Pasivos operativos, suelen ser diferentes a los efectivamente percibidos y esta diferencia suele no explicitarse como de responsabilidad del área operativa respectiva (ver "Implicaciones de la Verdadera Cuenta de Resultados" en el capítulo anterior).

Finalmente, el tercer grupo de cuentas, que es el remanente no incluido en los otros grupos, está constituido por aquellas partidas que responden a la supervisión directa de la Dirección Financiera y que, en general, pueden asociarse con el concepto de *buffer stock*. Es decir, son cuentas que, tal como hemos hecho la clasificación, actúan absorbiendo los movimientos que se producen en las demás cuentas del Balance.

En términos más prácticos, estas cuentas son las que agrupan a los Activos y Pasivos más líquidos de la empresa, tales como: Caja y Bancos, Inversiones Financieras de Corto Plazo, etc., por el lado del Activo, y Deuda Financiera de Corto Plazo, etc., por el lado del Pasivo.

Una de las principales características de las cuentas de este grupo es el relativamente corto período que media entre el momento en que el rendimiento del Activo o Pasivo se devenga y el momento en que efectivamente se percibe.

El capital de trabajo disponible y el capital de trabajo necesario

Teniendo presente la clasificación de la sección anterior, podemos adoptar las siguientes definiciones. Al resultado patrimonial neto de las cuentas del primer grupo lo llamaremos *Capital de Trabajo Disponible (CTD)*:

$$CTD = Recursos\ Permanentes - Activos\ Inmovilizados$$

Al resultado patrimonial neto de las cuentas del segundo grupo lo llamaremos *Necesidad de Capital de Trabajo Estrictamente Operativo (NCTEO)*:

$$NCTEO = Activos\ Operativos - Pasivos\ Operativos$$

Finalmente, al resultado patrimonial neto del tercer grupo de cuentas lo llamaremos *Posición de Superávit/ (Déficit) Financiero*, según el caso:

$$Posición\ de\ Superávit\ (Déficit)\ Financiero =$$
$$= Activos\ Líquidos - Pasivos\ Líquidos$$

Recordemos que, por condición de equilibrio del Balance, siempre y en todo momento se debe verificar que:

$$Activos\ Líquidos + Activos\ Operativos +$$
$$+ Activos\ Inmovilizados = Pasivos\ Líquidos +$$
$$+ Pasivos\ Operativos + Recursos\ Permanentes$$

o, lo que es lo mismo:

$$(Activos\ Líquidos - Pasivos\ Líquidos) =$$
$$= (Recursos\ Permanentes - Activos\ Inmovilizados) -$$
$$- (Activos\ Operativos - Pasivos\ Operativos)$$

Podemos entonces reescribir la definición de *Posición de Superávit/(Déficit) Financiero,* de la siguiente manera:

$$Posición\ de\ Superávit\ (Déficit)\ Financiero = CTD - NCTEO$$

Habiendo establecido esta última relación, pronosticar una situación de Déficit o Superávit Financiero de Corto Plazo no significa más que definir los valores que alcanzarán las necesidades de Capital de Trabajo estrictamente Operativo *(NCTEO)* y el Capital de Trabajo Disponible *(CTD)*.

Las situaciones normalmente posibles

El análisis de la última expresión encontrada puede resultar particularmente esclarecedor para nuestro objetivo de pronosticar la posición financiera de corto plazo de la empresa.

En primer lugar, cabe hacer notar que la posición de *Superávit/(Déficit) Financiero* se produce a partir de una diferencia entre el *Capital de Trabajo Disponible* y el *Necesario,* y suponiendo que los Activos y Pasivos Líquidos de la última expresión corresponden, exclusivamente, a aquellos que cumplen con las características de *buffer stock,* es decir que absorben los movimientos que se producen en las restantes cuentas.

Dicho de otra manera, en la práctica habría que considerar que en los Activos y Pasivos Operativos se incluye una proporción de Activos y Pasivos Líquidos que son premeditadamente mantenidos por cuestiones operativas. Por ejemplo, un nivel de disponibilidades mínimo en la cuenta Caja y Bancos, etcétera.

Por la última expresión sabemos que los siguientes desequilibrios pueden producirse:

Posición de Déficit Financiero $<==>$ *CTD < NCTEO*

Posición de Superávit Financiero $<==>$ *CTD > NCTEO*

Cuando el *NCTEO = CTD* significa que, desde el punto de vista financiero, la empresa está en equilibrio: no necesita mantener Activos o Pasivos líquidos fuera de los que estrictamente se desean mantener por cuestiones operativas.

Este caso de equilibrio financiero significa que:

(Pasivos Operativos – Activos Operativos) =
= (Activos Fijos – Recursos Permanentes)

Fuera del caso obvio en que *CTD = NCTEO = 0,* las dos situaciones posibles en este caso de posición financiera equilibrada son: que tanto el *CTD* como las *NCTEO* sean positivos o que ambos sean negativos.

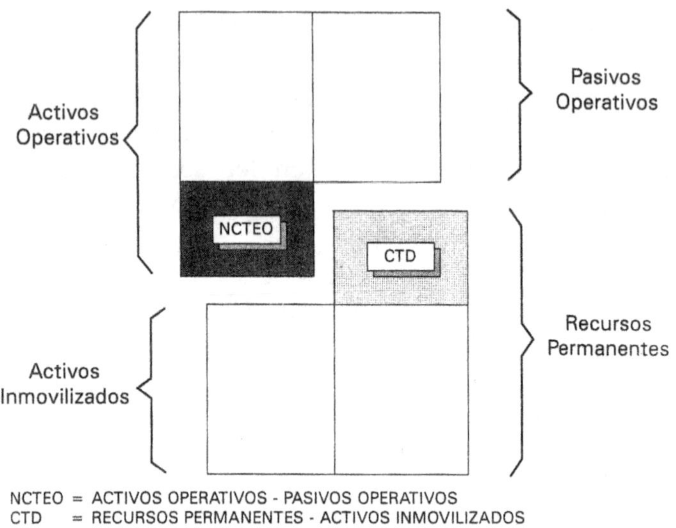

Gráfico 1.
Situación habitual de empresas sin problemas financieros:
CTD y *NCTEO* positivos y *CTD* = *NCTEO*.

La primera de estas situaciones, *CTD* = *NCTEO* > 0 (ver Gráfico 1), significa que la empresa dispone de recursos de largo plazo suficientes para, luego de cubrir la totalidad de sus Activos Inmovilizados, destinar una parte de los mismos a mantener todos los Activos y Pasivos operativos que requiere para su normal desenvolvimiento. Dentro del grupo de empresas sin problemas (*desequilibrios*) financieros, posiblemente esta sea la situación más habitual.

Por el contrario, si *CTD* = *NCTEO* < 0 (véase Gráfico 2) queda claro que los Activos Inmovilizados de la empresa no pueden ser mantenidos con los Recursos Permanentes. En este caso, la combinación de equilibrio financiero y *CTD* < 0 implica que la empresa está en condiciones de poder financiar parte de sus Activos Fijos con recursos operativos corrientes. O sea: *financiarse a largo plazo con recursos de corto plazo.*

Nótese que aun bajo esta última situación la empresa sigue estando en equilibrio financiero, es decir sin una posición de déficit o de superávit. Esta es una situación relativamente excepcional dentro del grupo de empresas sin problemas financieros.

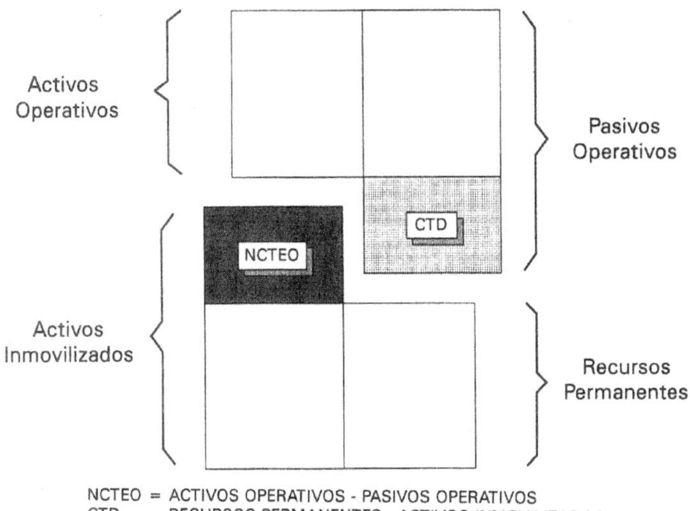

Gráfico 2.
Situación excepcional de empresas sin problemas financieros:
CTD y *NCTEO* negativos y *CTD = NCTEO*.

Obviamente, de los posibles casos de desequilibrios en la posición financiera de corto plazo, el más sencillo de solucionar es el del superávit: cuando el Capital de Trabajo Disponible es mayor que las Necesidades de Capital de Trabajo estrictamente Operativo (*CTD > NCTEO*). En el Gráfico 3 (ver página siguiente) está representada esta situación.

A corto plazo, la solución natural de este desequilibrio no es más que el acopio de Activos financieros líquidos. Sin embargo, a largo plazo la solución es bien diferente: o se transforman esos Activos Líquidos (netos) en Activos Operativos (netos) o se disminuye el *CTD*. O sea, implícitamente se está diciendo que, o se aumenta el nivel de actividad de la empresa y por lo tanto la misma crece, o si la empresa no puede crecer, se reintegran los recursos excedentes a quienes financian la empresa a largo plazo.

Dicho sea de paso, este planteamiento supone que el manejo de los Activos Líquidos netos, en empresas no financieras, pueden realizarlo los accionistas en forma individual, sin requerir para esto los servicios de la empresa.

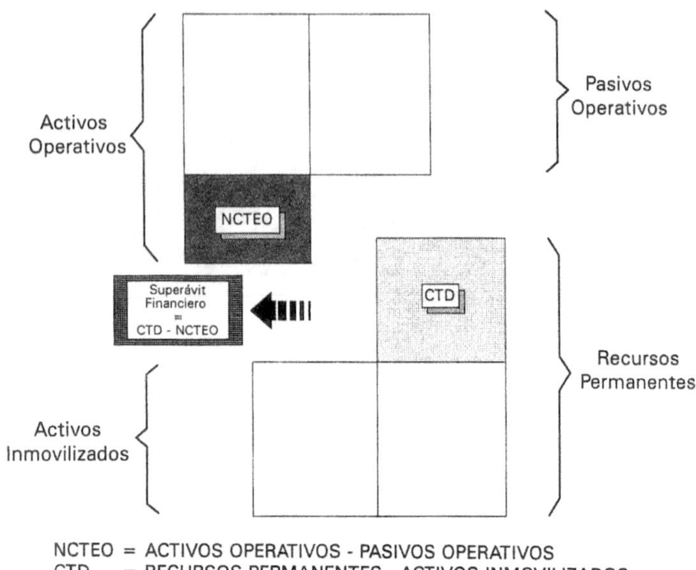

Gráfico 3.
Primera situación de desequilibrio; posición financiera superavitaria:
CTD > NCTEO.

Esto es: se asume que, en empresas industriales o comerciales, no existen ventajas competitivas para el manejo de los Activos Líquidos netos que, con carácter excedentario y permanente, se mantengan en tales condiciones.

Finalmente, el caso de una posición financiera deficitaria (véase Gráfico 4) queda descrito por una situación en la cual las Necesidades de Capital de Trabajo estrictamente Operativo son mayores que el Capital de Trabajo Disponible (*NCTEO > CTD*). A corto plazo, la solución natural de este desequilibrio no es otra que recurrir al endeudamiento financiero de corto plazo.

Pero, al igual que el caso anterior de desequilibrio financiero de corto plazo que vimos más arriba, a largo plazo esta solución transitoria es insostenible. O bien se realizan aportes adicionales de Capital de Trabajo (aumentando los Recursos Permanentes y/o disminuyendo los Activos Fijos) o bien se reduce el nivel de actividad de la empresa.

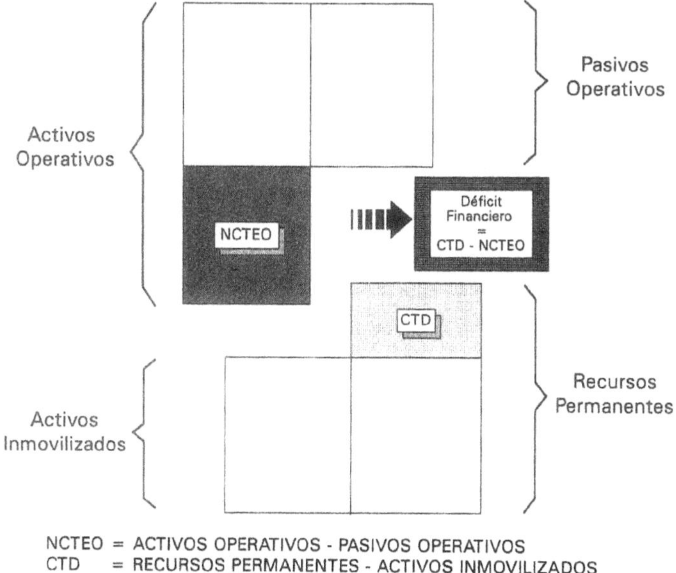

Gráfico 4.
Otra situación de desequilibrio; posición deficitaria:
CTD < NCTEO.

Conceptualmente, podemos resumir lo visto en esta sección de una manera un tanto concluyente: a corto plazo los desequilibrios financieros se manifiestan en posiciones financieras deficitarias o superavitarias. Dado que estas situaciones de desequilibrio transitorio no pueden ser sostenidas indefinidamente, se concluye que: *a largo plazo existe una única relación de equilibrio entre el nivel de actividad que mantiene la empresa y su situación financiera.*

El planteamiento formal

La utilización de las ratios vistas en el Capítulo 3 nos permitirá ver de una manera un tanto más formal los resultados que conceptualmente fueron deducidos en la sección anterior.

Para ello recurriremos a una versión un tanto estereotipada del Balance, en la cual la Caja Operativa que se mantiene es permanentemente igual a cero. Esto, obviamente, supone un caso ideal: la empresa no mantiene un Activo que no solamente no le genera ningún rendimiento explícito, sino que incluso le genera una pérdida (la pérdida de poder adquisitivo ocasionada por la inflación).

Para nuestros propósitos, las cuentas *operativas* pueden expresarse de la siguiente manera:

$$Clientes \quad = \quad C(*) + v(1) \cdot Ventas$$
$$Existencias \quad = \quad E(*) + v(2) \cdot Ventas$$
$$Proveedores \quad = \quad P(*) + v(3) \cdot Ventas$$

De esta manera, las *Necesidades de Capital de Trabajo estrictamente Operativo (NCTEO)* pueden definirse de la siguiente forma:

$$NCTEO = a + v \cdot Ventas$$

donde:

$$a = C(*) + E(*) - P(*)$$
$$v = v(1) + v(2) - v(3)$$

Los parámetros $C(*)$, $E(*)$ y $P(*)$ indican ciertos valores mínimos que en cualquier caso mantendrá la empresa, con independencia del nivel de actividad. Del mismo modo, a representa un mínimo de Activos o Pasivos operativos netos (según sea $a < 0$ o $a > 0$) necesarios, que se ha de mantener con independencia del nivel de actividad.

Las $v(.)$, y consecuentemente el coeficiente v, reflejan condiciones *marginales* de pago, cobro y permanencia en stock. En particular, nótese que si las *ventas* estuvieran expresadas en días, las $v(.)$ expresarían la financiación marginal obtenible (o pérdida) por variar el nivel de actividad. Es decir: la cantidad de días de pago, cobro y permanencia en stock que se ganan o pierden al cambiar el nivel de actividad.

Obsérvese, en el Gráfico 5, que las *NCTEO* quedan completamente definidas a partir de una cierta situación inicial a (que indicaría la ordenada al origen) y por las condiciones marginales de pago, cobro y permanencia en stock $v(.)$ (que indicaría la pendiente de la curva en cada punto).

Dados *supuestos razonables,* la curva que define las *NCTEO* normalmente muestra una pendiente positiva: a mayor nivel de actividad se suele requerir un mayor nivel de recursos operativos (los Activos Operativos aumentan más rápidamente que lo que lo hacen los Pasivos operativos).

Vale la pena resaltar que la relación entre las ventas y las *NCTEO* puede ser mucho más compleja que la simple relación lineal que se muestra en el Gráfico 5.

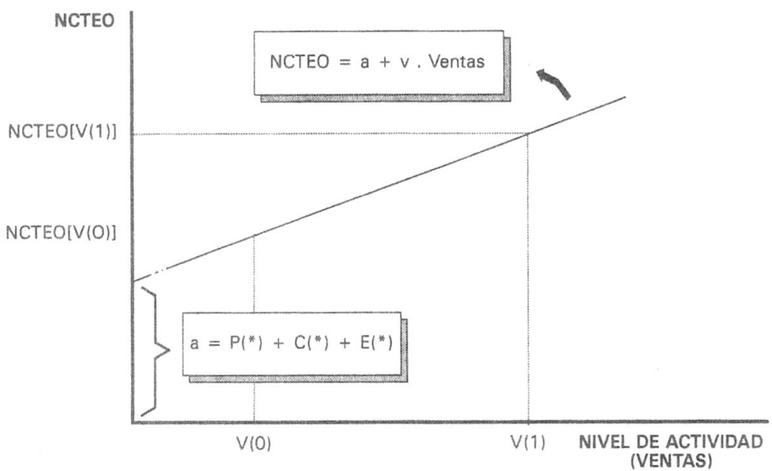

Gráfico 5.
Las necesidades de Capital de Trabajo Operativo como una función del nivel de actividad de la empresa.

Un estudio detallado de esta relación entre el nivel de actividad *V* y las *NCTEO* puede mostrar que la misma irá variando a lo largo del tiempo, ya sea para mostrar cambios estacionales como para exhibir tendencias de más largo plazo. Este tipo de estudios, relativamente sofisticados, se suelen formular cuando se pretende hacer un presupuesto de la situación financiera, para varios períodos, en empresas que recién comienzan y/o que se orientan a mercados muy cíclicos.

Del mismo modo que lo hemos hecho para las *NCTEO*, podemos establecer una serie de relaciones para las cuentas correspondientes al *Capital de Trabajo Disponible*. En primer lugar, para el Patrimonio Neto podemos asumir que:

$$K = K(0) + \Delta K$$
$$\Delta K = z \cdot B$$

es decir, el Patrimonio Neto (K) evolucionará en el tiempo agregando una cantidad periódica ΔK, partiendo de una situación inicial actual igual a $K(0)$. La suma periódica que se incorpora al Patrimonio es el resultado de retener la proporción z sobre los Beneficios después de Impuestos (B).

En la medida en la que el Beneficio después de Impuestos (B) puede expresarse como una fracción b de las Ventas (V):

$$B = b \cdot V$$

por lo tanto, el Patrimonio Neto K evoluciona en el tiempo de la siguiente manera:

$$K = K(0) + z \cdot b \cdot V$$

Asimismo, para completar los Recursos Permanentes, si se asume que las cuentas que lo conforman mantienen una determinada composición, estable a lo largo del tiempo, la Deuda de Largo Plazo (DLP) evolucionará de modo que:

$$DLP = DLP(0) + d \cdot \Delta K$$

en donde el coeficiente d refleja la relación Δ *(Deuda de Largo Plazo)* / Δ *(Patrimonio Neto)*. Por lo tanto:

$$DLP = DLP(0) + d \cdot z \cdot b \cdot V$$

Finalmente, llamando *AI* a los Activos Inmovilizados, podemos definir al *Capital de Trabajo Disponible (CTD)* como:

$$CTD = DLP + K - AI =$$
$$= [DLP(0) + K(0)] + [z \cdot b \cdot (1 + d)] \cdot V - AI$$

o lo que es lo mismo:

$$CTD = H + w \cdot V$$

donde:

$$H = DLP(0) + K(0) - AI$$
$$w = z \cdot b \cdot (1 + d)$$

En el Gráfico 6 presentamos la relación que hemos podido establecer entre el Capital de Trabajo Disponible y el nivel de actividad. A esta relación le caben exactamente los mismos comentarios que antes formulamos con respecto a la relación entre las *NCTEO* y las ventas.

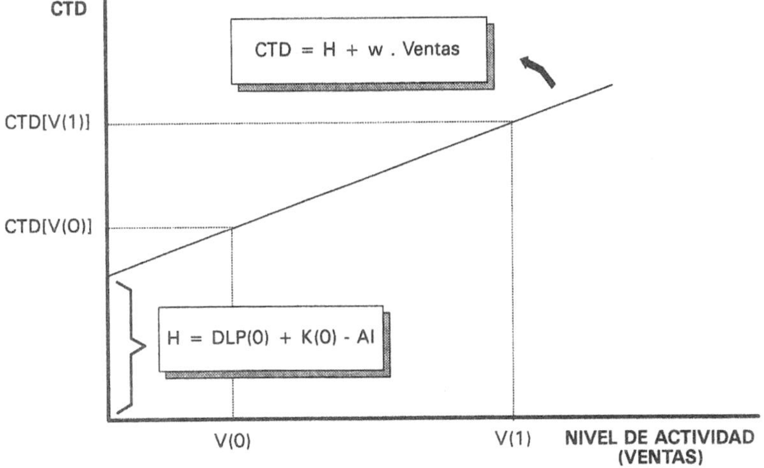

Gráfico 6.
El Capital de Trabajo Disponible como una función del nivel de actividad de la empresa.

De este modo hemos establecido dos relaciones conceptualmente distintas y que, sin embargo, dependen de una única variable (el nivel de actividad o de ventas V): una para las *Necesidades de Capital estrictamente Operativo*,

$$NCTEO = a + v \cdot V$$

y otra para el *Capital de Trabajo Disponible*,

$$CTD = H + w \cdot V$$

La diferencia entre estas dos expresiones, por definición, nos dará como resultado la *posición financiera de déficit o superávit* de la empresa:

Posición Financiera = NCTEO − CTD = (a − H) + (v − w) · V

En el Gráfico 7 se muestran estas dos relaciones y la posición financiera resultante. Nótese que el único punto de equilibrio posible es el punto A, con un nivel de actividad $V(*)$. En el punto B, con el nivel de actividad $V(1)$, $NCTEO > CTD$ (existe una posición de déficit financiero). En el punto C, con el nivel de actividad $V(2)$, NCTEO < CTD y, por lo tanto, existen fondos líquidos excedentes que no encuentran una aplicación a largo plazo dentro de la empresa. Por consiguiente estos niveles de actividad [$V(1)$ y $V(2)$] y sus consecuentes posiciones financieras, excepto como situaciones transitorias, no pueden ser sostenidas a largo plazo.

Más detalladamente: para poder mantenerse a largo plazo en el punto B, se ha endeudado a la empresa de un modo que se estima transitorio, o bien para suplir una falta de recursos permanentes, o bien para mantener un exceso de Activos Inmovilizados, o bien para suplir una insuficiencia de los Pasivos Operativos que se requieren para el normal desenvolvimiento de las operaciones en el nivel de actividad $V(1)$.

Para poder sostener en forma permanente el nivel de actividad $V(1)$ y la posición financiera asociada con el mismo, se requiere un aumento del Capital de Trabajo Disponible o una disminución de las Necesidades de Capital de Trabajo estrictamente operativo.

Del mismo modo, manteniéndose a largo plazo en el punto *C*, existe en la empresa una cantidad de recursos líquidos y excedentes igual a la diferencia entre *CTD* y *NCTEO*.

Nuevamente, el único punto del Gráfico 7 en el cual el nivel de actividad (en el corto plazo) es consistente con la posición financiera de la empresa es el punto *A*.

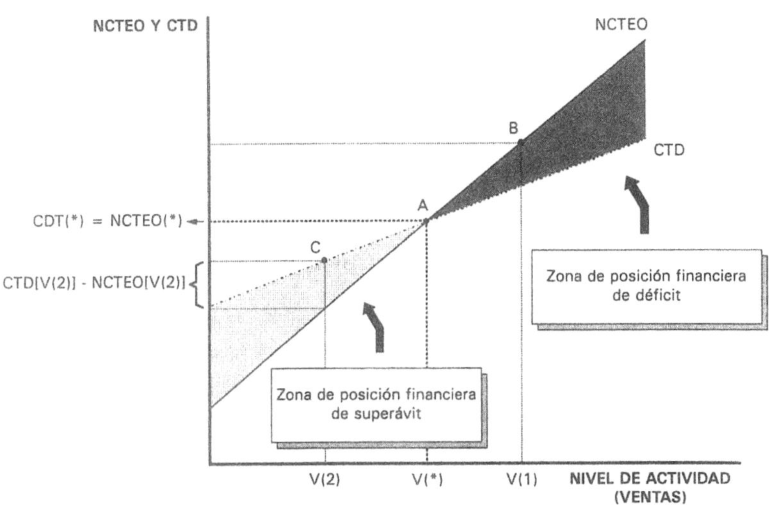

Gráfico 7.
El Equilibrio Financiero de Corto Plazo como función del nivel de actividad de la empresa.

Lo que en la práctica se observa es que una empresa *equilibrada* trabaja en torno del punto A, con un nivel *promedio* de actividad (o de ventas) de *V(*)*. En algún momento el nivel de ventas es *V(1)* y la empresa debe recurrir a créditos financieros de corto plazo y en otros momentos el nivel de ventas se ubica en *V(2)* y la empresa dispone transitoriamente de excedentes financieros. Estas situaciones se vinculan con necesidades estacionales o con la necesidad de cubrir el período que se requiere para realizar los ajustes de tipo permanente en el *CTD*.

El principal mensaje que debe quedar claro de esta sección es que, en ningún caso, el nivel de actividad de la empresa –las ventas, las compras, la producción– puede determinarse con independencia de la estructura de financiamiento.

Nótese, en particular (ver Gráfico 8), que el paso de un nivel de ventas (y por ende de Beneficios) *V(0)* a un nivel de ventas sostenible superior (y por lo tanto de mayores Beneficios) *V(1)*, puede conseguirse de varias maneras.

Compárese, por ejemplo, la alternativa de un movimiento en la curva de Capital de Trabajo Disponible de *CTD* a *CTD'* (por un aumento en los Recursos Permanentes o una disminución en los Activos Inmovilizados), versus un cambio en la pendiente de la curva de Necesidades de Capital de Trabajo estrictamente Operativo de *NCTEO* a *NCTEO'* (por un cambio en la condiciones de pago, cobro y permanencia en stock).

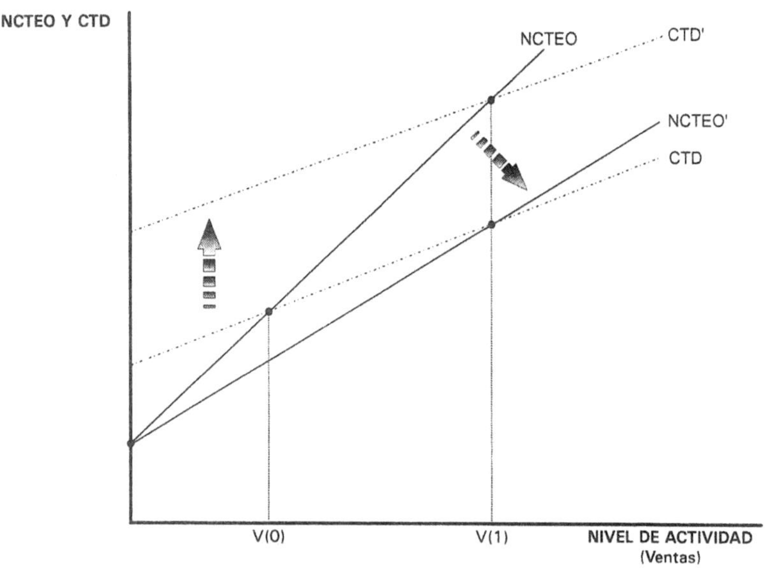

Gráfico 8.
Distintas formas de compatibilizar el nivel de actividad con una posición equilibrada.

Obviamente que, aunque el resultado final es el mismo, las implicaciones de ambas estrategias son completamente diferentes: el nivel de actividad resultante será el mismo, pero se alcanzará con distintas velocidades, con distintas restricciones, con un diferente riesgo total y con una distinta distribución de este riesgo entre accionistas y acreedores.

En particular, nótese que si la única forma de aumentar el *CTD* fuese mediante un aporte patrimonial, la tasa de rentabilidad esperada *(Beneficio/Patrimonio)* podría llegar a reducirse.

Algunas observaciones

Varios pequeños detalles conviene tener en cuenta al seguir el planteamiento que hemos desarrollado en las últimas secciones. En primer lugar, obsérvese que nada impide considerar alguna fuente de financiación de corto plazo como un Recurso Permanente. Lo que "divide las aguas" es el carácter transitorio o permanente de los recursos financieros que se disponen en calidad de deuda y no su naturaleza de corto o largo plazo.

Por otra parte, nótese que, cuando se toman valores *ex-post,* la expresión que hemos encontrado para definir la posición de déficit o superávit de la empresa no es más que una mera identidad que, cuanto mucho, puede resultar útil solo como instrumento de diagnóstico.

Sin embargo, utilizando la misma expresión con valores *ex-ante* (o previstos) para las ventas y con valores deseables y/o esperables para las distintas ratios, se puede pronosticar coherentemente la posición financiera de la empresa.

El acierto o el error del pronóstico dependerá, entonces, exclusivamente de la calidad de la previsión de las ventas, de la exactitud del cálculo de las ratios previstas y del cumplimiento de los objetivos operativos.

La última de estas observaciones es de particular importancia: un pronóstico correcto implica que los objetivos prefijados (que previamente se manifiestan en valores *deseables y/o esperables* para las distintas ratios) se han podido concretar.

Finalmente, cabe hacer notar que lo que hemos hecho al obtener una única expresión que resulta confiable para pronosticar la posición de déficit o superávit de la empresa es exactamente lo mismo que formular y presupuestar una serie de estados financieros.

Fuentes ocultas de financiamiento

La presentación que hemos formulado en las secciones anteriores resulta particularmente útil para detectar, rápidamente, un tipo especial de desequilibrios financieros: los que quedan ocultos en niveles inapropiados de Activos y Pasivos operativos.

Para ello, simplemente alcanza con calcular las *NCTEO* bajo dos alternativas distintas: una con las condiciones efectivas de pago, cobro y permanencia en stock y otra con las condiciones *deseables* para tales plazos.

En la medida en que las condiciones *deseables* resultan sustancialmente diferentes de las efectivamente observadas, existirán fuentes ocultas de financiamiento a las que, a veces, se las denomina financiamiento forzoso. En el Gráfico 9, la diferencia vertical entre *NCTEO* y *NCTEO(*)* indica el nivel que en ese caso alcanzaría este tipo de financiamiento.

Esta clase de situaciones traen consigo la aparición de fuertes dudas con respecto a la validez de las Cuentas de Resultado *tradicionales*: en la medida en que los diferentes ítems que la componen escondan costos financieros que no existirían en condiciones de equilibrio financiero, la información que proporcionan puede estar fuertemente distorsionada. Nuevamente recuérdese lo visto en el capítulo anterior, con respecto a la "verdadera" Cuenta de Resultados.

Ejemplos típicos de fuentes ocultas de financiamiento se encuentran en la no percepción de descuentos por pronto pago, la no extensión de facilidades crediticias a los clientes, el mantenimiento de niveles inapropiados de existencias, etcétera.

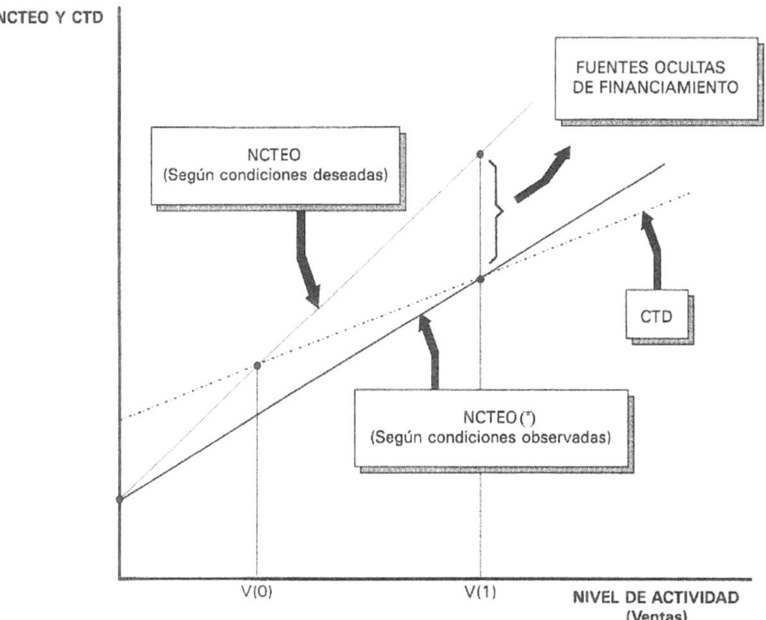

Gráfico 9.
Detección de fuentes ocultas de financiamiento.

Algunos casos particulares

En el Gráfico 10 se presenta un caso en el que la curva de Capital de Trabajo Disponible (*CTD*) crece más rápidamente que la curva de Necesidades de Capital de Trabajo estrictamente Operativo (*NCTEO*). Una situación de este tipo hace consistente una política que no parece tan mala: un aumento en el nivel de actividad es acompañado por la generación de una posición de superávit financiero.

Considerando que en estos casos el superávit se vincula con un aumento del *CTD* que se asocia con el incremento de los Recursos Permanentes (por un rápido aumento de los recursos autogenerados), con la disminución de los Activos inmovilizados o con un muy lento crecimiento de las *NCTEO,* este tipo de situaciones son factibles en negocios que atienden mercados muy

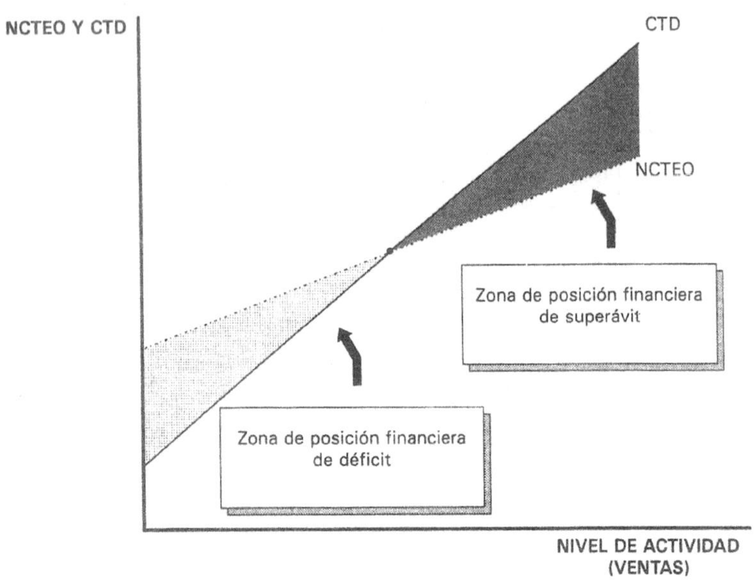

Gráfico 10.
Casos particulares: el aumento en el nivel de actividad de la empresa
instantáneamente genera una situación de superávit.

maduros, en mercados que están siendo progresivamente abandonados por la competencia o en mercados que han atravesado
por una etapa de gran crecimiento. También son típicos de una
etapa posterior a una estrategia de reducción de costos.

Alternativamente, nótese que las características de las curvas del Gráfico 10, que implican que el crecimiento de las ventas
genera un superávit financiero, permiten llevar a cabo una política operativa (de marketing o de producción) muy agresiva, con
muy bajos márgenes de contribución (o incluso negativos). En
estos casos, los resultados financieros provenientes del manejo
de la posición financiera superavitaria son los que se encargan de
garantizar la rentabilidad del negocio.

En el Gráfico 11 se presenta otra situación un tanto singular,
caracterizada por una curva de *NCTEO* con pendiente negativa.

Intuitivamente, la pendiente negativa de la curva *NCTEO*
significa que el crecimiento de la actividad está asociado con un
aumento de los Pasivos Operativos, superior a los requerimientos

de Activos Operativos: a la derecha del punto $V(*)$ los primeros superan a los segundos. Esta situación, por lo tanto, da origen a la aparición de Activos líquidos.

Este caso resulta de particular interés para hacer notar las ventajas de trabajar con los conceptos de *CTD* y *NCTEO:* si la empresa se ubicara en un nivel de actividad tal como el indicado por $V(*)$, un análisis hecho únicamente en función de los Activos y Pasivos corrientes podría conducir a un diagnóstico de insolvencia. Esto es: en $V(*)$, los Pasivos de corto plazo superan a los Activos Corrientes.

Sin embargo, con nuestra formulación, en cualquier caso, la solvencia estaría sobradamente asegurada por un período de necesidades de capital operativo negativo: la alta rotación de los Activos Operativos se constituye en una impactante garantía natural para la deuda (obviamente: siempre y cuando tal rotación se mantenga).

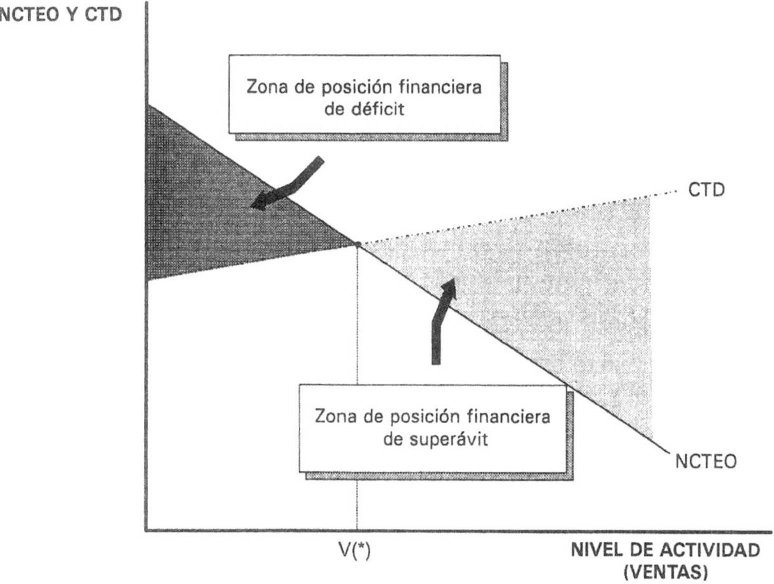

Gráfico 11.
Casos particulares: el aumento en el nivel de actividad de la empresa instantáneamente genera una situación de superávit.

Una situación de este tipo, con un nivel de ventas *V(1)*, no solo es perfectamente alcanzable, sino que es totalmente compatible con una cantidad de Recursos Permanentes tan exigua que generase un *CTD* negativo.

En estas condiciones, el financiamiento de Activos Inmovilizados con Pasivos operativos de corto plazo no conduce a una situación de insolvencia, básicamente porque –en términos relativos– los períodos de maduración de tales Pasivos Operativos resultan largos, en tanto que los períodos de cobro resultan breves.

Esta clase de situaciones resultan típicas en empresas con gran poder de compra frente a los proveedores, lo que les permite obtener un prolongado período de pago. También son representativas de estos casos las actividades en las que se puede vender *por adelantado*, con lo cual se elimina el período de permanencia en stock y se convierte en negativo el plazo de cobro.

En los Gráficos 12 y 13 se presentan dos situaciones en las que ya no se supone que la relación establecida entre las *NCTEO* y el nivel de actividad es una recta, sino que se asumen relaciones más complejas entre ambas variables y que resultan de particular interés en el análisis de distintas políticas de crecimiento.

En el Gráfico 12 podemos apreciar una situación en la cual el seguimiento de una política de crecimiento [el paso de *V(0)* a *V(1)*] es acompañado por la generación de una posición de déficit financiero de corto plazo. En este caso la situación de desequilibrio es transitoria y culmina al alcanzarse el nuevo nivel de actividad.

Conceptualmente puede pensarse que el paso de *V(0)* a *V(1)* requiere la generación de resultados operativos positivos que compensen el pago de los intereses vinculados con el déficit financiero transitorio.

Por último, en el Gráfico 13, se muestra un caso sustancialmente diferente: el paso de *V(0)* a *V(1)* genera un superávit financiero transitorio. Nuevamente nos encontramos con una situación en la que los resultados financieros que se generan por el superávit financiero logrado entre *V(0)* y *V(1)* permiten compensar magros resultados operativos, siendo totalmente aplicables los comentarios hechos para los casos de los Gráficos 10 y 11.

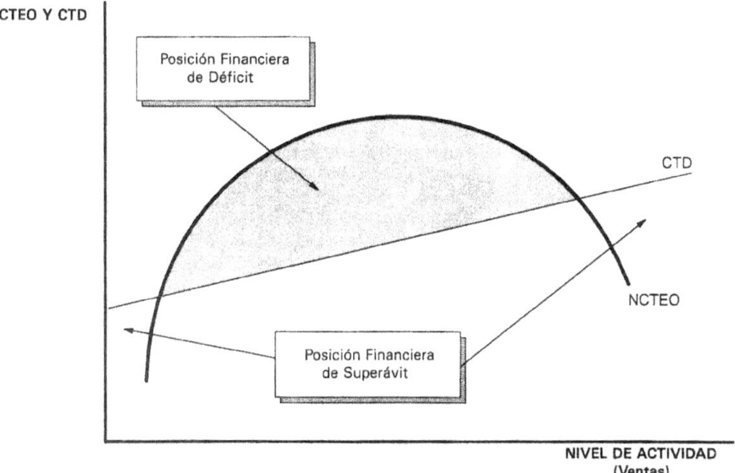

Gráfico 12.
Distintas alternativas de crecimiento: el crecimiento de la empresa genera
una posición de déficit financiero.

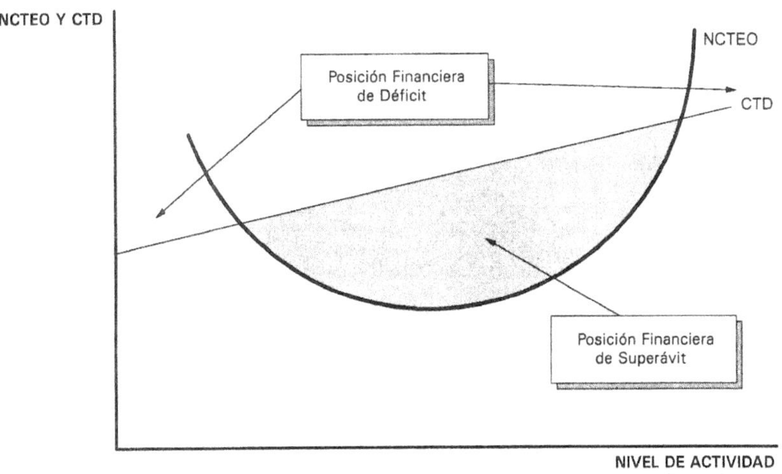

Gráfico 13.
Distintas alternativas de crecimiento: el crecimiento de la empresa genera
una posición de superávit financiero.

Conclusiones

Hemos introducido en este capítulo una serie de conceptos que nos permiten formular pronósticos coherentes con respecto a la posición financiera de corto plazo que puede enfrentar una empresa industrial o comercial.

En la práctica, la posición de déficit o superávit de una empresa, en lugar de estimarse como la diferencia entre las funciones de *CTD* y *NCTEO* que aquí hemos deducido, se obtiene a partir de *presupuestar* los importes que alcanzan las distintas cuentas del Balance.

Obviamente, las diferencias entre los valores presupuestados para las cuentas y los valores que las mismas tienen en el momento de realizarse la presupuestación, adecuadamente ordenados, no son otra cosa que el *Cash-flow* previsto.

La validez de estos pronósticos estará supeditada, fundamentalmente, a la exactitud de las previsiones que se realicen con respecto al nivel de actividad (básicamente volúmenes y precios de venta).

Asimismo, se ha analizado una serie de distintas alternativas en las cuales ha quedado permanentemente de manifiesto que, salvo en situaciones de crecimiento sostenido, existe un único nivel de actividad operativa compatible con una situación de equilibrio financiero sostenible.

Aunque quizá no se lo ha explicitado lo suficiente, el exhaustivo análisis y estudio de los *Cash-flow* futuros es la base sobre la cual se debe trabajar para decidir los ajustes más convenientes al capital de trabajo, de modo tal de lograr el equilibrio financiero de la empresa. Justamente esto es lo que se mostraba en el Gráfico 8.

Cabe aclarar que en este capítulo nos hemos limitado, simplemente, a explicar cómo se originan las posiciones financieras superavitarias y deficitarias, aclarando que –a largo plazo– estas posiciones son de desequilibrio.

Nada hemos dicho sobre la mejor forma de componer dichas posiciones financieras, o como se dice en la jerga: *armar los porfolios* (ya sea de deuda o de Activos). A modo de muy breve resumen, recordemos que, tradicionalmente, los tres parámetros sobre los que tales porfolios se arman son: *rentabilidad* (rendimiento esperado del porfolio), *seguridad* (riesgos asociados con el mantenimiento del porfolio) y *liquidez* (convertibilidad de la posición financiera en dinero en efectivo).

Obviamente, la composición de los porfolios depende de cada empresa y de cada situación particular.

Aunque no trataremos estos temas en forma detallada, esperamos que a lo largo de los capítulos siguientes el lector encuentre pautas generales que le permitan orientar este tipo de decisiones.

PARTE II

EVALUACIÓN FINANCIERA DE PROYECTOS DE INVERSIÓN

CAPÍTULO 6

UNA VISIÓN CONCEPTUAL
SOBRE EL INTERÉS

El tiempo está quieto, no se mueve.
El que va pasando es usted.

El objeto de este capítulo es actuar como una especie de bisagra de este libro. Usted ya ha visto una serie de consideraciones vinculadas con el concepto de *Cash-flow* y con el riesgo. Pero básicamente hemos hecho bastante abstracción del tiempo.

A partir de ahora, casi todo lo que veamos estará vinculado con el tiempo y, como ya se sabe, hablar de tiempo y de interés es prácticamente lo mismo, por lo que será muy conveniente tener una acabada idea del concepto de interés.

I. El interés y la teoría financiera

El concepto de *interés* está en la raíz misma de la teoría financiera a punto tal que, hasta hace relativamente poco tiempo, los autores se referían a la *teoría del interés*, más que a la *teoría financiera*.

Pese a ser esta una palabra de uso corriente, alcanzar una definición conceptual de lo que significa *interés* no ha sido una tarea sencilla. De hecho, exigió la construcción previa de una sólida teoría económica, que permitiera elaborar adecuadamente la noción de *valor*.

De todas las definiciones que pueden darse del término, posiblemente la más clara es la que dice que *interés* es el valor que, según el mercado, tiene la disposición temporal de los recursos.

La *disponibilidad temporal de los recursos* remite inmediatamente a la idea de *préstamo* o *deuda*: una operación mediante la cual se entrega una cantidad de recursos hoy con la esperanza de recuperar, en el futuro, una cantidad superior de ellos.

Teoría financiera y economía tradicional

Aunque los métodos de la economía tradicional y la teoría financiera son totalmente compartidos por ambas, los campos sobre los que estos métodos se aplican son diferentes.

En *primer lugar,* la economía tradicional centra su atención en el sistema de precios relativos vigentes en un momento y la consecuente asignación y/o distribución de recursos que tal sistema de precios relativos genera. En este sistema el tiempo es, a todos los fines prácticos, una variable irrelevante.

La teoría financiera, en cambio, no se ocupa de la asignación de recursos escasos en un momento dado, sino de la distribución de esa escasez a lo largo del tiempo: en este mercado, el tiempo es la más relevante de todas las variables.

Toda la teoría financiera gira en torno de la determinación de un precio relativo en particular, el interés: la relación de cambio entre los bienes disponibles en el presente y los bienes disponibles en el futuro.

El campo de atención de la teoría financiera se completa con el estudio del impacto que tiene este precio relativo, tanto sobre el nivel del ahorro y la inversión como sobre la distribución de estos entre las alternativas que ofrece el futuro.

En *segundo lugar,* la economía tradicional centra su atención en los mercados de bienes y servicios, donde se transan mercaderías contra mercaderías o contra dinero: cosas ciertas contra cosas ciertas.

La teoría financiera, en tanto, se ocupa principalmente del *mercado financiero: el mercado donde, a cambio de compromisos, o sea meras promesas de pagos futuros, se entregan recursos disponibles hoy,* instrumentándose el cambio en forma de documentos legales que dan distintos tipos de garantía a esas *promesas.* Genéricamente se podría denominar títulos de deuda a este conjunto de documentos, que alcanzaría a: bonos, pagarés, certificados de plazo fijo, etcétera.

Por lo tanto, en principio, las transacciones que se realizan en el mercado financiero tienen un mayor componente de expectativas y de riesgos. Dicho de otra manera: *los mercados de bienes y servicios son mercados de "pájaro en mano"; el mercado financiero, en cambio, es un mercado de "pájaros volando", es un mercado donde se transan devengamientos.*

Por otra parte, y esto es sumamente importante, en la medida en que los compromisos de pagos futuros que se transan en el mercado financiero son un reflejo de los bienes y servicios que estarán disponibles, *los precios que se establecen en el mercado financiero captan en forma inmediata y anticipada lo que se espera que ocurra en el futuro en el mercado de bienes y servicios.*

La tasa de interés como un precio

Como ya hemos visto, el interés, definido como el valor que tiene la disposición temporal de los recursos, aunque se lo exprese como un porcentaje no es sino un precio más de la economía. Un tanto más formalmente, podríamos decir que el interés (o la tasa de interés), en equilibrio de *competencia perfecta,* es el resultado que brinda el mercado al arbitrar recursos entre:

a) *las preferencias temporales de los consumidores (o ahorristas)* –que deciden cuánto consumir (o ahorrar) ahora y cuánto esperan consumir en el futuro–, y que representan el lado de la oferta de recursos disponibles hoy (o demandantes de títulos de deuda).

b) *las posibilidades tecnológicas disponibles para los inversores* –que deciden cuánto invertir ahora y, por lo tanto, cuánto se espera producir en el futuro–, y que representan el lado de la demanda de recursos disponibles hoy (u oferentes de títulos de deuda).

En el caso de los ahorristas, se asume que no consumir hoy los recursos de los que disponen supone un sacrificio (existe una preferencia temporal por el consumo presente), por lo que estarán dispuestos a ahorrar en la medida en que la canasta de bienes que esperan percibir en el futuro sea mayor que la que hoy consumirían en caso de no ahorrar.

Esto significa dos cosas. En *primer lugar,* la oferta de *recursos disponibles hoy* (la demanda de títulos de deuda) es una función creciente de la tasa de interés.

En *segundo lugar,* a menos que medien circunstancias excepcionales (tales como irracionalidad, imposibilidad de mantener riqueza en forma efectiva, locura colectiva, compensaciones no pecuniarias –medallas, reconocimientos al orgullo patriótico, etc.–), cualquiera sea la tasa de interés de equilibrio, la misma, *ex-ante,* debe ser positiva.

La privación voluntaria de consumir recursos hoy solo se hace a cambio de la esperanza de consumir una mayor cantidad de recursos en el futuro. Dicho de otro modo, normalmente, la aparición de fondos prestables es incompatible con tasas de interés que se prevé resultarán negativas: *nadie voluntariamente dejará de consumir algo hoy para consumir menos en el futuro.*

A medida que los ahorristas vayan transfiriendo recursos hacia el futuro, la tasa de interés irá cayendo. Eventualmente, se llegará a una tasa tal que los ahorristas estarán indiferentes entre consumir hoy o hacerlo en el futuro. A esa tasa de interés, los consumidores (ahorristas) son indiferentes entre consumir hoy o postergar ese consumo para el futuro: desde el punto de vista de sus *preferencias temporales de consumo* están en equilibrio. El conjunto de puntos que equilibran los planes de los consumidores está descrito por la curva de oferta de fondos prestables (o de demanda de títulos de deuda).

En el caso de los inversores, se asume que estos estarán dispuestos a invertir en la medida en que con ello aumenten la tasa de beneficios que esperan obtener como retorno de sus inversiones: esperan generar en el futuro más recursos adicionales que los que deberán pagar en concepto de interés.

Asimismo, se da por sentado que, cuanto menor sea la tasa de interés que prevean deben pagar, mayor será la cantidad de recursos que demanden.

De más está decir que, a diferencia de los ahorristas, normalmente cualquier inversor estaría muy ansioso por obtener recursos a una tasa de interés negativa.

A medida que aumenta la cantidad de recursos disponibles para los inversores, la tasa de beneficios que esperan obtener por las inversiones que emprenden va disminuyendo: primero se llevan a cabo los proyectos de inversión más rentables. Del mismo modo, a medida que aumenta la cantidad de recursos que toman prestados, la tasa de interés que se deben comprometer a pagar por la disposición de tales recursos va aumentando.

En el límite los inversores demandarán fondos hasta que la tasa de beneficios que esperan obtener de sus inversiones se iguale con la tasa de interés que deben pagar a los ahorristas. Esto es: desde el punto de vista de los inversores, se habrá alcanzado el límite fijado por las posibilidades tecnológicas disponibles y, por lo tanto, estarán en equilibrio. El conjunto de puntos que equilibran los planes de los inversores está descrito por la curva de demanda de fondos prestables (o de oferta de títulos de deuda).

El equilibrio de mercado, obviamente, se alcanza cuando están simultáneamente en equilibrio tanto los ahorristas como los inversores.

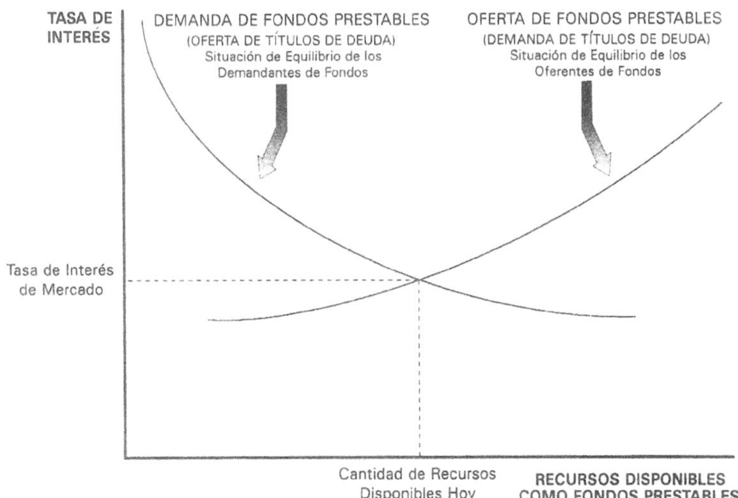

Gráfico 1.
Oferta y demanda de recursos disponibles hoy.

Esta tasa de interés, determinada únicamente por las preferencias temporales de los consumidores y las posibilidades tecnológicas, es lo que se conoce como *tasa de interés pura*. Nótese que, hasta aquí, la tasa de interés no tiene ningún tipo de connotación que la vincule con el riesgo y/o con la incertidumbre.

Títulos de deuda y riesgos

Institucionalmente, tal como dijimos antes, la *disposición temporal de recursos* (o dinero), en la práctica, se suele transferir en el mercado mediante la compra y venta de distintos tipos de títulos de deuda (bonos, pagarés, certificados de plazo fijo, etcétera).

Estos títulos de deuda establecen una relación mediante la cual el emisor de estos *se compromete* a efectuar determinados pagos futuros, a cambio de la cesión de recursos disponibles hoy. Estos pagos futuros implican la devolución de los recursos obtenidos por el emisor (*devolución del principal*, en la terminología bancaria de préstamos), más una cantidad adicional que compense al dador por haberse privado momentáneamente del uso de tales recursos (el interés).

Nótese que hemos destacado el compromiso de pagar que formula el emisor de un título de deuda. Con ello se quiere resaltar el hecho de que, tal como repetidamente lo señala la experiencia, los compromisos muchas veces no se cumplen de la manera que originalmente se esperaba, ya sea porque no se quiere o porque no se puede (o no se sabe, acotaría alguien).

Estas contingencias que conforman el riesgo son inherentes a este tipo de transacciones con títulos de deuda, donde *lo que en definitiva se transa son recursos ciertos, conocidos y disponibles en este momento en forma de dinero, contra pagos futuros que, solo en teoría, resultan conocidos con certeza*.

Adviértase que estas contingencias incluyen la posibilidad de cambios no solo en el nivel general de precios (que afectan el valor de los recursos que se comprometen para el futuro) sino también en precios relativos, los que pueden resultar tremendamente adversos para una o ambas partes vinculadas por medio de la transacción, tal como más adelante se verá.

Estos riesgos, que suponen los compromisos asumidos en los títulos de deuda, no son más que la otra cara de una misma moneda en cuyo reverso se ofrecen pagar distintas sumas en concepto de intereses. Distintos compromisos significan distintos niveles de riesgo y, por ende, distintas tasas de interés: cabe esperar que mayores tasas de interés estén normalmente asociadas con mayores niveles de riesgo.

En el Gráfico 2 se muestran distintas curvas de indiferencias que indican combinaciones de riesgo e interés que brindan igual satisfacción a cada clase de individuo. Como puede verse, un individuo adverso al riesgo está dispuesto a aumentar las contingencias que debe soportar solo si el rendimiento del título de deuda sube más que proporcionalmente. En el *caso (a)* el rendimiento debe subir a una tasa creciente. En el *caso (b)*, un individuo jugador, el *trade-off* entre rendimiento y riesgo no necesariamente requiere que el rendimiento ofrecido por el título aumente a tasas crecientes.

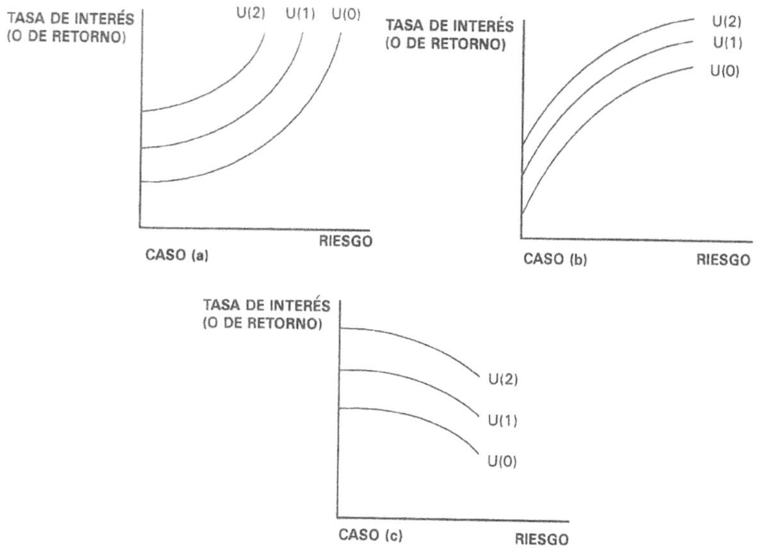

Gráfico 2.
Relación deseada entre el rendimiento de un título y su riesgo, para un individuo: adverso al riesgo (a); jugador (b) y amante del riesgo (c).

En el *caso (c)*, un amante del riesgo (o mejor dicho un enamorado del riesgo), el individuo está dispuesto a aumentar el riesgo del título aun cuando el rendimiento del mismo baje, porque el mayor riesgo le proporciona satisfacción adicional. En cualquier caso, siempre las curvas están ordenadas en forma creciente: las curvas *U(2)* son preferibles a las *U(1)*, etcétera.

Dicho sea de paso, en un panorama tan general como el que estamos presentando, el término *interés* podría llegar a entenderse como *rendimiento* y podría referirse no solo al retorno de cualquier título de deuda, sino inclusive –con algún grado de licencia– hacerse extensivo a conceptos tales como dividendos, ganancias de capital, etc., alcanzando a otros instrumentos financieros tales como las acciones. Además, en esta presentación, nada se dice de interés *adelantado o vencido*. En particular, con esta definición, las acciones pasarían a entenderse como deuda de la empresa con sus accionistas, que ofrece el pago de un interés incierto.

Nótese que, pese a estar todos estos títulos sujetos al riesgo de *default* (que la promesa de pago no se concrete), este riesgo no es igual para los distintos títulos de deuda. Cada título de deuda tiene un distinto grado de prelación o privilegio para el recupero del principal, en caso de que el emisor se encuentre imposibilitado de cumplir la promesa de pago.

Nótese también que todos los títulos de deuda están sujetos a ganancias o pérdidas de capital (esto es, a variaciones en sus precios de compra o venta). Esto último depende no solo de las características del título emitido, sino también del tipo de mercado que tiene. Incluso el tamaño de ganancia o pérdida de capital, a la que por definición están sujetos todos los títulos, no es la misma, sino que se encuentra condicionado por tales factores.

II. El interés como suma de riesgos

Nunca coloque su dinero en un lugar
del que no lo pueda sacar.

En un mundo en el que el futuro se conoce con certeza, tal como veíamos más arriba, la tasa de interés está determinada solo por elementos relativamente objetivos, tales como las preferencias temporales de los ahorristas y por las posibilidades tecnológicas disponibles para los inversores.

Sin embargo, el futuro es desconocido. El consumo de los ahorristas en el futuro o la producción de bienes en el futuro, que anteriormente apuntábamos, son variables *esperadas*. Esto es: son variables que, mal que le pese a la astrología, solo por casualidad podrían ser hoy conocidas con certeza.

En un mundo que no posee certeza con respecto al futuro, no resulta difícil que los valores *ex-post* que enfrenten ahorristas e inversores resulten diferentes a los valores que *ex-ante* habían predicho. En tal contexto, donde las previsiones fallan y las expectativas pueden jugar malas pasadas, la tasa de interés relevante para ahorristas e inversores ya no será, ni remotamente, la tasa de interés *pura*.

La incertidumbre, cualquiera sea su grado, incorpora un conjunto de aditamentos adicionales a la tasa de interés que, de una u otra manera, están asociados con el concepto de riesgo.

En este sentido, se entiende por riesgo el conjunto de contingencias que conducen a que, *ex-post*, alguien se encuentre con una cantidad de recursos inferior a la esperada *ex-ante*. Dicho de otra manera: que las expectativas se vean defraudadas.

La tasa de interés, en este caso, deja de estar determinada por *elementos objetivos* y pasa a estar fuertemente influida por las *expectativas* que ahorristas e inversores se formulan con respecto a las distintas variantes que puede presentar el futuro.

La falta de certeza se traduce en un conjunto de elementos que, al igual que en el caso de una póliza de seguro, podemos asociar con *primas de riesgo* que se irán sumando a la *tasa de interés pura* que recibe el ahorrista.

Estas *primas de riesgo* funcionan en forma similar a las *primas de seguro,* proporcionando coberturas para distintas contingencias, de modo tal que los ahorristas puedan contar *ex-post* con una cantidad de recursos disponibles que no sea inferior a la esperada *ex-ante*.

Desde este punto de vista, se puede reinterpretar lo hasta aquí expuesto y decir que, en realidad, no existe "el" mercado para disposición de recursos hoy, donde se establece "la" tasa de interés. Lo que en realidad existe son múltiples ofertas y demandas para disponer de recursos hoy, estando cada una de ellas asociada con un distinto tipo de riesgo.

Con este enfoque, se podría establecer un conjunto de riesgos que normalmente se espera estén adecuadamente cubiertos por la tasa interés que percibe el ahorrista.

Los riesgos "reales"

La primera pregunta que se hace cualquiera que se propone emitir un nuevo título de deuda es: ¿qué tasa de interés debe ofrecerse pagar para que este título de deuda sea suscripto por los ahorristas?

Una adecuada respuesta a esta pregunta debería contemplar varios aspectos que hacen a las condiciones bajo las cuales se emite el título de deuda. Para empezar, supóngase un caso, tan sencillo como estereotipado, en el cual el título de deuda se emite en el mercado internacional en condiciones en las que se sabe perfectamente que no hay inflación.

En tal caso, en *primer lugar*, debería considerarse el pago de "la" tasa de interés pura, tal como ya hemos visto.

En *segundo lugar*, debería incluirse una prima de riesgo, que prevea cubrir la contingencia de que el mercado secundario del título no sea suficientemente fluido como para que el poseedor del mismo pueda venderlo en el momento en que lo desee. Si tal fuera el caso, este deberá venderlo a un precio inferior al que podría vender otro título similar, pero que posea un mercado más amplio.

En *tercer lugar*, se debería incluir otra prima de riesgo, vinculada con la posible variación que pueda experimentar la tasa de interés de mercado. Como se verá más adelante, el cambio que experimentará el precio de un título de deuda es directamente proporcional al plazo de vencimiento: si la tasa de interés sube, el precio del título de deuda cae y caerá más cuanto más largo sea el plazo de vencimiento.

Con relación a este riesgo de variación de la tasa de interés, cabe hacer notar que, cuanto más próximo sea el vencimiento, aunque el precio de mercado del título no sufra una variación tan significativa, existe el riesgo de no poder reinvertir los fondos obtenidos a la misma tasa.

En *cuarto lugar,* se debería incluir una prima de riesgo, que justifique que el ahorrista invierta en este título en lugar de hacerlo en otro de características totalmente similares, pero emitido por el más seguro de todos los oferentes de títulos de deuda. A esta tasa de interés, que paga el más seguro de los deudores de un mercado, se la denomina *tasa libre de riesgos* y, normalmente, suele asociársela con la que paga el gobierno del país en el cual se emite el título de deuda.

Si en lugar de emitirse en el mercado internacional, el título de deuda se emitiese sujeto a las contingencias que podrían ocurrir en un país particular, este aspecto también debería ser tenido en cuenta. Esta prima que se suma a la tasa de interés es habitualmente conocida como *riesgo país.*

Resumiendo, la tasa de interés del título podría expresarse como r, donde:

$$(1) \quad r = a + b + c$$
$$(2) \quad r' = r + \sigma$$
$$(3) \quad r'' = r' + d$$

r = Tasa real de interés, libre de riesgos, vigente en el mercado internacional

r' = Tasa real de interés, libre de riesgos, vigente en el mercado local

r'' = Tasa de interés a pagar por el título de deuda específico en el mercado local

σ = Prima de riesgo país

a = Tasa de interés pura

b = Prima de riesgo por iliquidez

c = Prima de riesgo por plazo (por variación de la tasa de interés)

d = Prima de riesgo por cobrabilidad (o riesgo crediticio)

A estas tasas de interés r se las llama *reales,* porque no tienen ningún componente que refleje posibles variaciones en el nivel general de precios y son la que existirían en condiciones tales que se garantizase una perfecta estabilidad en el nivel general de precios.

Los riesgos "monetarios"

Cuando existe el riesgo de variación en el poder de compra del dinero, entre el momento en que el dinero se entrega a cambio del título de deuda y el momento en que el mismo es recuperado, esta contingencia debe ser prevista en la tasa de interés.

En tal caso, la tasa de interés relevante ya no es la tasa de interés real, sino la tasa de interés nominal, que incluye una prima de riesgo en forma de una previsión de la tasa de inflación que se verificará durante la vida del título de deuda. En el caso anterior, esta sería la tasa esperada de inflación internacional.

Por otra parte, y siguiendo con el mismo ejemplo, cuando la moneda en que se emite el título de deuda es una moneda distinta a aquella en la que se mide la tasa de inflación internacional, existe un riesgo adicional: que la moneda local varíe su relación con la moneda internacional.

La cobertura de esta contingencia puede hacerse añadiendo una nueva prima de riesgo en la tasa de interés: la tasa de devaluación que se espera experimentará la moneda local en relación con la internacional.

$$(4) \quad i \ = \ r" + p(*)$$
$$(5) \quad i' \ = \ i + e$$
$$(6) \quad i' \ = \ r" + p(*) + e$$

donde:

i = Tasa nominal de interés del título de deuda, expresada en moneda internacional

$p(*)$ = Prima por riesgo de inflación internacional = tasa de inflación internacional esperada

i' = Tasa nominal de interés del título de deuda, expresada en moneda local

e = Prima por riesgo de devaluación (tasa de devaluación esperada)

La conclusión más importante que puede deducirse de esta sección es que, en la práctica, resulta sumamente difícil explicar los movimientos que pueden observarse en la tasa de interés: no solo hay un amplio conjunto de variables que influyen sobre la misma, sino que estas variables evolucionan de una manera relativamente independiente.

Dicho de otra forma: un aumento o disminución de la tasa de interés puede reflejar tanto un aumento de la tasa esperada de inflación como un mayor riesgo de crédito (o cobrabilidad). Es más, incluso la estabilidad misma de la tasa de interés puede estar indicando que se están produciendo cambios muy significativos en las variables que participan en su determinación y que los mismos están compensándose. En particular, nótese que –conceptualmente– los riesgos *monetarios* son mucho más volátiles que los *reales* y, por lo tanto, tienen mayor incidencia en la explicación de las variaciones que a corto plazo puede experimentar la tasa de interés.

Disponibilidad temporal de recursos ¿o de dinero?

En una economía monetaria, los recursos a los que se refiere la definición de interés no son otra cosa que dinero. En este sentido, el dinero representa poder de compra sobre una *canasta de bienes*.

En la medida en que el tamaño de la canasta de bienes que puede ser comprado con una unidad de dinero no cambie a lo largo del tiempo –esto es: que la tasa de inflación sea igual a cero–, recursos, bienes y dinero son, prácticamente, la misma cosa. Sin embargo, cabe destacar algunos aspectos nada despreciables que quedan implícitamente ocultos en este comentario.

En condiciones no inflacionarias, la tasa de interés que efectivamente percibe el ahorrista o paga el inversor no despierta ningún tipo de sorpresa desagradable en términos de poder de compra de una canasta de bienes: si no existen cambios en el nivel general de precios, *ex-post*, con el interés convenido, se compraría la misma canasta de bienes y servicios que *ex-ante* se había previsto.

Sin embargo, cuando el ahorrista se priva de recursos hoy, generalmente lo hace con el objeto de disponer de un determinado tipo de mercadería específica en el futuro: la gente ahorra no solo para "vivir en el futuro" (adquirir una canasta de bienes), sino también para viajar, comprar un automóvil, una casa, etc. Es decir, los individuos ahorran ahora para comprar en el futuro solo una parte bien definida de esa canasta de bienes. De hecho, en parte esto explica la existencia de los "círculos de ahorro previo".

Lo mismo cabe decir de quienes invierten recursos: no producirán en el futuro una canasta de bienes, sino que se comprometen a realizar pagos en el futuro para producir solo algunos bienes específicos que componen tal canasta de bienes.

El hecho de que el precio de una canasta de bienes no varíe a lo largo del tiempo (esto es, que no haya inflación) de ninguna manera significa que no varíen los precios relativos de los bienes que la componen. Dicho de otra manera: en una economía en la que lo que se presta es dinero, existe la posibilidad –nada improbable– de que, medida en términos del bien que en el futuro se pretendía adquirir o producir, la tasa de interés termine resultando tremendamente positiva o negativa.

En este sentido, cuanto mayor sea la inestabilidad de los precios relativos a lo largo del tiempo, tanto menor será la oferta y demanda de títulos de deuda y mayor la proporción de ahorro canalizado por "círculos de ahorro previo".

Estructura temporal de la tasa de interés

Cualquiera puede observar que, normalmente, las tasas de interés no son las mismas para todos los plazos. Así, no es raro ver que en determinados momentos las tasas de interés para plazos más prolongados son mayores que las que ofrecen títulos de deuda para plazos más breves. En otros períodos, por el contrario, los plazos más breves son los que ofrecen los mayores rendimientos.

En el Gráfico 3 están representadas estas distintas *estructuras temporales de la tasa de interés*.

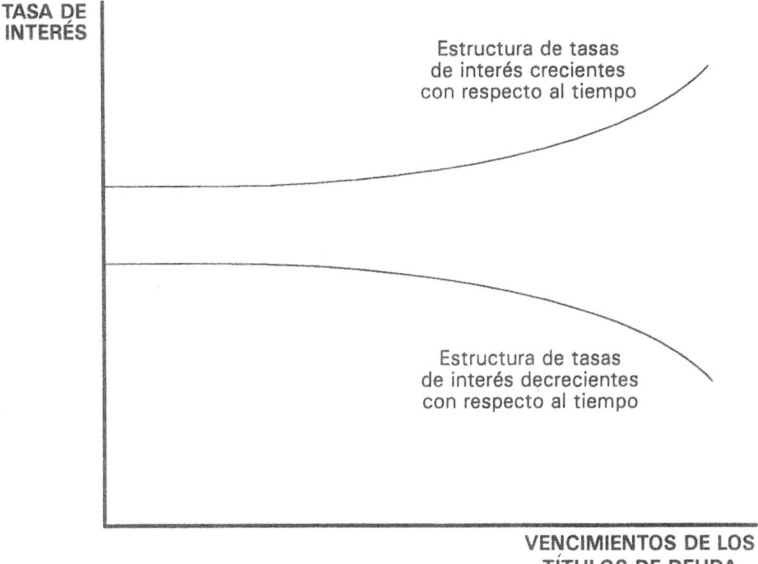

Gráfico 3.
Distintas estructuras temporales de la tasa de interés.

Varias teorías se han ensayado para explicar estas distintas formas que presentan las curvas del gráfico anterior.

Un *primer enfoque* consiste en interpretar que las diferencias observadas entre las tasas de interés para distintos plazos, en la medida en que pueden ser eliminadas mediante el proceso de arbitraje, reflejan la existencia de costos de transacciones importantes y/o expectativas no uniformes con respecto al futuro. Es decir, en la medida en que *natura saltum est,* la estructura temporal anticipa distintas situaciones para distintos momentos del futuro.

Un *segundo enfoque* plantea la existencia de una prima de riesgo por liquidez: títulos de mayor duración están sujetos a variaciones más importantes en sus precios como consecuencia de cambios en el nivel de las tasas de interés (tal como veremos a lo largo de los próximos capítulos). Por lo tanto, la prima de riesgo por liquidez es una función creciente con relación al tiempo.

Un *tercer enfoque* explica la existencia de estas variaciones por las preferencias que tienen los distintos participantes del mercado financiero. Es decir, la estructura temporal de las tasas de interés existe porque existen distintos *hábitats de preferencia* para oferentes y demandantes de fondos: en general unos y otros tratan de ajustar su comportamiento financiero a los *Cash-flows* que prevén para sus proyectos de producción y/o de consumo.

Cualquiera sea la teoría que explique la existencia de la estructura temporal de la tasa de interés, lo que no debe dejar de tenerse presente es que, en general, difícilmente las tasas para distintos plazos sean iguales.

CAPÍTULO 7

LA VALUACIÓN DE RECURSOS EN DISTINTOS MOMENTOS DEL TIEMPO

Solo el futuro nos debe interesar porque es allí donde pasaremos el resto de nuestras vidas.

Los comentarios que en capítulos anteriores hemos hecho sobre los flujos y los stocks nos permitirán adentrarnos de lleno en el terreno de la valuación financiera, o valuación de instrumentos financieros.

Para ello, procederemos por etapas: en primer lugar se verá cuánto vale hoy un título de deuda que ofrece un único pago que, con certeza, se realizará luego de un período; en segundo lugar se extenderá esa formulación a un pago que se realizará a una distancia de varios períodos y, finalmente, se generalizará al caso de una serie de pagos a lo largo de varios de ellos.

Más adelante veremos que valorar un instrumento financiero, metodológicamente, es exactamente igual a valorar un proyecto de inversión física.

Primer caso: un único pago luego de un período

La tasa de interés (o de retorno, o de rendimiento), tal como ya se vio, está vinculada con variables que se ubican en distintos momentos. Se asume que, en una situación de equilibrio, el Valor Presente (el valor que tiene la disposición de recursos hoy) y el Valor Futuro (el valor que tendrá la disposición de recursos en un determinado momento) tienen una relación unívoca, establecida por la tasa de interés.

Esta relación queda definida del siguiente modo:

$$(1) \quad VF = VP \cdot (1 + r)$$

o, lo que es totalmente equivalente:

$$(1') \quad VP = \frac{VF}{(1 + r)}$$

donde:

VP = Valor Presente (el valor que hoy tiene el pago futuro),
VF = Valor Futuro (el valor que se promete como pago futuro),
r = Tasa de interés libre de riesgos.

En (1) y (1') hemos supuesto que la distancia que media entre el futuro y el presente es de un único período. A este mismo período está referida la tasa de interés r.

Tanto (1) como (1') definen una única relación que se establece entre estas tres variables, lo que implica que, conocidas dos cualesquiera de estas variables, la tercera se conoce inmediatamente.

Segundo caso: un único pago y más de un período

Si se tuviese la promesa de recibir una cantidad de recursos (una suma de dinero) VF'' en el futuro, a una distancia de dos períodos de hoy, la formulación anterior no se podría aplicar directamente. Antes se debería reducir el valor futuro VF'' a una distancia de un único período.

El resultado de este procedimiento sería la obtención de un valor VF', la misma cantidad de recursos original, pero ahora expresada como un valor futuro que, visto desde este momento, está ubicado a una distancia de solo un período.

Luego, repitiendo este mismo procedimiento, se podría convertir ese valor futuro VF' en un determinado valor presente VP'.

Así, llamando:

r_1 = tasa de interés entre el momento 1 y el momento actual

r_2 = tasa de interés entre el momento 2 y el momento 1

de la aplicación de la expresión (1) se obtiene el siguiente resultado

$$(2) \quad VF_1 = \frac{VF_2}{(1 + r_2)}$$

y,

$$(2') \quad VP' = \frac{VF_1}{(1 + r_1)}$$

De lo anterior, reemplazando (2) en (2'), fácilmente se desprende que:

$$VP' = \frac{VF_2}{(1 + r_1) \cdot (1 + r_2)}$$

Si la tasa de interés periódica es la misma, es decir $r_1 = r_2 = r$:

$$(2'') \quad VP' = \frac{VF_2}{(1 + r)^2}$$

Generalizando la expresión (2'') para una cantidad t de períodos:

$$(3) \quad VP' = \frac{VF_t}{(1 + r)^t}$$

Es decir, VP' es el valor presente que tiene una cantidad de recursos VF_t (un pago en dinero) que se percibirá en el futuro, a una distancia de t períodos de hoy, cuando la tasa de interés es r.

Nótese que, dado el valor futuro VF_t y la tasa de interés r, cuanto más alejado esté el momento en que se percibirá el valor futuro, mayor será el denominador y, por lo tanto, menor será el valor presente (ver Gráfico 1).

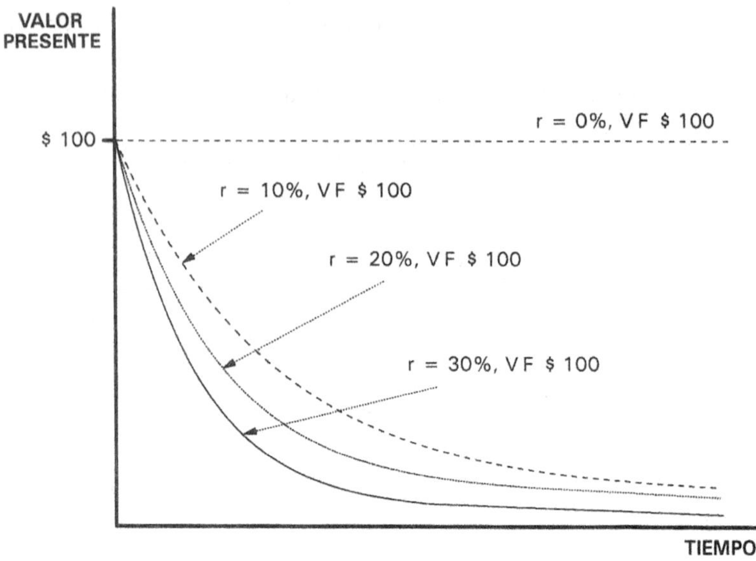

Gráfico 1.
El Valor Presente de un único pago futuro (*VF*), como función del tiempo (*t*).
(*VF*: el mismo para todas las curvas.)

Del mismo modo, dado el plazo *t*, cuanto mayor sea la tasa de interés *r*, menor será el valor presente *VP* que tiene hoy la promesa de un pago futuro VF_t (ver Gráfico 2).

Aunque los Gráficos 1 y 2 corresponden a un mismo *VF*, resulta obvio que cuanto mayor sea la promesa de pago –el Valor Futuro VF_t– tanto mayor será el Valor Presente *VP* (en ambos gráficos las curvas se desplazarían hacia arriba a medida que fuera aumentando el VF_t).

Podemos invertir la expresión (3) para que, dado *VP'* como dato y conocidos la tasa de interés *r* y el plazo *t*, se pueda encontrar el correspondiente pago futuro VF_t:

$$(4) \quad VF_t = VP' \cdot (1 + r)^t$$

En este caso, entonces, conocido *VP'* y dado el plazo *t*, cuanto mayor sea la tasa de interés *r*, tanto mayor será la cantidad de recursos VF_t a disponer en el futuro (ver Gráfico 3).

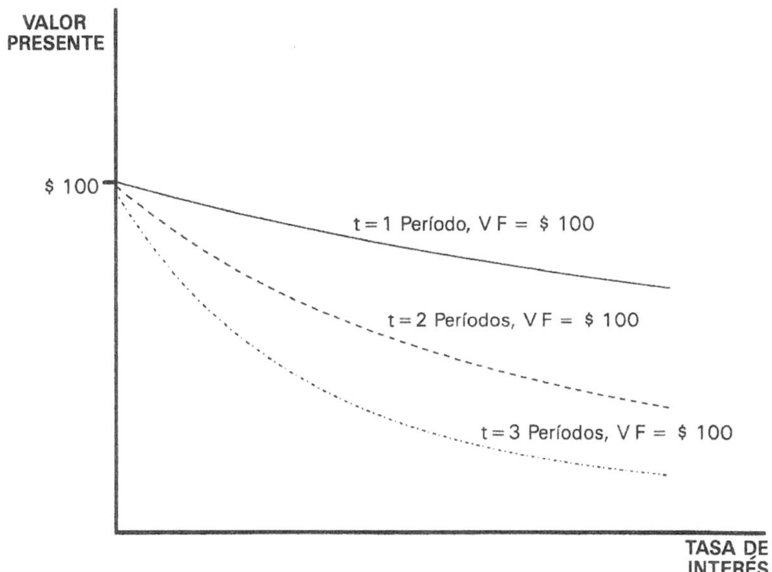

Gráfico 2.
Valor Presente de único pago futuro (*VF*), como función de la tasa de interés (*r*).
(*VF*: igual para todas las curvas.)

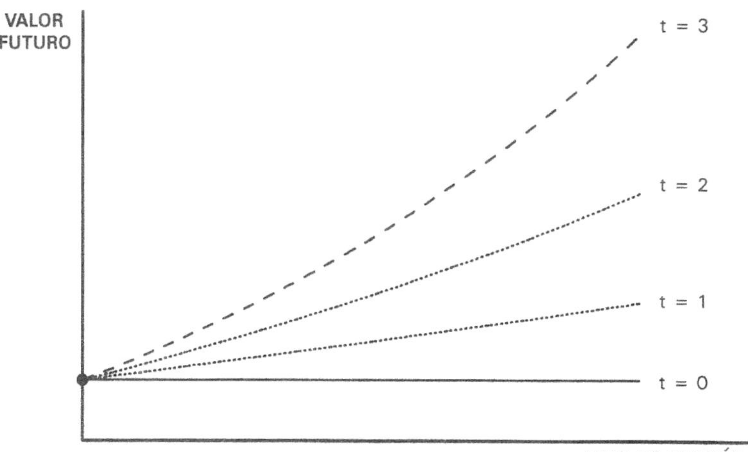

Gráfico 3.
El Valor Futuro de una cantidad *VP* de recursos hoy, como función de la tasa de
interés (*r*). (*VP*: igual para todas las curvas.)

Conocidas la cantidad VP de recursos disponibles hoy y la tasa de interés r, cuanto mayor sea el plazo t, tanto mayor será el valor que debe tener el pago futuro VF correspondiente (ver Gráfico 4).

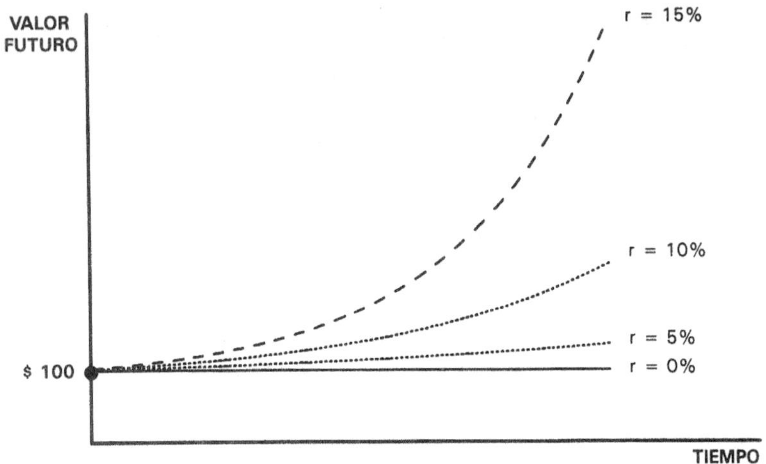

Gráfico 4.
El Valor Futuro de una cantidad VP de recursos hoy, como función del tiempo (t). (VP: igual para todas las curvas.)

Finalmente, en estos últimos dos gráficos hemos presentado todas las curvas para un único valor presente VP. Si este último fuera aumentando, obviamente, las curvas se irían desplazando hacia arriba.

Tercer caso: más de un pago, más de un período

La generalización del caso anterior a una situación de varios pagos futuros y varios períodos conduce a la siguiente formulación:

$$(5) \quad VP = \frac{CF_1}{(1 + r_1)} + \frac{CF_2}{(1 + r_1) \cdot (1 + r_2)} + \dots +$$

$$+ \frac{CF_n}{(1 + r_1) \dots (1 + r_n)}$$

Queda claro que, en esta expresión, para encontrar *VP*, no necesariamente todos los CF_t deben ser iguales entre sí. Tampoco es necesario que posean el mismo signo (que puede ser, obviamente, positivo o negativo) o que los períodos tengan la misma duración o que la tasa de interés sea la misma, período por período.

Lo único que sí se requiere es que la tasa de interés se refiera al período que media entre cada uno de los distintos pagos (i.e.: si el período 1 es de un mes, r_1 debe ser una tasa de interés mensual; si el período 2 es un trimestre, r_2 debe ser una tasa trimestral, etcétera).

Los "supuestos" simplificadores

La libertad que permite la formulación (5) excede holgadamente el marco que suele requerirse para la valuación de títulos de deuda, donde por lo general se adoptan una serie de restricciones que le brindan mayor operatividad a la misma. Así, asumiendo estas restricciones, se obtiene la expresión:

$$(5') \quad VP = \frac{CF_1}{(1+r)} + \frac{CF_2}{(1+r)^2} + \ldots + \frac{CF_n}{(1+r)^n}$$

En (5'), la tasa de interés r es la misma, período por período, y la duración de los períodos es homogénea.

Nótese que si los CF_t y el *VP* de (5) y (5') son los mismos, la tasa a la que se valora el título de deuda en la expresión (5') es una especie de promedio de las verdaderas tasas r_1, r_2,..., r_n de la expresión (5).

Esto es especialmente importante si recordamos que la tasa de interés refleja un conjunto de riesgos. Dicho de otra manera: si las verdaderas tasas de interés son r_1, r_2,..., r_n, la utilización de una única tasa r para valorar el título de deuda solo es válida si se espera mantener el título de deuda hasta su vencimiento final.

Dicho de otra manera: si usted cambia la duración n del título de deuda posiblemente también deba cambiar la r que utiliza para su valoración.

Asimismo, cabe hacer notar que la tasa de interés a la que se emitió el título no necesariamente tiene algo que ver con la tasa de interés r –vigente actualmente en el mercado para títulos de una duración n– con la cual se traen al presente los *Cash-flows* CF_t.

Esta diferencia entre la tasa de interés a la que fue emitido el título de deuda y la que se aplica para su valoración puede estar explicada por una infinidad de motivos, por ejemplo, porque han cambiado las expectativas, los riesgos, etcétera.

Conviene remarcar que lo que resulta relevante para estimar el precio de un Activo financiero son los pagos que se realizarán hasta el vencimiento y no los pagos que ya se han realizado. En este sentido, la valuación financiera de un título de deuda en nada difiere de la de cualquier Activo: una vaca, por ejemplo, vale por la leche y los terneros que brindará y no por los que ya brindó. Caso contrario, y absurdo, cuanto más vieja sea la vaca, más alto sería su precio.

También resulta conveniente prestar particular atención a lo que indican los subíndices: el momento final de cada período. Por ejemplo: sí el subíndice 0 indica el momento actual, 1 de enero de este año, y es una tasa de interés anual, el subíndice 1 indica el 31 de diciembre de este año; el subíndice 2 el 31 de diciembre del próximo año, etcétera.

Dicho de otra manera: el modelo de valoración no toma en cuenta las cosas que están pasando durante los períodos, solo toma en cuenta el valor puntual al final del período.

Nótese que, siguiendo lo dicho en el párrafo anterior, el momento *0* siempre es el momento actual y/o el momento en el que se valora el título de deuda y no el momento en el que se emitió originalmente el mismo: lo que en el modelo es el pago número 1, bien puede ser el pago número 15 del título de deuda.

De nuevo el modelo de valuación

Una forma alternativa de expresar (5'), es:

$$(6) \quad VP = VP_1 + \ldots + VP_n$$

donde:

$$(7) \quad VP_1 = CF_1 \cdot \frac{1}{(1 + r)}$$

$$VP_n = CF_n \cdot \frac{1}{(1 + r)^n}$$

O sea: *el valor presente (o valor actual o valor hoy) de un título de deuda que ofrece una corriente de pagos futuros es igual a la suma total del valor presente de cada uno de estos pagos futuros.* En este caso, dado que estos pagos futuros se efectúan con certeza, los mismos son traídos al presente (descontados) a la tasa libre de riesgos (que, aunque lo estemos suponiendo, no necesariamente es la misma para todos los períodos).

Cada uno de los pagos futuros puede ser convertido en un valor presente independiente VP_t y el valor presente del título de deuda no es más que el valor actual acumulado de esos pagos, tal como hemos procedido en la expresión (6) y (7).

Esto es de particular importancia para superar una de las limitaciones que veíamos en la sección anterior: en la medida en que podemos aislar los pagos futuros, valorarlos por separado y sumarlos, ya no necesitaremos utilizar una única tasa r.

De aquí podemos concluir claramente que el valor que un título de deuda tendrá en el mercado no será otra cosa que la suma del valor presente de cada uno de los pagos futuros o, lo que es lo mismo, el valor actualizado del flujo de pagos que ofrece. La tasa de descuento a utilizar dependerá, por supuesto, del tipo de riesgos asociado con cada uno de los pagos futuros.

Visto así, el stock de riqueza no es otra cosa que el valor presente que resulta de descontar, a las tasas apropiadas, cada uno de los flujos de pagos a los que se tiene derecho en sucesivos momentos del futuro. Es posible sumar los distintos valores presentes de cada uno de los futuros flujos de fondos porque son comparables –esto es: se suman manzanas con manzanas– (condición matemática), y son comparables porque se utilizan las tasas de descuento apropiadas para *traer* tales flujos al presente (condición económica).

Estos pagos futuros, a los que hemos llamado *CF* (por *Cash-flows* –flujos de caja–), representan derechos a disponer de recursos en tales momentos. Con arreglo a este criterio, una definición de riqueza diría que es el acopio de derechos con cargo al futuro.

Descuento de pagos futuros y factores de actualización

La transformación de un pago futuro en un valor presente puede hacerse fácilmente, tal como la expresión (7) lo indica, multiplicando cada uno de los pagos CF_t (que, por ser sumas de dinero, pueden ser distintos en cada título de deuda) por su respectivo factor de actualización o descuento f_t (que son comunes a todos los títulos de deuda vinculados con el mismo tipo de riesgo), donde:

$$VP_1 = CF_t \cdot f_t$$

$$f_t = \frac{1}{(1 + r)^t}$$

En la Tabla 1 aparecen distintos factores de actualización o descuento correspondientes a distintos períodos y distintas tasas de interés.

Para una mejor comprensión, podemos identificar estos factores de actualización con los valores presentes de títulos de deuda que ofrece un solo pago futuro de \$1, luego de un número t de períodos.

La conclusión general que puede obtenerse a partir de la Tabla 1 es clara: dado que el valor de los recursos depende del momento en que los mismos estén disponibles, el tiempo no resulta indiferente al momento de determinar el valor de tales recursos. Justamente, esto es lo que ya antes habíamos definido: el interés no es otra cosa que la diferencia de valores, que el mercado reconoce, por la disposición temporal de los recursos.

t	r						
	0,00%	5,00%	10,00%	15,00%	20,00%	25,00%	30,00%
1	1,0000	0,9524	0,9091	0,8696	0,8333	0,8000	0,7692
2	1,0000	0,9070	0,8264	0,7561	0,6944	0,6400	0,5917
3	1,0000	0,8638	0,7513	0,6575	0,5787	0,5120	0,4552
4	1,0000	0,8227	0,6830	0,5718	0,4823	0,4096	0,3501
5	1,0000	0,7835	0,6209	0,4972	0,4019	0,3277	0,2693
6	1,0000	0,7462	0,5645	0,4323	0,3349	0,2621	0,2072
7	1,0000	0,7107	0,5132	0,3759	0,2791	0,2097	0,1594
8	1,0000	0,6768	0,4665	0,3269	0,2326	0,1678	0,1226
9	1,0000	0,6446	0,4241	0,2843	0,1938	0,1342	0,0943
10	1,0000	0,6139	0,3855	0,2472	0,1615	0,1074	0,0725
11	1,0000	0,5847	0,3505	0,2149	0,1346	0,0859	0,0558
12	1,0000	0,5568	0,3186	0,1869	0,1122	0,0687	0,0429
13	1,0000	0,5303	0,2897	0,1625	0,0935	0,0550	0,0330
14	1,0000	0,5051	0,2633	0,1413	0,0779	0,0440	0,0254
15	1,0000	0,4810	0,2394	0,1229	0,0649	0,0352	0,0195

TABLA 1. *Factores de actualización para distintos períodos (t) y tasas de interés (r).*

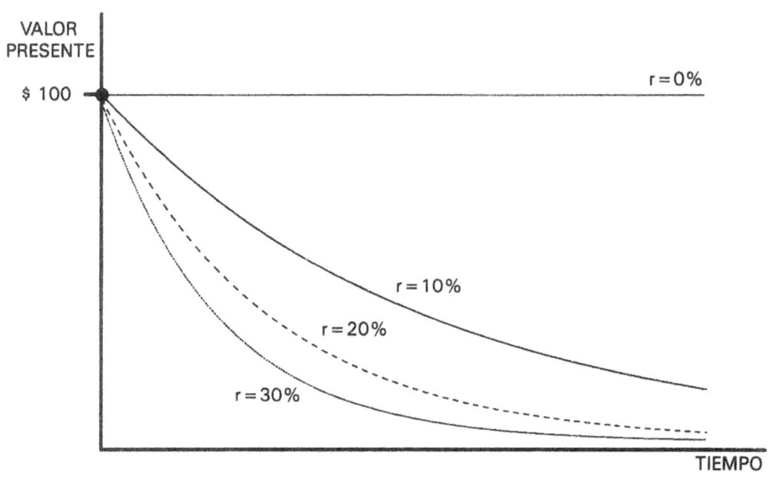

Gráfico 5.

Valor Actual de $1, a percibir en el momento (*t*), dadas las distintas tasas de interés (*r*).

Así, a partir de los resultados de la Tabla 1, se puede concluir que, por ejemplo, el valor que hoy tiene \$1 que se percibirá luego de siete períodos, dada la tasa de interés del 15% por período, es de solo \$0,3759. Si la tasa de interés fuese del 30% y el pago se percibiera al final del período 13, el valor que hoy tendría tal pago sería de \$0,0330.

Podemos reinterpretar los valores de la Tabla 1 de la siguiente manera: dada la tasa de interés del 15%, el resultado, al cabo de 7 períodos, invertir \$0,3759 hoy, es \$1. Si la tasa fuese del 30%, el resultado de invertir \$0,0330, al cabo de 13 períodos, es \$1. (Ver además el Gráfico 5.)

Conceptualmente, la Tabla 1 y el Gráfico 5 remarcan la idea de que, cuanto antes llega el pago, más valioso es. Inversamente, cuanto más tarde se efectúa un pago, menos valor tiene. Esto es: postergar pagos y adelantar cobros (manteniendo la tasa de interés, es decir: ¡sin aumentar el riesgo!), agrega valor.

Tanto la Tabla 1 como el Gráfico 5 permiten observar en forma más clara las relaciones fundamentales que quedan establecidas a partir de la definición de valor presente a la que hemos llegado y que están contenidas en su forma más elemental en la expresión (7). Esto es: el valor presente de un pago que se realizará en el futuro depende:

a) *En forma negativa,* de la cantidad de períodos que median entre el presente y el momento t en el que se efectúa el pago: cuanto *mayor* sea el número de períodos t, *menor* será el *VP*. En este caso se trata de un traslado a lo largo de las curvas del Gráfico 5.

b) *En forma negativa,* de la tasa de interés vigente al momento de efectuar la valuación (r): cuanto *mayor* sea la tasa de interés r, *menor* será el *VP*. En este caso se trata de movimientos hacia curvas inferiores, en el Gráfico 5.

c) *En forma positiva,* de la suma que corresponda a cada uno de los pagos periódicos (CF_t): cuanto *mayor* sea el pago periódico CF_t, *mayor* será el *VP* (ver Gráfico 5').

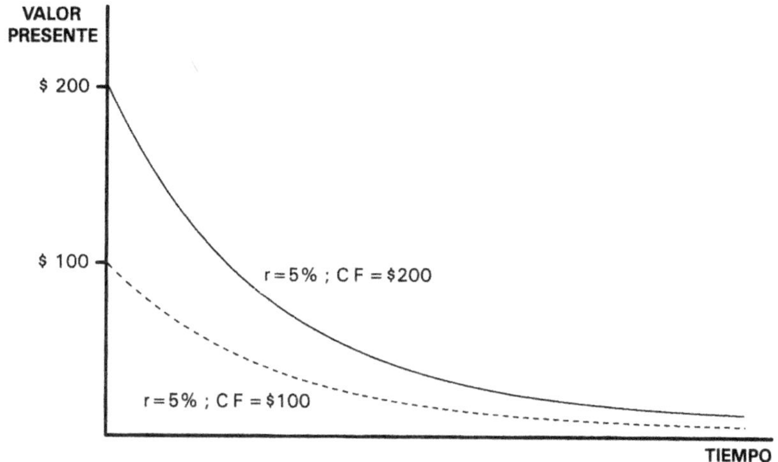

Gráfico 5'.
Valor Actual de distintos *CF*, a percibir en el momento (*t*) dada la tasa
de interés (*r*).

Sobre la valuación de un título de deuda

Si quisiéramos calcular el valor presente de un título que prome-
tiera una corriente de futuros pagos periódicos de $1 cada uno,
durante un determinado plazo, lo único que necesitaríamos es
una tabla similar a la Tabla 1.

Para ello, simplemente deberíamos sumar ordenada y acu-
mulativamente los distintos valores que aparecen en las columnas de dicha tabla, hasta el momento en que se efectúa el último
pago del título de deuda cuyo valor presente nos interesa determinar. Esto es justamente lo que se hace en la Tabla 2.

Así, por ejemplo, el valor actual de un título de deuda que
ofrece pagar $1 por período, durante cinco períodos, dada la
tasa de interés del 15%, es de $3,3522. Este valor actual sería de
$5,3349 si el título de deuda ofreciera pagar $1 durante 8 períodos y la tasa de interés fuese del 10%.

Las relaciones establecidas en la Tabla 2 presentarían la forma del Gráfico 6.

t	r						
	0,00%	5,00%	10,00%	15,00%	20,00%	25,00%	30,00%
1	1,0000	0,9524	0,9091	0,8696	0,8333	0,800	0,7692
2	2,0000	1,8594	1,7355	1,6257	1,5278	1,4400	1,3609
3	3,0000	2,7232	2,4869	2,2832	2,1065	1,9520	1,8161
4	4,0000	3,5460	3,1699	2,8550	2,5887	2,3616	2,1662
5	5,0000	4,3295	3,7908	3,3522	2,9906	2,6893	2,4356
6	6,0000	5,0757	4,3553	3,7845	3,3255	2,9514	2,6427
7	7,0000	5,7864	4,8684	4,1604	3,6046	3,1611	2,8021
8	8,0000	6,4632	5,3349	4,4873	3,8372	3,3289	2,9247
9	9,0000	7,1078	5,7590	4,7716	4,0310	3,4631	3,0190
10	10,0000	7,7217	6,1446	5,0188	4,1925	3,5705	3,0915
11	11,0000	8,3064	6,4951	5,2337	4,3271	3,6564	3,1473
12	12,0000	8,8633	6,8137	5,4206	4,4392	3,7251	3,1903
13	13,0000	9,3936	7,1034	5,5831	4,5327	3,7801	3,2233
14	14,0000	9,8986	7,3667	5,7245	4,6106	3,8241	3,2487
15	15,0000	10,3797	7,6061	5,8474	4,6755	3,8593	3,2682

TABLA 2. *Valor Actual de un título de deuda que ofrece pagos periódicos de $1, durante (t) períodos, según distintas tasas de interés (r).*

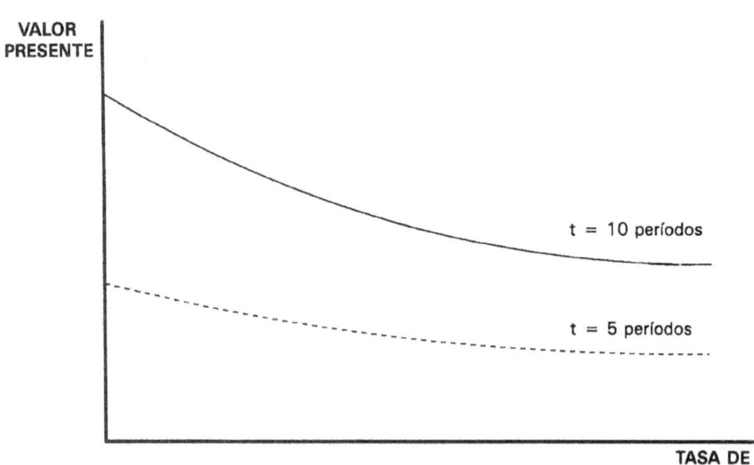

Gráfico 6.

Valor Actual de un título de deuda que ofrece pagos periódicos de $1, durante un número fijo de períodos *t*.

Conceptualmente, lo que la Tabla 2 indica es que el valor presente de una corriente de pagos futuros es mayor cuanto menor sea la tasa de interés con la que actualizamos cada uno de estos pagos (movimientos a lo largo de los renglones de la Tabla 2 y Gráfico 7) y cuanto más extensa sea la corriente de pagos que ofrece el título de deuda (movimientos a lo largo de las columnas de la Tabla 2 y el Gráfico 6).

La extensión del modelo anterior, del pago de \$1 por período, a uno más general (un título de deuda que ofrezca cualquier suma periódica –positiva, negativa o nula– y que puede variar de período en período) es sumamente sencillo. Para ello simplemente se debe multiplicar cada uno de los pagos periódicos por su respectivo factor de actualización o ajuste (los valores que aparecen en la Tabla 1) y luego proceder a acumular estos valores (tal como se hizo en la Tabla 2). Si el pago periódico y la tasa de interés son siempre los mismos, claro está, se puede usar directamente la Tabla 2, multiplicando el correspondiente valor de la Tabla 2 por el pago periódico que se considere.

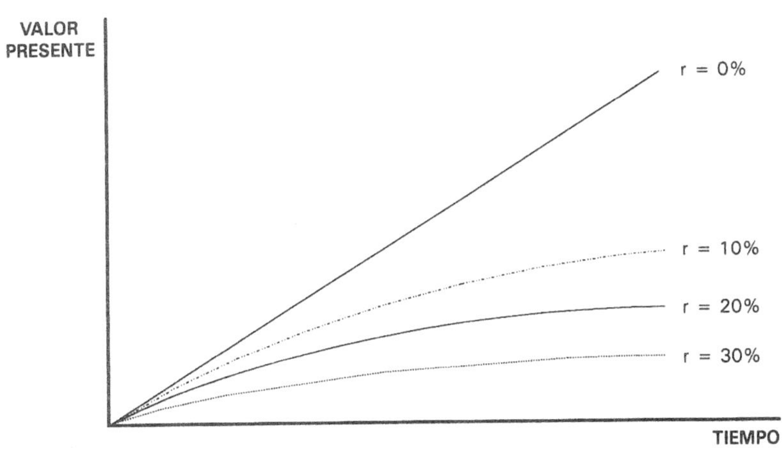

Gráfico 7.
Valor Actual de un título de deuda que ofrece pagos periódicos de \$1,
considerando la misma tasa de interés.

Un caso en particular: las perpetuidades

Observando los resultados de las columnas de la Tabla 2 y el Gráfico 7 se puede apreciar que el crecimiento del valor presente, en relación con la extensión de la corriente de pagos, crece a una tasa cada vez menor y tiende a alcanzar un determinado nivel límite de valor presente (distinto para cada tasa).

En la Tabla 3 se han prolongado los resultados de la Tabla 2, hasta incluir el valor presente de un título de deuda que ofrece una corriente de pagos periódicos e iguales de $1, que se extiende ilimitadamente. Este tipo de operación que se extiende sin vencimiento final alguno –*hasta la eternidad*– se denomina *perpetuidad*.

t	r						
	0,00%	5,00%	10,00%	15,00%	20,00%	25,00%	30,00%
15	15	10,38	7,61	5,85	4,68	3,86	3,27
30	30	15,37	9,43	6,57	4,98	4,00	3,33
50	50	18,26	9,91	6,66	5,00	4,00	3,33
80	80	19,60	10,00	6,67	5,00	4,00	3,33
100	100	19,85	10,00	6,67	5,00	4,00	3,33
500	500	20,00	10,00	6,67	5,00	4,00	3,33
T = infinito	500	20,00	10,00	6,67	5,00	4,00	3,33

TABLA 3. *Prolongación de los valores de la Tabla 2 hasta incluir el valor de una perpetuidad de $ 1 por período.*

Puede demostrarse que el valor presente de un título de tales características, una perpetuidad, está determinado por la siguiente expresión:

$$PV = \frac{CF}{r}$$

es decir, el valor presente de una perpetuidad depende solamente del monto del pago periódico que ofrece ($1 en nuestro caso) y de la tasa de interés, y es independiente del tiempo.

En la Tabla 3 se aprecia claramente que el nivel límite de valor presente que tiende a alcanzar una perpetuidad se alcanza más rápido cuanto más alta es la tasa de interés. Esto no es más que una extensión que resulta de la combinación de dos conceptos que ya habíamos definido antes:

1) *cuanto antes llega un pago más valioso es, y*
2) *cuanto mayor sea la tasa de interés, menor será el valor actual que tiene un pago a recibir en el futuro.*

Una interpretación de los resultados de la Tabla 3 podría ser: dada una tasa de interés del 25 o 30%, el valor presente de un título de deuda que ofrece pagar $1 por período, durante 30 períodos, es idéntico al valor presente de otro título que sostiene el mismo ofrecimiento por 50 períodos o más.

Nótese que la afirmación del párrafo anterior, con una tasa de interés del 10 o 15% por período, recién comienza a verificarse luego de los primeros 80 períodos; con una tasa del 5% necesita más de 100 períodos y, por definición, nunca se cumple con una tasa del 0%.

Nuevamente entonces: dada una tasa de interés, a partir de cierto número de períodos, los pagos adicionales que se ofrecen en un título de deuda no le agregan a este ningún valor que sea hoy significativo.

Conclusiones derivadas del modelo de valuación

Tal como hemos presentado el modelo de valuación –contenido en las expresiones (5'), (6) y (7)– asumimos que la incógnita que interesaba develar era el valor presente (*VP*), siendo conocidos el número de períodos, la tasa de interés y los distintos *CF*.

Recordemos el modelo de valuación:

$$(5') \quad VP = \frac{CF_1}{(1+r)} + \frac{CF_2}{(1+r)^2} + \ldots + \frac{CF_n}{(1+r)^n}$$

$$VP - VP_1 + VP_2 + \ldots + VP_n$$

$$VP_1 = CF_1 \cdot \frac{1}{(1 + r)}$$

$$\vdots$$

$$VP_n = CF_n \cdot \frac{1}{(1 + r)}$$

VP = Valor Presente del título de deuda

VP_t = Valor Presente del pago que ofrece el título al final del período (t)

CF_t = Pago nominal, en efectivo, que ofrece el título al final del período (t)

r = Tasa de Descuento o Actualización de los CF_t

n = Número de períodos de vida del título de deuda

La idea que guía este modelo de valuación es que, dados distintos datos, se puede encontrar un *VP* para cada título de deuda que, en condiciones de equilibrio, no diferirá de su precio de mercado (*P*).

¿Títulos de deuda o proyectos de inversión?

Cabe destacar que, conceptualmente hablando, no existe ningún tipo de diferencia entre la valoración de un proyecto de inversión física, tal como el montaje de una planta o el lanzamiento de un nuevo producto y la valoración de un título de deuda, al que podríamos llamar un proyecto de inversión financiera. En ambos casos se estará en presencia de un conjunto de *Cash-flows* a recibir a lo largo del tiempo, una inversión inicial (el Precio), una tasa de costo de capital para quien encara el proyecto y un tiempo determinado en el que se desenvuelve el mismo.

El modelo de valuación presentado no hace sino establecer una única relación entre cuatro variables: los pagos futuros prometidos (los CF_t), la tasa de interés de actualización o descuento (r), la duración (n) del título de deuda y el valor presente (VP). De esto se desprende que, dentro de ciertos límites y en la medida en que tres de estas variables resulten conocidas, siempre se estará en condiciones de poder determinar el valor de la cuarta variable.

De más está decir que, en este contexto, el término *inversión* debe ser entendido en su más amplia acepción. Así, por ejemplo, en el caso de un título de deuda, puede significar tanto la compra como la venta del mismo. En el caso de un proyecto de inversión física de una empresa, "inversión" puede significar tanto la obtención de futuros recursos a cambio de recursos que se inmovilizan, como la obtención inmediata de recursos a cambio de la privación de recursos futuros.

En tanto que el primero de estos casos es el que en forma inmediata se asocia con un proyecto de inversión "ortodoxo", el segundo tipo es un proyecto de *desinversión* que puede ser analizado exactamente de la misma manera. Nótese que los proyectos "ortodoxos" pueden ser asociados con la concesión de préstamos, en tanto que los proyectos de *desinversión* pueden ser asociados con la obtención de préstamos.

Se puede concluir entonces que la única diferencia que en realidad existe entre la evaluación de un proyecto de inversión física y la valoración de un título de deuda es que, normalmente, los "deberes" vienen ya medianamente hechos cuando se evalúa un título de deuda, cosa que no sucede en el caso de un proyecto de inversión.

Esto es, en el caso de un título de deuda, el evaluador tiene un mayor conocimiento acerca de cuáles son los flujos que debe descontar, cuál es la tasa a la que debe hacerlo, cuánto tiempo dura el título y en qué momentos se efectuarán los pagos. En el caso de un proyecto de inversión, estos datos no son tan conocidos, por lo que los "deberes" más importantes a cargo del evaluador consisten en establecer los pagos futuros (CF_t) que ofrece el proyecto y la tasa de descuento (r) que se ha de aplicar para actualizarlos.

Los CF_t y la r en un proyecto de inversión física

En un proyecto de inversión, a diferencia de un título de deuda, los CF_t suelen ser significativamente distintos, período por período. Los motivos de ello pueden ser múltiples, pero valgan como ejemplos: cambios periódicos en los costos de los insumos, en los precios de los productos y/o en las cantidades compradas o vendidas a causa del proyecto de inversión que se analiza.

Más aún, los CF_t pueden frecuentemente cambiar no solo la magnitud de valor, sino también de signo. Por ejemplo, en los casos en los que se requieren esporádicos reemplazos y/o ampliaciones de instalaciones, maquinarias y equipos.

Dicho sea de paso, recuérdese que, tal como vimos en el Capítulo 1, para el análisis de flujo de fondos, no resulta relevante distinguir entre inversiones y beneficios. Lo que sí resulta importante es distinguir el signo de los flujos de fondos: los que tienen signo *positivo* y representan *ingresos* de fondos y los que tienen signo *negativo* y representan *egresos* de fondos.

Desde este punto de vista, *inversión* es cualquier *aplicación de fondos:* lo que es trascendente es el dinero que efectivamente arriesga el inversor en el proyecto. En tanto, *retorno de la inversión* es cualquier tipo de *origen de fondos* a que dé lugar el proyecto; nuevamente: lo que es relevante es el dinero que efectivamente genera el proyecto para el inversor.

Más concretamente, bajo esta óptica, el pago en efectivo de un crédito que oportunamente fuera extendido por los proveedores (una salida de dinero), representa más inversión que la compra de un nuevo bien de capital a crédito (donde no sale dinero en forma inmediata). Por otra parte, la obtención de bienes a crédito, convertibles inmediatamente ahora en dinero (prácticamente un ingreso de dinero), representan más retorno sobre la inversión que los beneficios a recibir en el futuro (donde no entra dinero).

En lo que se refiere a la tasa de descuento, la apropiada para descontar cualquier tipo de flujo de fondos es la que está asociada con el tipo de riesgos con los que se vincula el proyecto de inversión y/o con el costo de oportunidad que, para los fondos a invertir, enfrenta el evaluador.

En el caso de un proyecto de inversión para una empresa, la tasa de descuento apropiada suele ser el costo de capital que enfrenta dicha empresa. Este costo de capital, aunque ya se estudiará más extensamente en los Capítulos 11 y 12, es la expresión del conjunto de pagos que periódicamente debe efectuar la empresa a sus accionistas y acreedores para mantener el normal funcionamiento de la empresa. Generalmente esta tasa de descuento para evaluación de proyectos se identifica con la letra k, para diferenciarla de la tasa r utilizada para valorar títulos de deuda.

Por lo tanto, realizando los correspondientes ajustes de interpretación de los distintos componentes de la formulación (7), hablar de la valoración de un título de deuda (proyecto de inversión financiera) o la evaluación de un proyecto de inversión física es, a todos los fines prácticos, exactamente lo mismo.

APÉNDICE 1 AL CAPÍTULO 7

No es que los precios suban,
es el dinero que se de(s)precia.

Tasa de inflación y tasa de interés

En una economía no inflacionaria, queda claro que el interés que se pacta es, simplemente, la cantidad de recursos futuros que se entregan a cambio de la disponibilidad de los recursos hoy. En una economía inflacionaria, la afirmación anterior es más que dudosa. Si la tasa de interés nominal pactada es de i por período, la cantidad de dinero de la que se dispondrá dentro de un período, por privarse de una cantidad VP de dinero hoy, será VF':

$$(1) \quad VF' = VP \cdot (1 + i)$$

Si la tasa de inflación es π (pi) por período, el precio P que se supone dentro de un período tendrá una canasta de bienes que hoy cuesta $\$ 1$ será:

$$(2) \quad P = \$1 \cdot (1 + \pi)$$

es decir, expresado en poder de compra actual, dejar de consumir hoy una canasta de bienes VP significa poder consumir en el futuro una canasta de bienes que hoy costaría VF:

$$(3) \quad VF = \frac{VF'}{P} = VP \cdot \frac{(1 + i)}{(1 \times \pi)}$$

En la medida en que:

$$(4) \quad (1 + i) = 1 + r + r \cdot \pi + \pi = (1 + r) \cdot (1 + \pi)$$

(donde $r =$ *tasa de interés real)*, volvemos a la expresión ya conocida de:

$$(5) \quad VF = VP \cdot (1 + r)$$

Esto implica que la tasa de inflación incorporada en la tasa de interés nominal es igual a la tasa de inflación verificada: un caso de predicción perfecta.

En caso de que la expectativa de inflación (e) no sea exactamente igual a la tasa de inflación que se verificará, existiendo por lo tanto errores de predicción, la expresión (5) se convertiría, *ex-post,* en:

$$(6) \quad VF = VP \cdot (1 + r) \cdot \frac{(1 + e)}{(1 + \pi)}$$

donde el último término refleja el error de predicción de la tasa de inflación. Nótese que este error de predicción, aunque se comete *ex-ante,* solo se puede conocer *ex-post.* Asimismo, como este error puede ser menor, mayor o igual a 1, puede hacer que la tasa real de interés *ex-post* sea mayor o menor que la tasa real de interés esperada *ex-ante.*

Nótese que, para valores pequeños de r y de e, el producto de r y e tiende a ser despreciable, por lo que en tales casos, a partir de (5) podría expresarse:

$$i = r + e <==> r = i - e$$

Con este criterio, la expresión (4) se transforma en:

$$VF = VP \cdot (1 + r + e - \pi)$$

Cabe destacar que, en la medida en que la tasa de inflación esperada para el futuro (e) sea diferente de la que efectivamente se produzca (π), la canasta de bienes que en el futuro se pueda realmente consumir puede estar muy alejada de la canasta de bienes esperada *VF.*

APÉNDICE 2 AL CAPÍTULO 7

Tasa efectiva anual

Tal como se ha visto, la tasa de interés está referida a un período que, normalmente, para facilitar las interpretaciones, es anual. Sin embargo, en muchas oportunidades se utilizan tasas que hacen referencia a períodos menores a un año, y que, por lo tanto, generan pagos que pueden ser reinvertidos a lo largo del año.

En otras oportunidades, aunque las tasas de interés se expresan con relación a un período, hacen referencia a operaciones que tienen una duración distinta a la de este. Así, por ejemplo, se habla de una "tasa nominal anual del 12% para préstamos trimestrales". En estos casos las comparaciones de distintas alternativas pueden hacerse sumamente engorrosas: ¿qué es mejor, el 15% semestral durante 12 meses o el 12% trimestral durante el mismo plazo?

En tales casos conviene expresar las tasas de interés de una forma homogénea y convertir las tasas anteriores en "tasas efectivas anuales": las tasas que se obtendrían al cabo de un año si se reinvirtieran todos los pagos que se percibieran durante dicho período anual.

Hasta hace algunos años a la tasa de interés nominal anual se lo denominaba tasa de interés simple y a la tasa de interés efectiva se la llamaba tasa de interés compuesta. Obviamente, el concepto sigue siendo el mismo, aunque los nombres se hayan "maquillado" un poco.

Así:

$$TEA = \left(1 + \frac{r}{m}\right)^m - 1$$

TEA	=	Tasa de Interés Efectiva Anual
r	=	Tasa de Interés Nominal Anual convenida
m	=	Cantidad de veces que se reinvierten los pagos a lo largo del año.

En la tabla siguiente se muestran las tasas efectivas anuales correspondientes a distintas tasas nominales anuales y distinta cantidad de pagos periódicos.

Períodos de capitalización	m	5%	10%	15%	20%	25%	30%	50%	70%	90%
Anual	1	5,00	10,00	15,00	20,00	25,00	30,00	50,00	70,00	90,00
Semestral	2	5,06	10,25	15,56	21,00	26,56	32,25	56,25	82,25	110,25
Cuatrimestral	3	5,08	10,34	15,76	21,36	27,14	33,10	58,80	87,60	119,70
Trimestral	4	5,09	10,38	15,87	21,59	27,44	33,55	60,18	90,61	125,19
Bimestral	6	5,11	10,43	15,97	21,74	27,75	34,01	61,65	93,88	131,31
Mensual	12	5,12	10,47	16,08	21,94	28,07	34,49	63,21	97,46	138,18
Semanal	52	5,12	10,51	16,16	22,09	28,33	34,87	64,48	100,44	144,07
Diaria	365	5,13	10,52	16,18	22,13	28,39	34,97	64,82	101,24	145,69

CAPÍTULO 8

LOS MÉTODOS DE EVALUACIÓN DE PROYECTOS: *LOS UNOS*

Los masoquistas se equivocan por vocación,
los emprendedores por intuición
y los irresponsables por lo general.
Solo los tecnócratas lo hacen por metodología.

I. De la valuación a la evaluación

Cada una de las posibles incógnitas que están presentes en el modelo de valoración que presentamos en el capítulo anterior define una faceta distinta del título de deuda y, por lo tanto, sirve para evaluarlo desde un ángulo diferente.

A las cuatro variables del modelo de valoración (*VP, VF, r, t*), se les debe sumar un dato adicional que normalmente siempre resulta conocido: el precio *P* que el título efectivamente tiene en el mercado. Excepto situaciones de equilibrio de competencia perfecta, este precio *P* será diferente al Valor Presente *VP*.

En la tabla de la página siguiente se detallan los datos requeridos y la incógnita despejada por cada uno de los distintos métodos de evaluación, que surge a partir de la fórmula básica del modelo de valoración:

$$VP = \sum \frac{CF_t}{(1+r)^t}$$

	Datos conocidos	Incógnitas	Métodos de evaluación
1	P, CF, r, n	VP = Valor Presente	Valor Presente Neto Índice de Rentabilidad Vida Óptima de un Proyecto
2	P, VP, r, n	CF = Pago Periódico	Pagos Periódicos Iguales
3	P, VP, CF, n	r = Tasa de Descuento	Tasa Interna de Retorno *TIR* Modificada
4	P, VP, CF, r	n = Tiempo	Período de Recuperación Promedio Ponderado de Vida Duración
5	Otros métodos		Tasa de Retorno Contable

En este capítulo veremos los métodos de evaluación que llamaremos *los unos* (los que hemos marcado con los números 1, 2 y 3). Estos métodos, por fundarse en torno del concepto de que *el dinero tiene un valor distinto según el momento en que efectivamente se lo dispone,* son los mejor vistos en el ámbito académico.

En el próximo capítulo veremos *los otros* que, aunque son métodos que siempre han tenido una relativa mala fama en las aulas, son bastante populares entre quienes deben tomar decisiones. Por este motivo, en medios académicos se los ha tratado de mejorar, perfeccionar y reinterpretar de modo tal de poder acercarlos al perfil que brindan *los unos.*

El Valor Presente Neto

La primera conclusión obvia que se deriva del modelo de valuación presentado en el capítulo anterior es: siempre resulta rentable la compra de un título de deuda cuyo precio actual en el mercado (P) sea inferior al Valor Presente (VP) que se encuentra a partir de la expresión:

$$VP = \frac{CF_1}{(1 + r)} + \frac{CF_2}{(1 + r)^2} + \ldots + \frac{CF_n}{(1 + r)^n}$$

Llamando *Valor Presente Neto (VPN)* a la diferencia entre el Valor Presente y el Precio:

$$VPN = VP - P$$

o, lo que es lo mismo:

$$VPN = -P + \frac{CF_1}{(1+r)} + \frac{CF_2}{(1+r)^2} + \ldots + \frac{CF_n}{(1+r)^n}$$

Lo que esta primera regla dice es: *invierta en un título de deuda siempre que el VPN que obtenga del mismo sea positivo.*

Para extender el concepto anterior al caso de un proyecto de inversión, basta simplemente con reemplazar *precio actual en el mercado (P),* por *inversión inicial (I).* Adicionalmente, en lugar de *r,* en el caso de la evaluación de un proyecto de inversión se utiliza *k* como tasa de descuento que, en este caso, como ya dijimos, es el costo de capital de la empresa que evalúa el proyecto de inversión:

$$VPN = VP - I$$

$$VPN = -P + \frac{CF_1}{(1+r)} + \frac{CF_2}{(1+r)^2} + \ldots + \frac{CF_n}{(1+r)^n}$$

La regla sería entonces: *invierta en un proyecto de inversión siempre que el VPN que obtenga del mismo sea positivo.*

Dicho en forma mucho más simple, esta regla no hace más que trasladar al plano financiero el principio del Perogrullo que establece que siempre es rentable pagar por una cosa menos que lo que la cosa vale. Lo único que la regla del *VPN* agrega (y que lo distingue de una perogrullada) es un modelo que permite determinar cuánto vale la cosa.

Cualquiera sea el caso –la compra o venta de un título de deuda y la inversión o desinversión en Activos físicos– la regla que se estableció más arriba es invariable y conduce a la conclusión de que el Valor Presente Neto positivo siempre representa una mejora en la caja (o disponibilidad de recursos) del inversor:

Cuando se evalúa la compra (o suscripción) de un título de deuda, *VP* significará el valor actual de una serie de futuras "entradas de caja" y P no será otra cosa que una actual y efectiva "salida de caja".

Del mismo modo, cuando se evalúa la venta (o emisión) de un título de deuda, P representa una "entrada de caja" que efectivamente se produce ahora y VP será el valor actual de una serie de futuras "salidas de caja".

El concepto del *VPN*

Desde un punto de vista relativamente técnico, lo que un *VPN* positivo significa es que el proyecto es capaz de generar una cantidad de fondos suficiente para:

1) devolver los fondos en él invertidos (los CF_t negativos), aportados por acreedores y accionistas,
2) retribuir adecuadamente a los inversores (con la tasa *k)* mediante el pago de intereses y dividendos y,

como si esto fuera poco,

3) aún quedará una cantidad adicional de dinero disponible para los accionistas.

Esta cantidad de dinero adicional, del punto 3, disponible para los accionistas a lo largo del tiempo, tiene un valor actualizado exactamente igual al Valor Presente Neto (*VPN*).

Ese es el concepto del Valor Presente Neto: el valor actualizado que queda disponible para los accionistas luego de reintegrar (y retribuir adecuadamente mediante la tasa *k)* los aportes de fondos recibidos de los acreedores y de los mismos accionistas para financiar el proyecto.

Los aportes del *VPN*

Los ingredientes fundamentales que incorpora el modelo de evaluación del *VPN* son los siguientes:

1) reconoce que el dinero tiene un valor distinto según el momento en el cual se lo percibe,

2) reconoce y considera a absolutamente todos los flujos de fondo que están asociados con un proyecto de inversión, y no solamente a una parte de los mismos,

3) reconoce que el valor depende de la tasa de descuento con la que se está evaluando el proyecto: será r, si se trata de un título de deuda que ofrece pagos libre de riesgos, pero será una tasa superior a medida que crezca el riesgo de los pagos asociados con dicho título y/o proyecto de inversión. En particular, en el caso de una empresa, la tasa de descuento será el costo de capital que enfrenta dicha empresa,

4) reconoce que el dinero puede ser reinvertido periódicamente, a la misma tasa que se usó para descontar el flujo de fondos (la tasa de descuento del punto anterior).

No obstante estos aportes, debe considerarse que la adecuada utilización del método, dadas las observaciones del punto 4, requiere –en primer lugar– un adecuado tratamiento metodológico del flujo de fondos, de modo tal que se tengan en cuenta los efectos de unificar en *un solo momento* los ingresos y egresos que ocurren a lo largo del tiempo (en un *período)*.

En segundo lugar, con respecto a la restricción que supondría la necesidad de asumir como supuesto la existencia de una tasa de descuento única y uniforme para toda la vida del proyecto (tal como veremos más adelante en este mismo capítulo) se pueden utilizar distintas variantes que permiten superar tal limitación.

El índice de rentabilidad

También llamado *Relación Beneficio/Costo,* este criterio es apenas una variante del criterio del Valor Presente Neto. En tanto que este último criterio suma el valor presente de los *Cash-flows* de signo positivo con los *Cash-flows* de signo negativo, el Índice de Rentabilidad (*IR*) obtiene el cociente entre ambos valores.

$$IR = \frac{Valor\,Presente\ \text{Cash-Flows}\ Positivos}{Valor\,Presente\ \text{Cash-Flows}\ Negativos} = \frac{VP\,(Ingresos)}{VP\,(Egresos)}$$

La regla que surge de este criterio es entonces: *invierta en un proyecto de inversión en tanto que el Índice de Rentabilidad sea mayor que uno.* Entre dos proyectos distintos, seleccione el que tenga el mayor de dichos *IR*. Es decir: el *VPN* es una *medida absoluta* del beneficio que se obtiene al encarar un proyecto, mientras que el *IR* es una *medida relativa.*

Si en lugar de utilizar el Índice de Rentabilidad se prefiere manejar una Tasa de Rentabilidad, simplemente se debe restar 1 del Índice de Rentabilidad y expresar el resultado en porcentaje:

Tasa de Rentabilidad = Índice de Rentabilidad – 1

La principal ventaja de este método es su sencilla interpretación: es mucho más comprensible decir que un proyecto tiene una rentabilidad de 20% (por cada $100 invertidos se generan $120) que tratar de explicar que el Valor Presente Neto del mismo es de $ 20.

La principal desventaja de este atractivo método es que se pierde una dimensión en el análisis. En efecto, dados los siguientes dos proyectos *A* y *B:*

t	*Cash-flow* Proyecto A	*Cash-flow* Proyecto B	Factor de Actualización $k = 20\%$	*Cash-flow* Actualizado Proy. A	*Cash-flow* Actualizado Proy. B
(0)	(1)	(2)	(3)	(4)	(5)
0	($ 2.000)	($ 8.000)	1,0000	($ 8.000)	($ 2.000)
1	($ 2.000)	($ 7.000)	0,8333	$ 1.667	$ 5.833
2	$ 2.000	$ 7.000	0,6944	$ 1.389	$ 4.861
3	$ 2.000	$ 7.000	0,5787	$ 1.157	$ 4.051
4	$ 2.000	$ 7.000	0,4823	$ 965	$ 3.376
5	$ 2.000	$ 7.000	0,4019	$ 804	$ 2.813
6	$ 2.000	$ 8.000	0,3349	$ 670	$ 2.679
7	$ 4.000	$ 8.000	0,2791	$ 1.116	$ 2.233
8	$ 4.000	$ 8.000	0,2326	$ 930	$ 1.861
9	$ 4.000	$ 10.000	0,1938	$ 775	$ 1.938
10	$ 4.000	$ 10.000	0,1615	$ 646	$ 1.615
Total	$ 22.000	$ 57.000	*VPN* Proyecto:	$ 4.786	$ 11.593
			VPN CF (+):	$ 8.452	$ 25.426
			VPN CF (–):	($ 3.667)	($ 13.833)
			IR	2,3051	1,8381

Ajustándose exclusivamente al criterio de la Tasa de Rentabilidad, sin lugar a duda resulta conveniente el Proyecto A, que deja una rentabilidad neta superior al 130%, en lugar del Proyecto B, cuya rentabilidad es de "apenas" 83,81%.

Sin embargo, el Proyecto B deja en manos de los accionistas una cantidad neta de dinero equivalente hoy a $11.593 en tanto que el Proyecto A solo deja $ 4.786 (alrededor del 40% de lo que deja el Proyecto B), de lo que resulta que, a todas luces, el Proyecto B es más conveniente, pese a tener un Índice de Rentabilidad menor.

Vida óptima de un proyecto de inversión

Un elemento que no siempre está adecuadamente considerado por el método del *VPN* es la posible circunstancia de que el máximo *VPN* obtenible por un proyecto de inversión se alcance mucho antes de que el proyecto concluya definitivamente.

Esto es lo que suele suceder cuando los costos de abandonar y/o terminar la actividad van aumentando a lo largo del tiempo. Así, por ejemplo, supóngase el siguiente proyecto:

Período	*Cash-flow* Proyecto	Recupero de Inversión por Terminar	Costo de Terminar	*Cash-flow* normal para Evaluación
(1)	(2)	(3)	(4)	(5)
0	($ 1.000)	$ 1.000	$ 0	($ 1.000)
1	$ 400	$ 800	($ 50)	$ 400
2	$ 350	$ 700	($ 50)	$ 350
3	$ 300	$ 500	($ 50)	$ 300
4	$ 250	$ 400	($ 100)	$ 250
5	$ 200	$ 300	($ 200)	$ 300
VPN (20%)	($ 49,06)	###	###	($ 8,87)

Siguiendo el procedimiento tradicional de descontar *Cash-flows* (en este caso a una tasa del 20%), el proyecto es claramente inviable puesto que deja un resultado negativo de $ 8,87, valor al que se llega considerando:

1) el valor del *Cash-flow* del proyecto, más
2) el recupero de la inversión al terminar el proyecto (por venta de las instalaciones, equipos, recupero del capital de trabajo, etc.), menos
3) los costos asociados con la terminación, a desembolsar al final del proyecto (pago de despidos laborales, etcétera).

Estos últimos dos componentes del *Cash-flow*, obviamente, deben ser desembolsados solo al final del proyecto, por eso la columna (5) de la tabla anterior es siempre igual a la columna (2), excepto en el momento en que termina el proyecto.

Sin embargo, ¿para qué esperar el final del proyecto?: no hay nada que impida concluirlo antes, sin necesidad de llegar al final de su vida útil. Quizá valga la pena recordar aquí eso de "no meterse es de cobardes; huir a tiempo es de sabia prudencia".

Considerando entonces no el *VPN* del proyecto hasta que el mismo termina sino el *VPN* que tiene el proyecto al final de cada período, la viabilidad o no del proyecto puede cambiar. Véase si no lo que ocurre en la tabla siguiente.

t	Factor de Descuento 20%	Valor Actual *Cash-Flow* Proyecto	Valor Actual *Cash-flow* Acumulado	Valor Actual Recupero Inversión	Valor Actual Costo Terminar	Valor Actual al fin de cada Período
(1)	(2)	(3)	(4)	(5)	(6)	(7) = (4) + (5) + (6)
0	1,0000	($ 1.000,00)	($ 1.000,00)	$ 1.000,00	$ 0,00	$0,00
1	0,8333	$ 333,33	($ 666,67)	$ 666,67	($ 41,67)	($ 41,67)
2	0,6944	$ 243,06	($ 423,61)	$ 486,11	($ 34,72)	$ 27,78
3	0,5787	$ 173,61	($ 250,00)	$ 289,35	($ 28,94)	$ 10,42
4	0,4823	$ 120,56	($ 129,44)	$ 192,90	($ 48,23)	$ 15,24
5	0,4019	$ 80,38	($ 49,06)	$ 120,56	($ 80,38)	($ 8,87)

En la columna (4) se han ido acumulando los *Cash-flow*s actualizados del proyecto. En la columna (5) se ha considerado el valor actual que tiene el recupero obtenible por la posible liquidación de la inversión al final de cada período [el valor actualizado de los importes que figuran en la columna (3) de la tabla anterior]. En la columna (6) se consigna el valor actual que tienen los costos de terminación del proyecto [el valor actualizado que tienen los importes que figuran en la columna (4) de la tabla anterior].

Como puede verse, el proyecto es rentable si se puede liquidar entre el final del período 2 y el del período 4. Nótese que el valor actual de abandonar el proyecto no siempre es necesariamente decreciente.

En el gráfico siguiente se muestra cómo evoluciona a lo largo del tiempo el valor del *Cash-flow* descontado y acumulado en este tipo de proyectos particulares [por ejemplo, tal como queda de manifiesto en la columna (7)] versus la forma en que lo hacen los proyectos más usuales.

Tal como lo muestra el Gráfico 1, los proyectos "usuales" no tienen una vida óptima útil pues el *VPN* con el que están asociados crece indefinidamente con el tiempo.

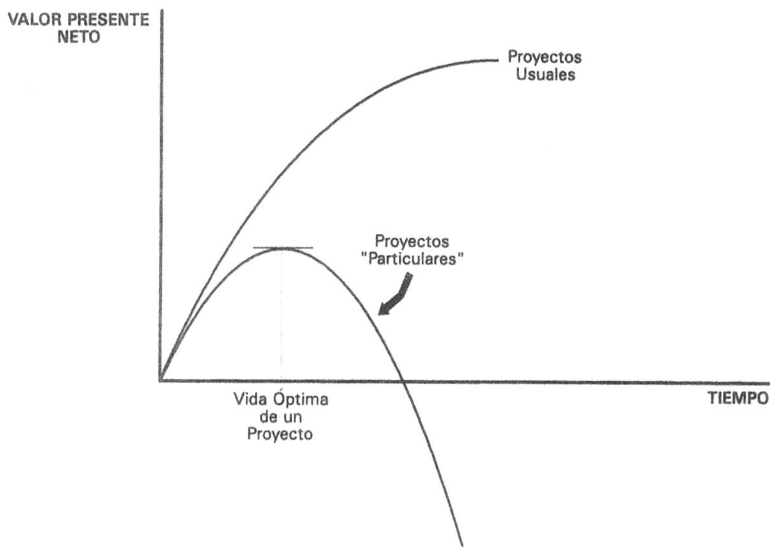

Gráfico 1.
Proyecto "usual" versus proyecto que requiere el cálculo de su vida óptima.

El método de los Pagos Periódicos Iguales

Más que un método de evaluación en sí mismo, este criterio ofrece un camino alternativo para ver el mismo resultado que se alcanza con el *VPN*.

En efecto, de lo que se trata es de, a partir de un flujo de fondos no homogéneo –CF_t distintos, período a período–, encontrar una serie de Pagos Periódicos Iguales (*PPI*), es decir un conjunto de *CF* que no varíen con el tiempo (por lo que no tiene sentido identificarlos con un subíndice t). El criterio de selección de este método es, como cabe esperar: *elíjase aquel proyecto de inversión que genere el mayor PPI o CF.*

Formalmente, la obtención del *PPI* o *CF* requiere la previa obtención del *VPN;* entonces:

$$VPN = \sum \frac{CF_t}{(1+r)^t}$$

una vez obtenido el *VPN*, se debe proceder a encontrar los *CF*. Dado que, una vez homogeneizados los CF_t:

$$VPN = \sum \frac{PPI}{(1+r)^t} = PPI \cdot \sum \frac{1}{(1+r)^t}$$

implica que:

$$PPI = \frac{VPN}{\sum \dfrac{1}{(1+r)^t}}$$

o, lo que es lo mismo (resolviendo la serie geométrica del denominador):

$$PPI = VPN \cdot \frac{r}{1 - \left(\dfrac{1}{1+r}\right)^t}$$

En la tabla siguiente se proporcionan los valores que tendrían los distintos *CF*, para distintas tasas de descuento r y períodos n, si el *VPN* fuese igual a \$ 1.

r	n = 2	n = 5	n = 10	n = 15	n =20
5%	0,5378	0,2310	0,1295	0,0963	0,0802
10%	0,5762	0,2638	0,1627	0,1315	0,1175
15%	0,6151	0,2983	0,1993	0,1710	0,1598
20%	0,6545	0,3344	0,2385	0,2139	0,2054
25%	0,6944	0,3718	0,2801	0,2591	0,2529
50%	0,9000	0,5758	0,5088	0,5011	0,5002

TABLA 1. *Valores de CF para distintas tasas de descuento* r *y períodos asumiendo que* VPN *= $ 1.*

Aplicaciones de los *PPI*

Imagine por un momento que los dos proyectos que usted está evaluando le dan el mismo *VPN* pero uno dura 10 años y el otro 20: ¿cuál de los dos proyectos es mejor? Para casos como este, en los que se deben comparar proyectos de distinta duración, el método de los Pagos Periódicos Iguales es particularmente eficiente.

En estos casos se pueden obtener los *PPI* que brindarían los dos proyectos durante un mismo período de tiempo (por ejemplo, el que corresponde al proyecto más largo) y quedarse, obviamente, con el que deja el mayor *PPI*. Una variante de este caso particular se obtiene comparando ambos proyectos mediante el *PPI* que surgiría de una perpetuidad.

Asimismo, este método de Pagos Periódicos Iguales es de particular importancia cuando se necesita saber el máximo monto de una obligación fija y periódica que solo puede asumirse a partir del *Cash-flow* generado por el mismo proyecto. Casos particulares de este tipo de obligaciones contractuales fijas se encuentran en, por ejemplo, arrendamientos de campos, inmuebles, minas, propiedades, contratación de personal, etcétera.

Cuando es esto último lo que se está buscando, metodológicamente, los pasos a seguir (tal como se consignan en el ejemplo de la Tabla 2) son:

1) se obtiene el *VPN* a partir del *Cash-flow* en la forma habitual (es decir previo a considerar la obligación fija),

utilizando como tasa descuento el costo de capital y/o, lo que es lo mismo, la *TIR pretendida* para este proyecto tal como más adelante veremos. En el caso del ejemplo, el *VPN* resulta igual a $ 2.357,43, al descontar el *Cash-flow* de la columna (2) con $k = 20\%$,

2) a partir del *VPN* obtenido de la forma indicada en el punto anterior se obtiene el pago periódico correspondiente a la obligación fija a asumir, de acuerdo con la fórmula arriba indicada (en el caso del ejemplo, para $k = 20\%$ y $n = 10$ períodos el valor de la fórmula es 0,2385 que, multiplicado por el *VPN* de $ 2.357,43, deja como resultado un *CF* periódico de $ 562,30),

3) se vuelve a calcular el nuevo *Cash-flow*, deduciendo del *Cash-flow* previo el pago periódico calculado en el punto anterior [en el caso del ejemplo este es el *Cash-flow* de la columna (4)],

4) se descuenta el nuevo *Cash-flow* con la *TIR* pretendida, el que va a dar como resultado un *VPN = 0* o, lo que es lo mismo, se calcula la *TIR* definitiva del proyecto, la que ahora será igual a la *TIR* pretendida.

Un ejemplo

Lo que el ejemplo de la Tabla 2 nos dice es: dado el *Cash-flow* de la columna (2), utilizando una tasa de descuento $k = 20\%$, se obtiene un *VPN* de $ 2.357,43. En la Tabla 1 podemos observar que, para un proyecto de 10 períodos, descontado con una tasa del 20%, corresponde un factor de actualización igual a 0,2385. El Pago Periódico resultante es, por lo tanto, igual a $ 562,30.

Deduciendo este Pago Periódico del *Cash-flow* original (columna 4), se obtiene un nuevo *Cash-flow* que, descontado al 20%, deja un *VPN = 0*, tal como era de esperar. Obviamente, la *TIR* del nuevo *Cash-flow* es del 20 (veáse a continuación el concepto de la *TIR*).

Período	*Cash-flow* Previo	Pago Periódico	Nuevo *Cash-flow*
(1)	(2)	(3)	(4) = (3) - (2)
0	($ 9.500,00)	$ 0,00	($ 9.500,00)
1	$ 400,00	$ 562,30	($ 162,30)
2	$ 300,00	$ 562,30	($ 262,30)
3	$ 400,00	$ 562,30	($ 162,30)
4	$ 1.500,00	$ 562,30	$ 937,70
5	$ 2.500,00	$ 562,30	$ 1.937,70
6	$ 4.500,00	$ 562,30	$ 3.937,70
7	$ 7.500,00	$ 562,30	$ 6.937,70
8	$ 8.500,00	$ 562,30	$ 7.937,70
9	$ 9.500,00	$ 562,30	$ 8.937,70
10	$ 12.000,00	$ 562,30	$ 11.437,70
Total	$ 37.600,00	$ 5.623,02	$ 31.976,98
VPN	$ 2.357,43	$ 2.357,32	$ 0,00
	$ k = 20,00\% $		*TIR* = 20,00%
Valor de Tabla para $n = 10$ y $r = 20\%$: 0,2385			
CF periódico resultante: $VPN \cdot 0,2385 = \$ 562,30$			
TABLA 2. *Ejemplo de linealización de un Valor Presente a fin de obtener una serie de pagos periódicos iguales.*			

Tasa Interna de Retorno (*TIR*)

Por definición, la *TIR* no es más que la tasa que hace igual a cero el Valor Presente Neto (*VPN*) de la expresión:

$$TIR \Longrightarrow VPN = VP - P = 0$$

$$TIR \Longrightarrow P = VP$$

o sea, en el caso de un título de deuda, la *TIR* es la tasa de interés que hace que el precio del título, *P*, sea igual al Valor Presente, *VP*.

$$P = \frac{CF_1}{(1 + TIR)} + \ldots + \frac{CF_n}{(1 + TIR)^n}$$

En el caso de un proyecto de inversión física, la *TIR* será la tasa de descuento, que iguala el valor actual de los flujos de dinero con signo negativo ("salidas de Caja") con el valor actual de los flujos de dinero con signo positivo ("entradas de Caja").

La inversión inicial, *I,* no será más que uno de los flujos con signo negativo: de hecho, cada CF_t puede descomponerse en partes con signo positivo (ingresos de caja) y partes con signo negativo (salidas de Caja).

La regla que surge de este método de evaluación es la siguiente: inviértase en un proyecto de inversión en la medida en que la *TIR* sea mayor que la tasa que expresa el costo de oportunidad de los fondos. Tal como ya se dijo, el costo de oportunidad de los fondos no es más que la tasa apropiada –ajustada por los riesgos correspondientes– para el descuento de los mismos.

Las limitaciones de la *TIR*

Las críticas que dentro del ámbito académico se suelen efectuar al método de la Tasa Interna de Retorno se concentran en torno de una limitada cantidad de cuestiones, que son:

1) el supuesto concerniente a la tasa a la que se reinvierten los fondos, tal como veremos más adelante en la próxima sección,

2) las limitaciones que tiene para emplearse correctamente en casos de proyectos mutuamente excluyentes, tales como:
    a) proyectos de distinta escala,
    b) proyectos de distinta duración (aspectos estos que tendremos oportunidad de comentar más adelante),

3) la existencia de tasas de retorno múltiples y/o no existencia de una *TIR.*

El primero de estos fenómenos (varias *TIR*) se produce cuando los sucesivos *Cash-flows* van cambiando de signo a lo largo del tiempo. En casos como este, puede demostrarse que existirán tantas *TIR* como cambios de signo se produzcan en el flujo de fondos. El segundo de estos fenómenos (no existencia de una *TIR*) ocurre cuando los flujos de fondos netos que ofrece un proyecto son siempre del mismo signo (supóngase, por ejemplo, que se recupera la inversión en menos de un año).

Un ejemplo numérico de ambos casos puede resultar, quizás, un poco más convincente:

Período	*Cash-flow*
0	($ 2.000)
1	$ 10.000
2	($ 10.000)
3	$ 500
4	$ 500
5	$ 500
TIR A:	15,10%
TIR B:	265,85%

Casos de *TIR* múltiples como estos son habituales cuando se requieren grandes reposiciones periódicas de equipos y/o importantes gastos esporádicos de mantenimiento.

Los fenómenos del segundo tipo, no existencia de una *TIR*, son habituales en proyectos de desarrollo inmobiliario, donde se cobra por adelantado sin construir, y se paga luego de terminada la construcción.

Proyecto sin TIR			
t	**Ingresos** **(1)**	**Egresos** **(2)**	*Cash-flow* **(1) − (2)**
0	$ 25.000	($ 5.000)	$ 20.000
1	$ 20.000	($ 20.000)	$ 0
2	$ 30.000	($ 25.000)	$ 5.000
3	$ 30.000	($ 10.000)	$ 20.000
4	$ 30.000	($ 10.000)	$ 20.000
5	$ 30.000	($ 10.000)	$ 20.000

En los Gráficos 2 y 3 aparecen las curvas típicas que muestran proyectos como los descriptos en la página anterior.

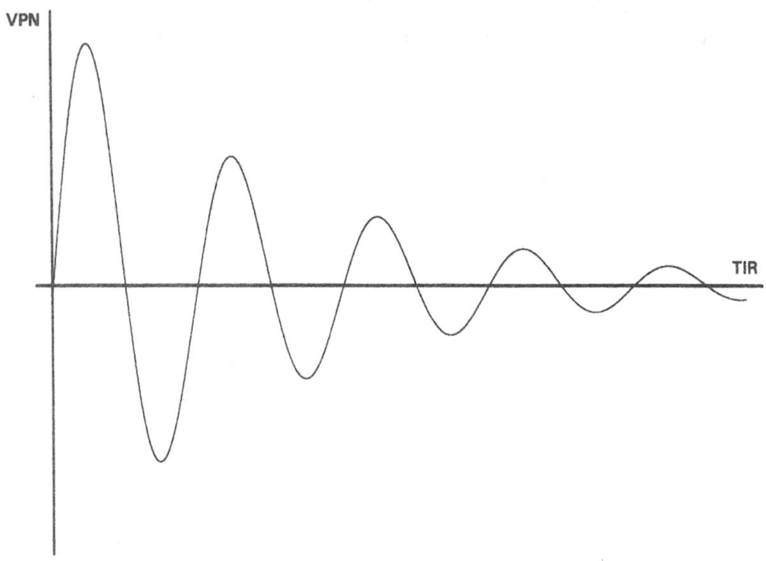

Gráfico 2.
El caso de múltiples Tasas Internas de Retorno.

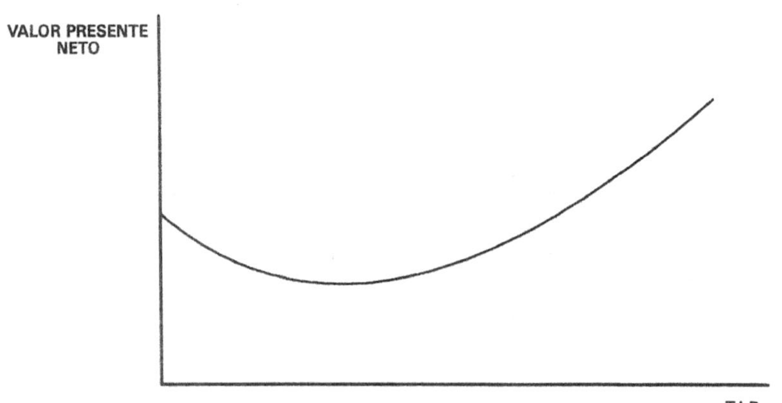

Gráfico 3.
El caso de no existencia de una *TIR*.

Volviendo a las objeciones que se le suelen efectuar a la *TIR*, podemos mencionar una más, no menos importante:

4) la falta de respuesta de este método, ante una situación tal como la que surge de la estructura temporal de la tasa de interés.

Con esto último se hace alusión al tema que ya hemos comentado: la *TIR* en realidad está promediando (de una manera no lineal) una serie de distintas tasas, cada una de las cuales vinculan el presente con diferentes momentos del futuro. En la medida en que estas distintas tasas miden distintos riesgos, *la TIR puede conducir a errores de valuación.*

Un caso en el que no considerar esta limitación es especialmente importante se presenta cuando de lo que se trata es de la valuación de títulos de deuda que no son mantenidos hasta su vencimiento final.

El resurgimiento de la *TIR*

Sin embargo, pese a todas estas críticas, por distintos motivos la *TIR* en el ámbito empresarial sigue teniendo una gran popularidad. Las razones de ello no son sencillas de establecer, pero puede ensayarse algún tipo de respuesta tentativa.

La *primera observación* es que un porcentaje es fácilmente entendible: cualquiera entiende qué significa el 20% de algo. Sin embargo, comprender qué significa un *VPN* de $ 10.000 exige, más que un esfuerzo, todo un alarde de imaginación.

Es claro que, en el mundo académico de la competencia perfecta, esto último no sería ningún problema: el *VPN* sería el monto que se obtendría simplemente por convertir el flujo de fondos del proyecto de inversión en un par de títulos de deuda (uno para los acreedores y otro para los accionistas) y proceder a venderlos en el mercado. El único inconveniente de esto es que los habitantes de ese mundo, si es que existen, ¡¡¡no tienen dinero para prestar en este!!!

La *segunda observación* es que, aunque se necesite saber cuál es el costo de capital, tanto en la *TIR* como en el *VPN,* en este último se necesita saberlo con exactitud, en cambio en la *TIR* simplemente se necesita una orientación.

Más aún, si se piensa que en equilibrio el costo del capital puede ser medido de la misma forma tanto por el lado del Pasivo del Balance (la remuneración que en promedio se hace a accionistas y acreedores) como por el lado del Activo (el rendimiento promedio de los Activos), *utilizar una única tasa de descuento promedio lo único que consigue es sesgar permanentemente hacia arriba la tasa del costo de capital.*

En efecto, si sabemos que la tasa del costo de capital es hoy del 20%, quiere decir que hay en el Activo algunas inversiones que generan más de 20% y otras que generan menos de un 20%. Si elegimos de ahora en adelante solo los proyectos de inversión del 20% o más, desde luego que nos *aseguramos la rentabilidad hoy, pero solo a costa de limitar los futuros proyectos de la empresa* y/o ubicarla en una zona de mayores riesgos: en el futuro la tasa del costo de capital será superior a 20%, simplemente porque no habrá proyectos que "promedien para abajo".

La *tercera observación* es que existe una muy sencilla forma de utilizar todos los beneficios que proporciona el uso del *VPN* (distintas tasas de descuento, distintas probabilidades, supuestos de reinversión razonables) sin necesidad de abandonar la popularidad y preferencia que la *TIR* posee entre quienes toman decisiones. Para ello simplemente alcanza con calcular la *TIR Modificada*.

La *TIR Modificada*

Metodológicamente encontrar la *TIR Modificada* no ofrece mayores complejidades. Solo se deben calcular en forma independiente el Valor Presente de los *Cash-flows* negativos (o de los egresos de cada período) y el Valor Futuro de los *Cash-flows* positivos (o de los ingresos de cada período), utilizando las tasas de descuento y/o probabilidades de efectivización de los flujos que parezcan más adecuadas (en la segunda parte de este mismo capítulo trataremos con más detalle las cuestiones vinculadas con la utilización de probabilidades).

Una vez concluido el paso anterior, se puede luego calcular la *TIR* modificada según la siguiente formulación:

$$TIR\ Modificada = \left[\frac{Valor\ Futuro\ \text{Cash-Flows}\ (+)}{Valor\ Presente\ \text{Cash-Flows}\ (-)} \right]^{\frac{1}{n}} - 1$$

Esta formulación es particularmente útil para superar casi todas las críticas que se mencionaron más arriba, excepto las que hacen referencia a aquellos casos en los que no existe una *TIR* (básicamente porque, en esos casos, en ningún momento existe un *VPN* = 0).

Es decir: con la *TIR Modificada* se llega a una solución de compromiso donde se conforma la rigurosidad exigida por el lado académico, sin perder la popularidad que la *TIR* tiene entre los usuarios del mundo empresario.

La última observación que deberíamos hacer es que, en la realidad, no hay tanto conflicto de criterios porque muy difícilmente se utilice un único y exclusivo indicador para seleccionar proyectos. Muy por el contrario, en un mundo donde la incertidumbre está permanentemente presente, rara vez se tiene interés en ceñirse a un único criterio. Sí en cambio, lo que generalmente se busca es tener una serie de puntos de vista diferentes sobre el mismo proyecto antes de tomar una decisión definitiva.

La relación entre el Valor Presente Neto y la Tasa Interna de Retorno

Posiblemente la mejor forma de ver la vinculación que normalmente existe entre el *VPN* y la *TIR* sea mediante un gráfico (ver Gráfico 4 en la página siguiente).

Como puede observarse en el Gráfico 4:

1) existen múltiples *VPN*: tantos como las tasas de descuento que puedan ser utilizadas para descontar los flujos de fondos de un proyecto de inversión física y/o financiera,

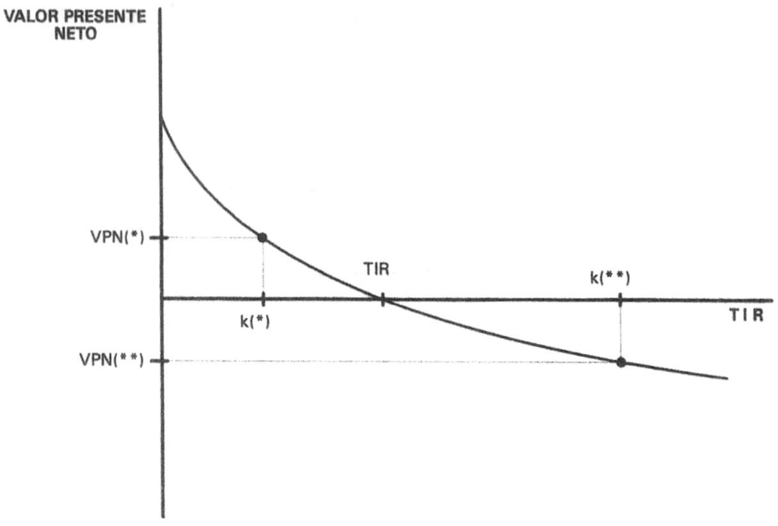

Gráfico 4.
Relación entre el Valor Presente Neto y la Tasa Interna de Retorno.

2) de lo anterior se deduce que un proyecto de inversión (esto es, un determinado flujo de fondos esperado) puede ser aceptable para una empresa e inaceptable para otra: aunque los flujos de fondos esperados de una determinada inversión sean exactamente iguales para distintas empresas, no todas tienen el mismo costo de capital (la misma k) y, por lo tanto, tampoco seleccionarán los mismos proyectos,

Por ejemplo: el proyecto de inversión del Gráfico 4 es rentable para la empresa que tiene un costo de capital igual a $k(*)$ *[VPN(*) > 0]*, al mismo tiempo que es inviable para la empresa que tiene un costo de capital igual a $k(**)$ *[VPN(**) < 0]*,

3) a diferencia del *VPN*, normalmente existe una única *TIR*. Esto es, existe una única tasa de descuento capaz de hacer nulo el valor presente del proyecto,

4) si lo que se busca con la evaluación de un proyecto de inversión en particular es simplemente su aceptación o rechazo (salvo el caso de múltiples *TIR*) tanto el *VPN*

como la *TIR* brindan exactamente el mismo resultado. O sea, si el valor presente neto de un proyecto es positivo, esto se debe a que la tasa de costo de capital utilizada para descontar el flujo de fondos es inferior a la *TIR*.

Como puede verse, las características (1) y (2) que acabamos de ver son totalmente compartidas, tanto en el método del *VPN* como en el de la *TIR*.

La gran diferencia entre estos dos métodos consiste en que la *TIR* no reconoce que la tasa de descuento adecuada para la evaluación de los fondos generados por un proyecto es el costo de oportunidad de tales fondos. En su lugar, *la metodología de la TIR asume que los fondos no se reinvierten periódicamente al costo de oportunidad de los fondos, sino a la tasa interna de retorno.*

Dicho de otro modo: *el supuesto implícito de reinversión de los fondos generados a la tasa de la TIR sobreestima las posibilidades de inversión que tiene el evaluador.* El inversor solo puede invertir –teóricamente y si todas las cuentas están bien hechas– a la tasa que indica el costo de oportunidad de los fondos (k), y no a la *TIR*.

Más formalmente: supóngase un proyecto sumamente simple que requiere una inversión inicial I_0 y que paga un *CF* periódico dejando como resultado un *VPN* positivo. Esto último implica, obviamente, que $k <$ *TIR*. En este caso, entonces, si el evaluador quisiera ver con qué cantidad de recursos contaría al final del proyecto, *VF*, se encontraría con:

$$\text{Criterio } VPN: VF = I_0 \cdot (1 + k)^t$$
$$\text{Criterio } TIR: VF' = I_0 \cdot (1 + TIR)^t$$

Dado que para este caso *TIR* $> k$, como ya habíamos dicho, siguiendo el criterio *TIR* el evaluador estaría esperando recibir una cantidad de recursos *VF'* $>$ *VF* al final del proyecto. En realidad, si su costo de oportunidad es k, nunca podrá tener en el futuro más que una cantidad *VF* de recursos.

Algo más sobre la *TIR* vs. el *VPN*: la comparabilidad de distintos proyectos de inversión

Habíamos dicho que, en general, si de lo que se trataba era de fijar un criterio del tipo *aceptar o rechazar* un proyecto, el utilizar el método de la *TIR* o del *VPN* para decidir era, a todos los fines prácticos, una cuestión de gustos.

Sin embargo, cuando de lo que se trata es de hacer un ranking de proyectos, los dos métodos ya no son tan eficientes. Esto es lo que suele suceder cuando los proyectos "se cruzan", tal como puede verse en el gráfico siguiente.

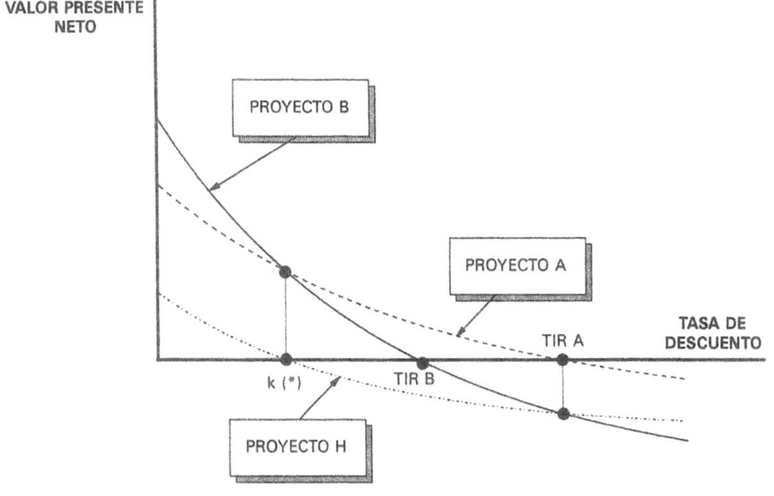

Gráfico 5.
Proyectos de inversión mutuamente excluyentes. El caso de conflicto entre los Métodos de Evaluación.

Este tipo de "cruce de curvas" es frecuente cuando existen importantes diferencias en el tamaño (o escala) de los proyectos o, aun cuando los proyectos posean el mismo requerimiento de inversión inicial, la duración de los proyectos es diferente.

Como puede verse en el gráfico, si de lo que se trata es de elegir uno solo de entre estos dos proyectos, el método de la *TIR*

196

siempre elegirá el proyecto *A,* que es el que tiene la mayor *TIR* (siempre y cuando, por supuesto, ambas *TIR* sean superiores a la tasa de descuento que utiliza el evaluador).

El método del *VPN,* en cambio, elegirá el proyecto *B,* siempre y cuando la tasa de descuento apropiada para descontar los *Cash-flows* de ambos proyectos sea inferior a *k(*)* (tasa de descuento correspondiente al punto en el que ambas curvas se cortan) y elegirá el proyecto *A* si dicha tasa de descuento es superior a *k(*).*

En estos casos de *proyectos que se excluyen mutuamente* (podemos rechazar los dos proyectos o podemos elegir uno de ellos, pero no podemos elegir los dos al mismo tiempo), elegir el método de evaluación, como puede verse, es lo mismo que elegir el proyecto: *el método de evaluación no es neutral.*

¿Cuál de ambos criterios debe elegirse por lo tanto? La respuesta es bastante sencilla y contundente. Solo se requiere de la contestación a una pregunta previa: ¿usted prefiere el 10.000% de rentabilidad sobre $ 1 o el 10% sobre $ 10.000.000?

En la medida en la que usted sea una persona cuerda y se dé cuenta de que $1.000.000 siempre son más atractivos que $100, obviamente se quedará con el método del *VPN.*

Puede ensayarse una prueba un poco más formal de esto mismo. En principio la zona de conflicto entre los dos criterios está limitada a la parte del gráfico ubicada a la izquierda del punto de cruce de las curvas. Es decir, *el conflicto entre ambos métodos solo existe para tasas de descuento inferiores a k(*); para* tasas superiores cualquiera de los dos métodos selecciona el proyecto *A.*

Supóngase que, para tasas inferiores a *k(*),* se puede construir e invertir en un nuevo proyecto (artificial e inventado) equivalente a la diferencia entre los dos proyectos.

En el Gráfico 5, indicada con la letra *H,* se puede observar la curva que quedaría descrita por el *Cash-flow* de tal hipotético proyecto. Resulta claro que, como no podría ser de otro modo, la curva *H* surge de restar verticalmente los valores de las otras dos curvas.

En este caso, nuevamente habría desaparecido el conflicto

entre los dos métodos: cualquiera sea el método que usted prefiriese, siempre aceptaría invertir en el proyecto *H* si la tasa de descuento de los fondos que utiliza fuera inferior a k(*).

Ahora bien, si usted hubiese elegido previamente el proyecto *A* (porque tenía una mayor *TIR*) y ahora le dieran la oportunidad de hacer el proyecto *H*, lo llevaría a cabo. Por lo tanto, habría invertido en el proyecto *A + H*. Dado que *H = (B − A)*, en realidad habría invertido en el proyecto *A + B − A*. Es decir, usted acaba de dar todas estas vueltas para terminar invirtiendo en el proyecto *B*, que es lo que desde el principio hubiera hecho guiándose por el método del *VPN*.

Una última observación: los *VPN* de dos o más proyectos siempre pueden sumarse o restarse a voluntad, pero por más *TIR adicto* que se haya hecho: ¡¡jamás se le ocurra sumar o restar las *TIR* de dos o más proyectos!!

II. La evaluación de proyectos y el riesgo

Flujos con distintas probabilidades y utilización de diferentes tasas de descuento

Hemos estado examinando el criterio del *VPN* utilizando siempre una misma tasa de descuento y asignando a todos los componentes del *Cash-flow* la misma probabilidad de ocurrencia (del 100%).

Sin embargo, nada impide que para mejorar y/o afinar el análisis se utilicen distintas tasas de descuento para distintos períodos y/o para diversos componentes del flujo de fondos. Lo único que sucederá en estos casos es que los factores de descuento para distintos períodos y componentes del *Cash-flow* se deberán obtener a partir de distintas tasas de descuento.

Estos casos son de particular importancia. *En primer lugar,* si se observa que la estructura temporal de la tasa de interés está indicando que la misma puede evolucionar en forma ascendente o descendente a lo largo del tiempo en lugar de permanecer invariable, se puede incorporar este perfil de evolución de la tasa de descuento a la evaluación de proyectos.

En segundo lugar, por muchos y variados motivos no todos los componentes del flujo de fondos tienen el mismo componente de riesgo. Por ejemplo:

1) no todos tienen la misma estabilidad o regularidad a lo largo del tiempo;
2) tampoco todos los flujos tienen la misma seguridad de poder ser percibidos del mismo modo;
3) tampoco tienen el mismo riesgo los ingresos que los egresos de fondos,
4) tanto dentro del grupo de componentes de los *ingresos de fondos* como del grupo de los *egresos de fondos* pueden identificarse distintos tipos de riesgo según que estén asociados con ingresos y/o costos *fijos* o *variables o pequeños* y *grandes.*

Cualquiera sea el caso, la *propiedad de aditividad* que tiene el método del *VPN* (se pueden sumar distintos e independientes *VPN*) permite hacer uso de una amplia gama de posibilidades en materia de evaluación de proyectos.

Esta gama de posibilidades es especialmente útil para ver el riesgo de un proyecto de inversión o, lo que es lo mismo, su sensibilidad: cuánto cambia el *VPN* ante posibles transformaciones que puedan producirse en las distintas variables.

Afinando el análisis de riesgos en un proyecto de inversión

Metodológicamente existen solo dos formas de introducir conceptos de riesgo en la evaluación de proyectos: un *primer caso* se obtiene descontando distintos flujos con distintas tasas (donde las tasas mayores incluyen una mayor cobertura de riesgos) o, un *segundo caso,* utilizando las mismas tasas de descuento para *todos* los flujos pero asignando distintas probabilidades de ocurrencia a los componentes individuales del flujo.

Nótese que lo que se pretende hacer es escaparse de la necesidad de utilizar siempre y en todo momento una única tasa de descuento k para cualquier tipo de flujo, en cualquier tipo de proyecto. Es decir, se trata de afinar el análisis de modo tal que no todos los riesgos, vinculados con un proyecto, reciban el mismo e indiscriminado tratamiento. Producto de este afinamiento pueden ocurrir cambios significativos en la evaluación de un proyecto en particular.

En el *primer caso* podemos encontrar dos variantes. Más formalmente, la *primera variante* que estamos considerando es:

$$VPN = -I + \frac{CF_1}{(1+a)} + \frac{CF_2}{(1+b)^2} + \ldots + \frac{CF_n}{(1+h)^n} + \ldots + \frac{CF_t}{(1+z)^t}$$

Esto es: se están utilizando distintas tasas de descuento para distintos plazos. O sea, se está utilizando una estructura temporal de la tasa de interés, asociada con la evolución descripta según la serie de tasas periódicas a, b, c ..., correspondientes a tasas para distintos plazos. Obviamente, solo por casualidad este *VPN* puede ser exactamente igual a otro calculado en forma independiente y con una única tasa de descuento *k*, para cualquier período.

La *segunda variante* de este primer caso es el descuento de distintos componentes del flujo de fondos con distintas tasas. Por ejemplo, el *VPN* de un proyecto puede obtenerse de sumar por separado los componentes positivos del *Cash-flow* (los ingresos), descontados a la tasa *a* y los componentes negativos (los egresos), descontados a la tasa *b*.

En este caso, el *VPN* = *VP*(+) − *VP*(−), se forma de la siguiente manera:

$$VPN\,(+) = \frac{CF(+)_1}{(1+a)} + \frac{CF(+)_2}{(1+a)^2} + \ldots + \frac{CF(+)_t}{(1+a)^t}$$

$$VPN\,(-) = I + \frac{CF(-)_1}{(1+b)} + \frac{CF(-)_2}{(1+b)^2} + \ldots + \frac{CF(-)_t}{(1+b)^t}$$

Nuevamente, solo por casualidad el *VPN* así encontrado será igual a otro calculado a partir de una única tasa de descuento *k* para cualquiera de los componentes del flujo de fondos.

El *segundo caso* consiste en utilizar siempre la misma tasa de descuento *k*, pero asignar *distintas probabilidades* de ocurrencia a los distintos flujos, en cuyo caso cada *CF* se puede ver aumentado (en la medida en que la probabilidad asociada con los egresos sea baja y la de los ingresos sea alta) o disminuido (si la probabilidad asociada con los ingresos es baja y la de los egresos es alta).

Equivalencia de ambos métodos

De hecho, ambas alternativas metodológicas (asignación de probabilidades o utilización de distintas tasas de descuento) son perfectamente equivalentes. Veámoslo más formalmente.

Aplicar una probabilidad p a un futuro *Cash-flow* que se descuenta a una tasa k_1 significa encontrar:

$$VP = \frac{p \cdot CF}{(1 + k_1)}$$

pero exactamente el mismo *VP* puede encontrarse siguiendo este otro camino que implica no afectar el *CF* por la probabilidad p:

$$VP = \frac{CF}{(1 + k_2)}$$

Aquí simplemente lo que se ha hecho es ajustar la tasa de descuento: con el riesgo que significa la probabilidad p, la tasa de descuento relevante para descontar *CF* ya no es k_1, sino k_2. Nótese que, dado que p es siempre menor al 100%, k_2, la tasa de descuento ajustada para reflejar los nuevos riesgos resultará siempre superior a k_1 (tasa que no incluía los riesgos reflejados en una probabilidad p inferior al 100%).

Generalizando un poco más: dados *VP*, *CF* y k_1, cuanto menor sea p, tanto mayor deberá ser k_2. Es decir: cuanto menor sea la probabilidad de efectivizar realmente *CF*, tanto mayor será la tasa de descuento que se le deba aplicar a un *CF* libre de todos los riesgos para obtener el mismo *VP*.

Dicho en otras palabras, da exactamente lo mismo descontar un *Cash-flow* que posee riesgos (el flujo $p* CF$) con una tasa correspondiente a una baja apreciación de riesgos (la tasa k_1), que descontar un *Cash-flow* que posee una certeza del 100% (el flujo *CF*) por una tasa que refleja adecuadamente el riesgo contenido en la probabilidad p (la tasa k_2). Obviamente, la equivalencia que se determine para el período 1 será distinta para los siguientes: existirá una tasa k equivalente, distinta para cada período.

Análisis de sensibilidad

La primera duda que asalta a un evaluador de proyectos es si no habrá sobreestimado ingresos o subestimado egresos. *A priori,* la forma de aplacar estas dudas no son excesivamente sencillas: el rechequeo de todas las variables introducidas en la evaluación de un proyecto es sumamente difícil, y no todas las variables tienen la misma importancia.

Una forma práctica de ver cuáles son las variables en las que vale la pena hacer un serio esfuerzo de rechequeo es estudiar cuánto cambia el *VPN,* o la *TIR,* ante un cambio del $x\%$ en el valor de una variable en particular. Esto permite saber dónde vale la pena concentrar los esfuerzos no solo del evaluador sino de toda la empresa.

Obviamente, un cambio del $x\%$ en todas las variables durante toda la vida del proyecto producirá un cambio del mismo $x\%$ en el *VPN* (aunque no necesariamente en la *TIR* ...). Sin embargo, cambios muy pequeños en alguna de las variables pueden producir importantes variaciones (más que proporcionales) en el *VPN* o en la *TIR.* Esto es lo que suele pasar con los cambios en la inversión inicial, por ejemplo.

Esto, que hasta hace no muchos años era imposible llevar a cabo sin la asistencia de un grupo importante de personas durante bastante tiempo, puede ser realizado muy sencillamente por una sola persona con la ayuda de un computador personal.

En el Gráfico 6 se muestran los resultados típicos de un análisis de sensibilidad. Cada una de las curvas refleja los distintos cambios que se producen en el *VPN* o en la *TIR* como consecuencia de las modificaciones ocurridas en las variables de un hipotético proyecto (precios de productos, de insumos, etcétera).

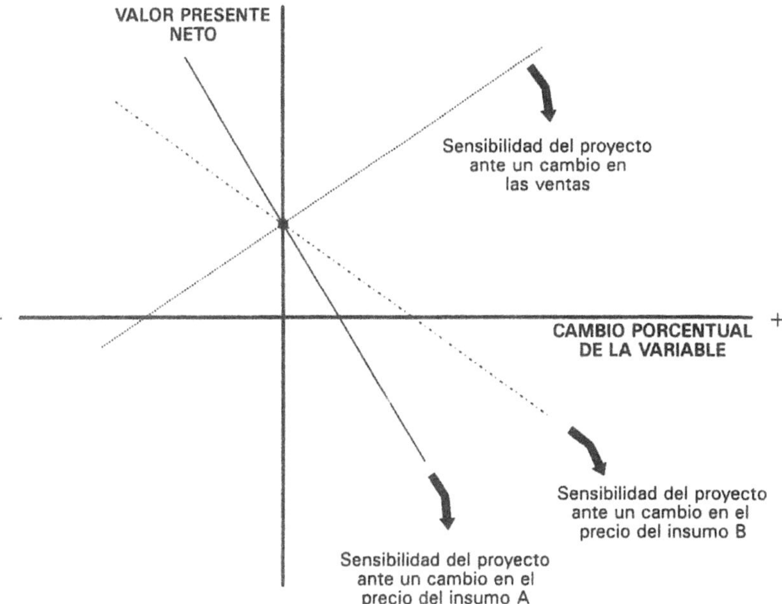

NOTA: aunque en este gráfico la sensiblidad se mide como la variación de *VPN*, nada impide referirlo a la variación de la *TIR*.

Gráfico 6.
Análisis gráfico de la sensibilidad del *VPN* de un Proyecto de Inversión ante cambios en distintas variables.

Como no podía ser de otra manera, en el Gráfico 6 todas la curvas se cortan en el punto *VPN(*)* del eje vertical: si no ocurren cambios en las variables el *VPN(*)* del proyecto no cambiará, permanecerá invariable. Asimismo, las pendientes de las curvas tienen distintos signos (unas son positivas y otras negativas) según se trate de variables vinculadas con los ingresos o con los egresos de fondos.

A los efectos de evaluar la sensibilidad del proyecto ante el cambio de una variable (el riesgo que origina) lo único que hay que hacer es concentrarse en la pendiente de estas curvas: cuanto más pronunciada sea la pendiente tanto mayor será la sensibilidad del *VPN* o la *TIR* ante un cambio en la respectiva variable.

203

CAPÍTULO 9

LOS MÉTODOS DE EVALUACIÓN DE PROYECTOS: *LOS OTROS*

*Jamás suelte lo que tiene agarrado,
hasta no haber agarrado otra cosa.*
(Principio general del andinismo)

Período de recuperación de la inversión y máxima exposición de Caja

El primero de estos dos métodos, más conocido como *pay-back period,* es el más elemental de los métodos de evaluación conocidos y consiste simplemente en establecer la cantidad de períodos requeridos para recuperar los fondos invertidos (los flujos de fondo negativos) en un proyecto.

El procedimiento tiene dos versiones, una sumamente sencilla y otra un tanto más elaborada. La distinción está establecida por el uso o no de la tasa de descuento en el método de evaluación. Esto es, en el reconocimiento o no del distinto valor que tiene la disponibilidad de fondos a lo largo del tiempo.

Cualquiera de las dos versiones comienza discriminando, de un flujo de fondos, los componentes con signo positivo (CF') y los componentes con signo negativo (CF"). Aunque ambos métodos proceden luego a acumular estos flujos período por período, la versión más primitiva lo hace sin descontar tales flujos, en tanto que la versión *sofisticada* sí lo hace.

En el Gráfico 1, la diferencia vertical entre la curva de ingresos de Caja (*CF'*) acumulados y la curva de egresos de Caja (*CF"*) acumulados es el flujo neto de fondos acumulado.

Cuando ese flujo neto acumulado es negativo indica la cantidad total de fondos que quedan expuestos a los riesgos del proyecto: la Exposición de Caja que origina el proyecto. Cuando el flujo neto de fondos acumulado es positivo (*Exposición de Caja Negativa o Disposición de Caja*) indica la cantidad de fondos netos generados por el proyecto que quedan a disposición del inversor.

A nivel gráfico se puede ver claramente que *determinar el Período de Recuperación de la Inversión no significa otra cosa que establecer el momento en el que desaparece la Exposición de Caja y comienza la Disposición de Caja.*

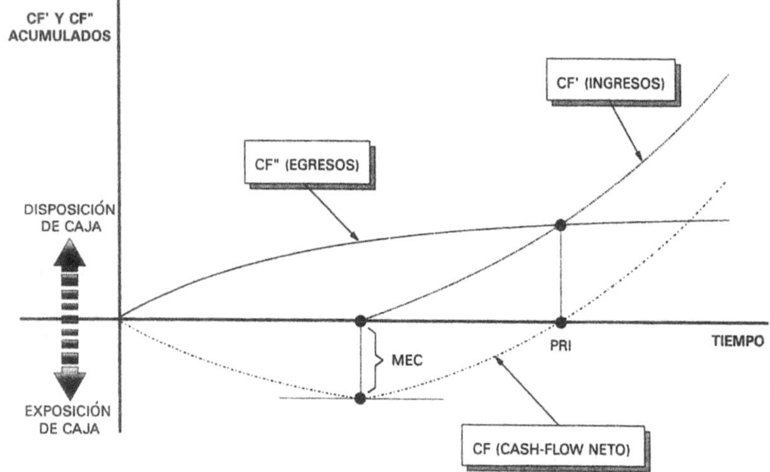

Gráfico 1.
Período de Recuperación de la Inversión (versión primitiva) y Exposición de Caja para un Proyecto de Inversión.

Nótese que, en los casos en los que se trata de *CF* periódicos e iguales, el Período de Recuperación de la Inversión *PRI* es igual a:

$$PRI = \frac{Inversión}{\text{Cash-Flow } Periódico} = \frac{I}{CF}$$

Íntimamente asociado con el *PRI* está el método de la *Máxima Exposición de Caja*. El criterio de selección que este método establece responde a la siguiente regla: aceptar aquellos proyectos que requieran una Máxima Exposición de Caja (*MEC*) lo más pequeña posible.

Por este motivo, la *MEC* suele ser una de las primeras mediciones que se hacen en cualquier tipo de proyecto a llevar a cabo en situaciones de racionamiento de capital y/o de restricciones crediticias.

Obsérvese que la Máxima Exposición de Caja, en general, suele producirse en el momento previo al que comienzan a generarse los *Cash-flows* positivos. No obstante ello, en algunos casos en los que se generan ingresos *antes* de efectuar las mayores erogaciones de capital, la *MEC* se produce luego de un tiempo de haber comenzado a generarse *Cash-flows* positivos.

Cuando no se ensaya el método gráfico, la forma más práctica de obtener el Período de Recuperación de la Inversión y la Máxima Exposición de Caja consiste en determinar el flujo neto de fondos de cada período y proceder luego a su acumulación. Así, el *PRI* se obtendrá en el momento en el que el flujo acumulado de fondos cambie de signo y la *MEC* será el mayor de los valores negativos que asuma el flujo acumulado de fondos.

La única diferencia que puede establecerse entre la evaluación de un proyecto de inversión y la de un título de deuda, con estos métodos, es que, a nivel gráfico, en el caso de evaluar el *PRI* o la Exposición de Caja de un título de deuda, la curva de ingresos acumulados será simplemente una recta horizontal al nivel del precio de mercado. En el Gráfico 2 se muestran los correspondientes *PRI* y *MEC* típicos de un título de deuda.

La versión *sofisticada* del *PRI* es básicamente similar a la versión primitiva, excepto porque previamente a ser acumulados los flujos de fondos periódicos son actualizados, traídos al presente, mediante el uso de una tasa de descuento apropiada. Es más, una forma de *maquillar* la versión primitiva sería considerarla como un caso particular de la *sofisticada,* en el que la tasa de descuento aplicada es igual a cero.

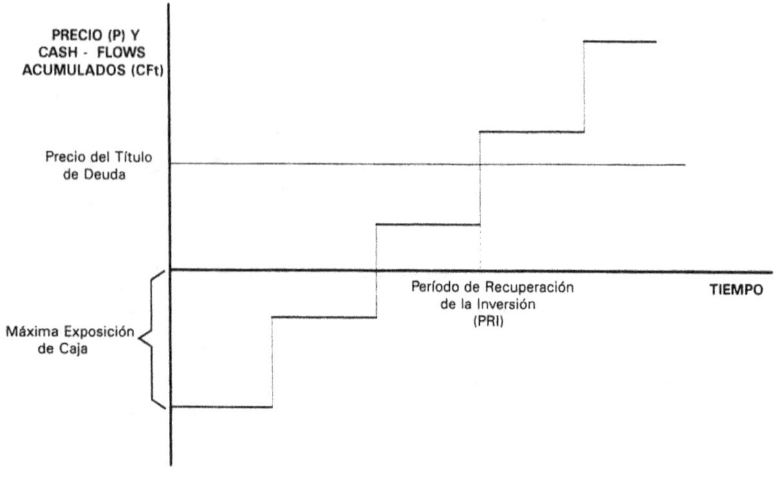

Gráfico 2.

Período de Recuperación de la Inversión (versión primitiva) y Exposición de Caja de un Título de Deuda.

Esta versión sofisticada del *PRI* informa sobre el momento en el cual se alcanza un *VPN = 0*. A nivel gráfico, entonces, en el eje vertical ya no se tendrán simplemente CF_t *Acumulados,* sino CF_t *Actualizados y Acumulados.*

En el Gráfico 3 se comparan los resultados obtenidos por las dos versiones del *PRI,* y las consecuentes *MEC* a las que dan origen. Con trazo punteado se grafican las curvas correspondientes a la versión *sofisticada* (los CF_t previamente a ser acumulados ya han sido descontados con una tasa *k*) y con trazo continuo las que corresponden a la versión primitiva (los CF_t están simplemente acumulados, descontados a una tasa *k = 0*).

Como se sabe, no es cierto que el uso de una tasa de descuento positiva implica siempre un Período de Recuperación de la Inversión (*PRI*) mayor y una Máxima Exposición de Caja (*MEC*) menor pero, en general, suele suceder así. El resultado, en realidad, dependerá finalmente de cómo afecte la tasa de descuento a los *Cash-flows* positivos y negativos, lo que a su vez, en gran medida, depende del momento en el que se producen los ingresos y egresos de fondos.

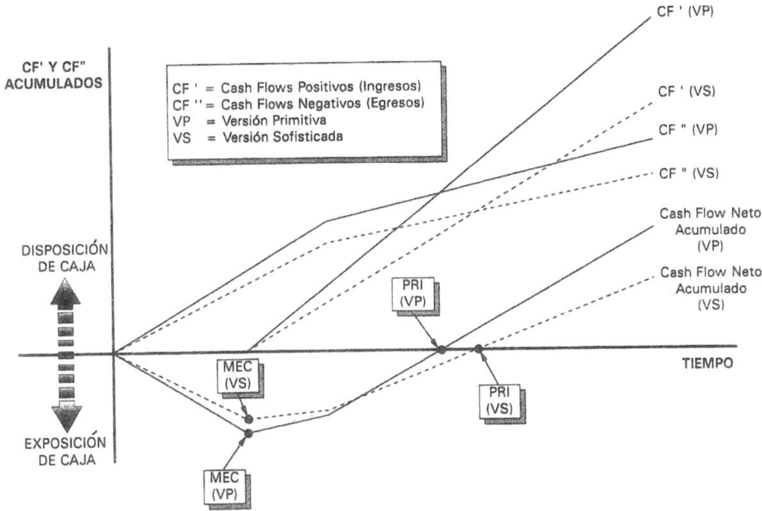

Gráfico 3.
Comparación de las dos versiones del Período de Recuperación de la Inversión y la Máxima Exposición de Caja.

No obstante la aclaración, en general el grueso de los proyectos responde a un perfil tal que, cuanto mayor es la tasa de descuento, tanto mayor es el *PRI*.

Cabe notar que, a pesar de los diferentes resultados proporcionados por las dos versiones del *PRI*, ambas medidas contribuyen a apreciar los riesgos en los que se incurre al invertir en un proyecto: en tanto que la versión *primitiva* mide esos riesgos en valor absoluto, la versión *sofisticada* relativiza esos valores, ponderándolos por el distinto valor que tiene la disponibilidad de dinero a lo largo del tiempo.

El *PRI* y la *MEC*: medidas de riesgo

La importancia de estos dos métodos de evaluación de proyectos de inversión se basa en la claridad con la que se manifiesta cuánto es lo que se pone en riesgo (*MEC*) y durante cuánto tiempo subsiste el mismo *(PRI)*.

Un poco menos solemnemente, podríamos decir que estos métodos señalan, en primer lugar, la cantidad de somníferos que deberá consumir el inversor y, en segundo lugar, durante cuánto tiempo los debe consumir para poder recuperar la tranquilidad de la que disponía antes de encarar el proyecto.

En este sentido, puede afirmarse que la misma contundencia que tiene el análisis de *break-even* como medida del riesgo de una actividad recurrente es la que posee el *PRI* con un proyecto de inversión.

El paralelismo de ambas propuestas es muy claro: lo que en el *break-even* son ventas y costos periódicos (conceptos de devengado), en el *PRI* son ingresos y egresos de Caja acumulados (conceptos de percibido). Lo que en el *break-even* son niveles de producción y/o ventas periódicas mínimas que deben ser alcanzadas antes de comenzar a generar algún tipo de rentabilidad positiva, en el *PRI* son niveles mínimos de producción y/o ventas acumuladas (variables íntimamente relacionadas con el tiempo) a los que debe llegarse antes de que el proyecto empiece a generar una disponibilidad neta de fondos.

Es relativamente clara la asociación del *break-even* con el riesgo económico, empresarial y/o comercial: utiliza conceptos vinculados con *lo devengado,* y no hace uso de lo que ocurre a lo largo de una serie de períodos. Del mismo modo, en la medida en que incorpora el uso de conceptos vinculados con *lo percibido* y observa los resultados no en un momento sino a lo largo del tiempo, se puede asociar al *PRI* con el riesgo financiero.

Una digresión metodológica

Cabe destacar que, normalmente, la metodología que se asume al utilizar estos sistemas de evaluación parte de suponer que el flujo de fondos, aunque esté *fechado* en un momento determinado, se distribuye en forma relativamente homogénea a lo largo de todo el período. Esto suele dar origen a muy serias y graves distorsiones.

Así, por ejemplo, considérese el siguiente flujo de fondos ofrecido por un proyecto de inversión:

Período en años	Ingreso de Caja ($)	Egresos de Caja ($)	*Cash-flow* Neto ($)	*Cash-flow* Acumulado ($)
0	0	(1.800.000)	(1.800.000)	(1.800.000)
1	1.800.000	(2.000.000)	(2.000.000)	(2.000.000)
2	1.800.000	(1.800.000)	0	(2.000.000)
3	4.800.000	(2.400.000)	2.400.000	400.000
4	5.000.000	(1.800.000)	3.200.000	3.600.000
5	5.200.000	(2.000.000)	3.200.000	6.800.000

Siguiendo con la metodología habitual, el evaluador de este proyecto diría que la Máxima Exposición de Caja sucede al final del año 1, se ubica en torno de los ($ 2.000.000) y se mantiene durante todo el segundo año, para comenzar luego a disminuir a razón de $ 200.000 por mes ($ 2.400.000 a lo largo del tercer año). El Período de Recuperación de la Inversión se ubica entonces al cabo de 2 años y 10 meses.

Sin embargo, si en este proyecto de inversión los egresos se producen el 1 de enero y los ingresos se producen el 31 de diciembre, los resultados anteriores cambiarían drásticamente. Disponiendo de esta información, que no aparece en la tabla anterior, la Máxima Exposición de Caja es de $ 4.400.000 y se produce, en realidad, a los 3 años y 1 mes; durante todos los años 1 y 2, la Exposición de Caja es de $ 3.800.000. El Período de Recuperación de la Inversión recién se alcanza al final del tercer año; se invita al lector a comprobar personalmente estas afirmaciones.

Para apreciar en su justa dimensión las graves consecuencias que puede tener la aplicación de la "metodología habitual", imagínese lo que habría ocurrido con una empresa que hubiese establecido su política de endeudamiento sobre los resultados que tal metodología proporciona.

Si quiere imaginarlo con un poco más de vivencia personal, suponga que usted es el director financiero de dicha empresa, que falta un par de minutos para que comience el año 1 y que tiene que explicarle al presidente de la compañía por qué no había previsto que la empresa debería tomar, por un par de años, un nuevo préstamo de $ 1.800.000.

Una conclusión más general de esta digresión metodológica es que la tecnología financiera de la evaluación de proyectos es realmente muy sencilla, mucho más con la amplia disponibilidad de computadoras. Sin embargo, la obtención y apreciación correcta de los resultados que se obtienen de la aplicación de esta tecnología financiera requiere una buena dosis de práctica y mucho sentido común.

El Promedio Ponderado de Vida (*PPV*)

Íntimamente asociado con el criterio propuesto por el método del Período de Recuperación de la Inversión está el concepto de *Promedio Ponderado de Vida (PPV)*: el tiempo que, en promedio, tardan en aparecer los flujos de fondos de un proyecto.

Seguramente con un ejemplo se podrá aclarar el concepto. Supóngase un proyecto de inversión asociado con el siguiente flujo de fondos:

Período (1)	Ingresos de Caja (2)	Egresos de Caja (3)	*Cash-flow* Neto (4) (2) − (3)	*Cash-flow* Acumu-lado (5)	% *Cash-flow* del Período (6) (4)/15.500	*PPV* (7) (6) x (1)
0	1.000	(2.000)	(1.000)	(1.000)	−6,45	0,0000
1	1.500	(3.500)	(2.000)	(3.000)	−12,90	(0,1290)
2	2.500	(1.500)	1.000	(2.000)	6,45	0,1290
3	2.500	(1.000)	1.500	(500)	9,68	0,2903
4	2.500	(500)	2.000	1.500	12,90	0,5161
5	2.500	(500)	2.000	3.500	12,90	0,6452
6	3.000	(500)	2.500	6.000	16,13	0,9677
7	3.000	(1.000)	2.000	8.000	12,90	0,9032
8	3.000	(1.000)	2.000	10.000	12,90	1,0323
9	3.000	(1.000)	2.000	12.000	12,90	1,1613
10	3.000	(1.000)	2.000	14.000	12,90	1,2903
11	3.000	(1.500)	1.500	15.500	9,68	1,0645
Total	30.500	(15.000)	15.500	Total	100,00	7,8710

De la simple observación de las columnas (1) y (4) queda claro que no todos los *Cash-flows* llegan con la misma rapidez: por ejemplo $ 1.500 pueden tardar tanto 3 como 11 períodos en llegar. Alternativamente, en no todos los períodos se percibe la misma cantidad de fondos: hay períodos que son *más valiosos* que otros, porque aportan más *Cash-flows*.

Justamente sobre esa última y simple observación es que se basa la cuestión que pretende resolver el *PPV:* dado que no todos los *Cash-flows* de un proyecto de inversión llegan a la misma velocidad, en promedio, ¿qué cantidad de períodos tardan?

La respuesta a esta pregunta está contenida en la última fila de la columna (7), pero antes de entrar de lleno a este número deberemos explorar la columna (6).

Esta columna indica simplemente qué porcentaje del *Cash-flow* total generado por el proyecto se consume o se genera en cada período. Así, en el momento inicial, por ejemplo, se consume el 6,45% del *Cash-flow* total generado, en tanto que en el décimo año se genera el 12,90%.

Disponiendo ahora de los valores de la columna (6), una primera y sencilla interpretación del número que nos interesa –el Promedio Ponderado de Vida– puede ser realizada ponderando cada uno de los distintos períodos por el aporte que realiza al proyecto. Nótese que, si únicamente hubiese un *Cash-flow* positivo, el *PPV* sería igual al período en el cual se genera tal *Cash-flow* positivo.

Más formalmente expresado, el Promedio Ponderado de Vida responde a la siguiente formulación:

$$PPV = \frac{1 \cdot CF_1 + 2 \cdot CF_2 + \ldots + n \cdot CF_n + \ldots + t \cdot CF_t}{CF_1 + CF_2 + \ldots + CF_t}$$

$$PPV = \frac{\Sigma\, t \cdot CF_t}{\Sigma\, CF_t} = \Sigma\, t \cdot \frac{CF_t}{\Sigma\, CF_t}$$

Como puede verse esta fórmula no es más que la que surge de seguir los pasos que se dieron al construir las columnas (6) y (7) en la tabla del ejemplo y conceptualmente expresa un simple promedio ponderado del tiempo, en el que la ponderación está determinada por el porcentaje del *Cash-flow* total que se genera en cada período.

Este tipo de medición resulta particularmente apropiado para *dibujar* la curva que define la estructura temporal de las tasas de interés (ver final del Capítulo 6) o –como más comúnmente se la conoce en la jerga financiera, la *yield curve*. La *yield curve* no es más que la curva que vincula las *TIR* de títulos homogéneos (con distintos plazos de vencimiento) con los respectivos *PPV*. Otras versiones más sofisticadas de la *yield curve* trazan tales curvas a partir no del *PPV*, sino de la *Duración*, concepto que se presenta en la próxima sección.

El concepto de Duración

Del mismo modo que existía una versión sofisticada del Período de Recuperación de la Inversión, también existe una versión más elegante del Promedio Ponderado de Vida, al que se lo denomina *Duración*.

Este concepto es una muy importante variación del *PPV*, en el cual la ponderación no es el porcentaje del *Cash-flow* total que se genera en cada período, sino el porcentaje del *Cash-flow actualizado* que se genera en cada período.

Este tipo de mediciones cobra muchísima importancia para los casos de inmunización de inversiones contra variaciones en la tasa de interés. Esto es: protección de inversiones financieras contra posibles pérdidas de capital, atribuibles a variaciones en la tasa de interés.

Nuevamente recurriremos a un ejemplo para clarificar el concepto. Para ello continuaremos usando los mismos números de la tabla que fuera presentado en la sección anterior, los que aparecen reproducidos a continuación en la columna (2).

La columna (3) contiene los factores de actualización correspondientes a la Tasa de Descuento que está asociada con este proyecto de inversión (20%) y con los cuales en la columna (3) se actualizan los *Cash-flows* de cada período que son luego acumulados en la columna (4).

t	*Cash-flow* del período	Factor de Actualización	Cash-flow Actualizado	Cash-flow Actualizado	% *Cash-flow* del Período	Duración
(1)	(2)	(3)	(4) = (2) x (3)	(5)	(6) (4)/3.437	(7) = (6) x (1)
0	(1.000)	1,0000	(1.000)	(1.000)	–29,09%	0,0000
1	(2.000)	0,8333	(1.667)	(2.667)	–48,49%	(0,4849)
2	1.000	0,6944	694	(1.972)	20,20%	0,4041
3	1.500	0,5787	868	(1.104)	25,26%	0,7577
4	2.000	0,4823	965	(140)	28,06%	1,1225
5	2.000	0,4019	804	664	23,38%	1,1692
6	2.500	0,3349	837	1.501	24,36%	1,4615
7	2.000	0,2791	558	2.060	16,24%	1,1367
8	2.000	0,2326	465	2.525	13,53%	1,0826
9	2.000	0,1938	388	2.912	11,28%	1,0149
10	2.000	0,1615	323	3.235	9,40%	0,9398
11	1.500	0,1346	202	3.437	5,87%	0,6461
Total	15.500		3.437		100,00%	9,2502

Las columnas (6) y (7) fueron construidas del mismo modo que se empleó en el caso del *PPV* y la interpretación de ambas es similar, excepto que ahora no se refieren al *Cash-flow* de cada período, sino al *Cash-flow actualizado*.

Como puede apreciarse en el último renglón de la columna (7), la *Duración* de este proyecto de inversión es de 9,2502 períodos.

Más formalmente expresado, el concepto de *Duración* responde a la siguiente formulación:

$$Duración = \frac{\sum \frac{(t \cdot CF_t)}{(1 + k)^t}}{VP} = \sum t \cdot \frac{\frac{CF_t}{(1 + k)^t}}{VP}$$

La *Duración* es un concepto que trasciende al simple promedio ponderado. Se puede demostrar que la variación en el *VPN*, ante cambios en la tasa de descuento responde a la siguiente formulación:

$$\frac{\Delta\ VPN}{VPN} = Duración \cdot \frac{\Delta\ k}{(1 + k)}$$

por lo tanto, el concepto de *Duración* está íntimamente asociado con el riesgo: con la volatilidad del *VPN* ante cambios en la tasa de descuento (k).

En la tabla siguiente se miden los cambios efectivos producidos en el *VPN* versus los pronosticados por la fórmula anterior.

Período	*Cash-flow* del Período	*Cash-flow* Descontado al 19,00%	*Cash-flow* Descontado al 19,50%	*Cash-flow* Descontado al 20,50%	*Cash-flow* Descontado al 21,00%
0	(1.000)	(1.000)	(1.000)	(1.000)	(1.000)
1	(2.000)	(1.681)	(1.674)	(1.660)	(1.653)
2	1.000	706	700	689	683
3	1.500	890	879	857	847
4	2.000	997	981	949	933
5	2.000	838	821	787	771
6	2.500	880	858	817	797
7	2.000	592	575	542	527
8	2.000	497	481	450	435
9	2.000	418	402	373	360
10	2.000	351	337	310	297
11	1.500	221	211	193	184
Total	15.500	3.711	3.572	3.307	3.181
Cambio real en *VPN*		7,97%	3,92%	−3,79%	−7,46%
Cambio según fórmula		7,71%	3,85%	−3,85%	−7,71%

Nótese que las diferencias entre los valores previstos por la fórmula de aproximación y los valores reales se deben a que la fórmula ha sido deducida para cambios *infinitesimales* en la tasa de interés. Es decir: la fórmula no aproxima correctamente cuando los cambios en la tasa de descuento son más o menos importantes.

El mensaje de la tabla y de la fórmula no dejan de ser sumamente elocuentes: cuanto mayor sea la duración de un proyecto, tanto más riesgoso es. El riesgo en este caso lo apreciamos como el cambio que experimenta el *VPN* ante modificaciones en la tasa de descuento utilizada para evaluar el proyecto.

Intuitivamente el concepto es bastante claro. En primer lugar, cuanto más alejados se encuentren los *Cash-flows* más atractivos, tanto mayor será la duración del proyecto. En segundo lugar, cuanto mayor sea la duración, más sensible será el proyecto a los cambios en la tasa de descuento.

Duración equivalente a cupón cero

En este caso, utilizando las variables del modelo de valuación, lo que interesa establecer es el período t tal que, dada la tasa de descuento apropiada para el proyecto, si todos los flujos de fondos se concentraran en ese momento, se obtendría el mismo valor presente para el proyecto.

Es decir, *en esta variante lo que en definitiva se está haciendo es cambiar el proyecto por un único pago tal como sucede en el caso de un bono cupón cero*. Lo que en este caso interesa estimar es, por lo tanto:

$$\text{Cash-flow } (Total\ Nominal) \cdot Factor\ de\ Actualización =$$
$$= Cash\text{-}flow\ Actualizado$$

Utilizando una vez más los valores del ejemplo anterior.

Cash-flow *Total*   \$ 15.500
Cash-flow *Actualizado:*   \$ 3.437
Tasa de Descuento: 20.00%

$$FA = \frac{\$\ 3.437}{\$\ 15.500} = 0{,}221751$$

donde, como ya hemos visto, el Factor de Actualización (*FA*) es igual a:

$$FA = \frac{1}{(1 + 20\%)^t} = 0{,}221751$$

Es decir, la única incógnita que queda por dilucidar es el período *t*. Para ello, aplicando logaritmos naturales (*Ln*) a esta última expresión, obtenemos:

$$Ln\ 1 = Ln\ 0{,}2211751 + t \cdot Ln1{,}2$$

O sea:

$$0{,}00 = -1{,}5062 + t \cdot Ln\ 0{,}1823$$

Es decir, si todos los *Cash-flows* de este proyecto se recibieran al final de 8,2612 períodos, el Valor Presente del proyecto sería el mismo que el que resulta de actualizar cada uno de los distintos *Cash-flows* por los factores de actualización correspondientes a cada período [tal como se hizo en la columna (4)].

Dicho de otra manera, si existiera un mercado de competencia perfecta al que usted pudiera asistir en cualquier momento para comprar y vender distintos títulos de deuda, usted estaría indiferente entre un proyecto que le ofreciera el *Cash-flow* original del ejemplo y otro proyecto diferente que simplemente le ofreciera un único pago de $15.500 dentro de 8,2612 períodos.

La comprobación de lo afirmado en el párrafo anterior es sumamente sencilla. En primer lugar hay que determinar el factor de actualización *FA*, apropiado para la tasa de descuento (20% en nuestro ejemplo) y el período encontrado (8,2612 en nuestro ejemplo):

$$FA = \frac{1}{(1 + 20\%)^{8{,}2612}} = 0{,}221751$$

Multiplicando ahora los *Cash-flows* nominales del proyecto ($ 15.000) por este factor de actualización *FA*, se obtiene el mismo valor presente de $ 3.437, tal como era de esperar.

Resumen de las variantes con respecto al tiempo

En la tabla siguiente, referido siempre al ejemplo utilizado en las últimas secciones, se han resumido los diferentes resultados en los que se centra la atención de los métodos de evaluación que hemos presentado hasta aquí. Nótese que, aun estando todos estos métodos vinculados con el tiempo y habiéndoselos aplicado a la misma información básica, proporcionan muy distintos ángulos de observación para un mismo proyecto:

Período de Recuperación de la Inversión (Versión Primitiva)	*3,25 períodos*
Período de Recuperación de la Inversión (Versión Sofisticada)	*4,17 períodos*
Promedio Ponderado de Vida	*7,87 períodos*
Duración	*9,25 períodos*
Duración equivalente a cupón cero	*8,26 períodos*
Vencimiento final del Proyecto	*11 períodos*

Otros métodos: Tasa de Retorno Contable

Este método, sumamente desprestigiado en el ambiente académico o en el mundillo financiero, consiste en seleccionar los proyectos sin considerar el distinto costo del dinero a través del tiempo. En lugar de ello, este método se concentra, exclusivamente, en el impacto que el proyecto de inversión tiene sobre los números que más frecuentemente observan los accionistas: el Balance y la Cuenta de Resultados.

La Tasa de Retorno Contable (*TRC*) se obtiene de la siguiente relación:

$$TRC = \frac{Beneficio\ Contable\ Promedio}{Inversión\ Promedio\ del\ Proyecto}$$

Veamos un ejemplo que permita aclarar más el método. Supóngase un proyecto consistente en montar una nueva empresa cuya actividad queda caracterizada por los parámetros que aparecen en la siguiente tabla (en el cual se ha asumido una amortización lineal, a lo largo de 10 períodos):

Período (1)	Inversión al inicio del período (2)	Nueva Inversión (3)	Amortización total (4)	Inv. al final del período (5)	Inversión Promedio (6)	Beneficio Contable (7)
0	0,000	30.000	0,000	30.000	15.000	0
1	30.000	30.000	–3.000	57.000	43.500	4.000
2	57.000		–6.000	51.000	54.000	8.000
3	51.000		–6.000	45.000	48.000	8.000
4	45.000		–6.000	39.000	42.000	8.000
5	39.000		–6.000	33.000	36.000	8.000
6	33.000		–6.000	27.000	30.000	8.000
7	27.000		–6.000	21.000	24.000	8.000
8	21.000		–6.000	15.000	18.000	8.000
9	15.000		–6.000	9.000	12.000	8.000
10	9.000		–6.000	3.000	6.000	8.000
				Total	328.500	76.000
				Promedio	32.850	7. 600
				Tasa de Retorno Contable		23,14%

La Tasa de Retorno Contable (*TRC*), tal como aparece en la columna (7), alcanza la atractiva tasa del 23,14%. Sofisticando más aún la medición que plantea la *TRC* y tomando en cuenta no el Beneficio sino el *Cash-flow* operativo (esto es, sin incluir la inversión), la *TRC* llega al más codiciable número del 40,49% (ver columna 2 de la tabla siguiente).

Sin embargo, considerando apropiada una Tasa de Descuento del 20% para este proyecto, el Valor Presente Neto es negativo, tal como podemos apreciar en la siguiente tabla, donde, como siempre, el *Cash-flow* operativo surge como la suma de los beneficios y las amortizaciones (en este caso, los valores surgen, obviamente, de la tabla siguiente).

Con este costo de capital del 20%, el proyecto dejará un Índice de Rentabilidad (*IR*) de –4,35%. Es decir, al intentar reintegrar los fondos empleados en el montaje de la empresa y pretender remunerarlos adecuadamente, se producirá una deficiencia de fondos cuyo valor actual (*VPN*) es de $ 2.139.

Estos recursos faltantes indican que, en caso de encarar este proyecto, sin lugar a dudas, en algún momento esta empresa les dará una desagradable sorpresa a sus acreedores y/o accionistas: o porque es incapaz de reintegrarles los fondos que aportaron o porque es incapaz de remunerarlos de la manera prevista.

Período (1)	*Cash-flow* operativo (2)	*Cash-flow* total (3)	Factor de actualiza-ción (4)	Valor presente (5)
0	0.000	–30.000	1,000	–30.000
1	7.000	–23.000	0,8333	–19.167
2	14.000	14.000	0,6944	9.722
3	14.000	14.000	0,5787	8.102
4	14.000	14.000	0,4823	6.752
5	14.000	14.000	0,4019	5.626
6	14.000	14.000	0,3349	4.689
7	14.000	14.000	0,2791	3.907
8	14.000	14.000	0,2326	3.256
9	14.000	14.000	0,1938	2.713
10	14.000	14.000	0,1615	2.261
Total	133.000	73.000	*VPN*	–2.139
Promedio	13.300	**********	*TIR*	–4,35%
TRC	40,49%	Tasa de descuento		20,00%

APÉNDICE AL CAPÍTULO 9

A la fuerza brutal del empirismo,
le oponemos la violencia organizada
de la ciencia.

LA *TIR* y el PRI: la reivindicación de los métodos más primitivos

Normalmente los *Cash-flows* de un proyecto no son iguales período por período, pero si tal fuera el caso (por ejemplo, porque se ha convertido el flujo de fondos siguiendo el criterio del *PPI*), la presentación del proyecto podría efectuarse de la siguiente manera:

$$I = \frac{CF_1}{(1 + TIR)} + \frac{CF_2}{(1 + TIR)^2} + \ldots + \frac{CF_t}{(1 + TIR)^t}$$

de la fórmula de una serie geométrica puede deducirse que:

$$I = \frac{CF}{TIR} \cdot \left[1 - \left[\frac{1}{(1 + TIR)} \right]^n \right]$$

y, por lo tanto, reordenando términos:

$$TIR = \frac{CF}{I} \cdot \left[1 - \left[\frac{1}{(1 + TIR)} \right]^n \right]$$

Dado que, tal como se vio al comienzo de este capítulo, el Período de Recuperación de la Inversión para el caso en que todos los *CF* son iguales equivale a:

$$PRI = \frac{I}{CF}$$

podemos reescribir la expresión anterior del siguiente modo:

$$TIR = \frac{CF}{PRI} \cdot \left[1 - \left[\frac{1}{(1+TIR)} \right]^{n} \right]$$

Llamando a $1/PRI = TIR(*)$, podemos establecer una muy clara y directa relación entre la $TIR(*)$ estimada como la inversa del PRI y la TIR verdadera. Para ello reescribimos la última expresión:

$$TIR(*) = \frac{TIR}{1 - \left[\frac{1}{(1+TIR)} \right]^{n}}$$

En la tabla siguiente se muestra la relación existente entre estas dos tasas de retorno, para distintos niveles de TIR *verdadera* y distinta cantidad de períodos n:

	Cantidad de períodos n					
TIR	**5**	**10**	**15**	**20**	**50**	**80**
5%	18,10%	7,95%	4,63%	3,02%	0,48%	0,10%
10%	16,38%	6,27%	3,15%	1,75%	0,09%	0,00%
15%	14,83%	4,93%	2,10%	0,98%	0,01%	0,00%
20%	13,44%	3,85%	1,39%	0,54%	0,00%	0,00%
25%	12,18%	3,01%	0,91%	0,29%	0,00%	0,00%
30%	11,06%	2,35%	0,60%	0,16%	0,00%	0,00%
50%	7,58%	0,88%	0,11%	0,02%	0,00%	0,00%
80%	4,47%	0,22%	0,01%	0,00%	0,00%	0,00%
TABLA 1. *Diferencia Porcentual* = **TIR(*)** − **TIR**						

Esta tabla muestra la diferencia porcentual que existe entre la TIR estimada como la inversa del PRI y la TIR verdadera. La lectura del mismo para, por ejemplo, el primero de los elementos de la tabla (18,10%), debería hacerse del siguiente modo:

Un proyecto que ofrece pagos periódicos iguales durante cinco períodos, con una TIR verdadera del 5%, forzosamente (por la primera de las conclusiones que más arriba obtuvimos), tiene un Período de Recuperación de la Inversión (*PRI*) de 4,62 períodos. Teniendo solamente esta última información, uno podría prever una *TIR(*)* del 23,10%, lo que implica un error de 18,10%.

Nótese que, para proyectos con una duración superior a los 15 períodos y "verdaderas" *TIR* superiores al 20%, las diferencias entre la verdadera *TIR* y la que surge de calcular *TIR(*)* = 1/*PRI* son prácticamente insignificantes.

Esto es: dado que elegir el proyecto con menor *PRI* es exactamente igual que elegir el de mayor *TIR(*)*, el *PRI* proporciona, a todos los fines prácticos y dentro de los límites anteriores, el mismo resultado que se obtendría por utilizar el método de la *TIR*.

Sin embargo, para proyectos de una duración limitada (digamos inferior a 15 períodos), el *PRI* tiende a estimar una *TIR(*)* sustancialmente elevada, aun con *verdaderas TIR* relativamente altas. Por lo tanto, la aplicación de un criterio como este, que exige grandes retornos en cortos períodos de tiempo, se ajusta más a un perfil que tiende a ser o muy conservador o tremendamente especulador: el típico caso de apuestas a todo o nada.

Para evitar este sesgo, no hay más remedio que, teniendo en cuenta la frase con la que comenzamos el Apéndice, munirse de una calculadora y –con mucha paciencia– abocarse a calcular la verdadera *TIR*.

Vale la pena llamar la atención en algo que quizá se le haya pasado por alto a algún lector: nótese que en el caso de una acción el *PER* no es sino la inversa del *PRI*.

CAPÍTULO 10

DE "CÓMO" DESCONTAR
"QUÉ" *CASH-FLOWS*

Una cosa es saber adónde hay que ir
y otra muy distinta es saber cómo se llega.

En forma ordenada, los pasos asociados con la evaluación de un proyecto de inversión son:

1. *Generación de las Propuestas de Inversión*

2. *Estimación del* Cash-flow *de las distintas propuestas*

3. *Evaluación económico-financiera de los proyectos*

4. *Rechequeo de la evaluación y valor de abandono*

5. *Selección de los proyectos con arreglo a algún criterio*

6. *Seguimiento del proyecto*

Está claro que el primer paso queda afuera de los alcances de este trabajo.

En los Capítulos 7, 8 y 9 se han mostrado en detalle los temas referidos a los puntos (3), (4) y (5). Aunque no han sido tratadas extensamente, en los cinco primeros capítulos ("De los conceptos contables al análisis financiero") están las bases sobre las cuales se suele efectuar el seguimiento de los proyectos.

Queda, por lo tanto, un único bache en el listado anterior: la forma en la que deben ser estimados los *Cash-flows*. Esto es justamente el tema que trataremos en el presente capítulo: cómo descontar qué *Cash-flows*.

I. Sobre la forma correcta de estimar y descontar los *Cash-flows*

Cash-flow y no beneficios

En la evaluación de proyectos la importancia de los resultados contables es más que relativa: en principio lo que interesa es cuánto (y cuándo) se pone efectivamente en riesgo y cuánto (y cuándo) efectivamente se obtiene a cambio: devengar muchos beneficios, tal como ya antes hemos observado, de ninguna manera significa disponer de una mayor cantidad de recursos.

Además de tener en consideración los elementos correspondientes al valor de la disponibilidad de recursos en distintos momentos, el resultado contable no explicita todos los recursos que quedan disponibles por la ejecución de un proyecto.

En primer lugar, cuanto menos debe adicionársele la amortización que –aunque representa un costo– de ninguna manera implica un egreso de fondos.

En segundo lugar, deben adicionarse los recursos generados o absorbidos por el proyecto en forma de capital de trabajo. En este sentido, todo el capital de trabajo generado por un proyecto implica una menor necesidad de fondos a ser aportados por acreedores y accionistas.

En tercer lugar, dado que normalmente la evaluación de proyectos no se realiza sobre un horizonte de tiempo ilimitado, sino que se acota a una serie limitada de períodos, se debe considerar el valor de recuperación que tendrán los Activos físicos al final del horizonte de planeamiento relevante para el proyecto.

Asimismo, por el mismo motivo, se debe estimar el valor corriente que tendrá el capital de trabajo al final del horizonte de planeamiento: el valor que se obtiene de efectivizar el Activo de trabajo (caja, stocks, etc.) luego de cancelar todos los Pasivos de ese tipo (proveedores, etcétera).

Cash-flows diferenciales

En la medida en que lo que realmente interesa de un proyecto es el aporte neto que genera para la empresa, los únicos *Cash-flows* relevantes para la evaluación de un proyecto de inversión son los diferenciales: los ingresos y egresos de fondos exclusivamente originados por el emprendimiento del proyecto. La idea es no atribuirle al proyecto ingresos o egresos de fondos que en realidad existirían de cualquier forma.

Es decir, bajo ninguna circunstancia deben ser considerados los *Cash-flows* que ya se está previendo tendrían lugar, exista o no el proyecto: lo que se debe examinar es el *Cash-flow* de la empresa con proyecto y sin proyecto.

Por ejemplo: no se le puede atribuir a un nuevo proyecto el alquiler de un inmueble que ya se está alquilando o el costo del personal existente que puede ser empleado sin desmedro de ningún otro tipo de actividad; sí en cambio debe considerarse el espacio adicional que deba alquilarse o el costo extra de personal que se producirá como consecuencia de la puesta en marcha del proyecto.

En general, vinculados con la estimación de *Cash-flows* diferenciales, los errores más frecuentes que se cometen se refieren a:

Repercusiones en el resto de la empresa

Tomar en cuenta los ingresos y egresos exclusivamente atribuibles al proyecto implica, en primer lugar, que deben ser considerados la totalidad de los ingresos y egresos que, directa o indirectamente, afecten al resto de la empresa.

Fundamentalmente esto se refiere a las economías y deseconomías de escala, canibalizaciones de otros ingresos, avances en la curva de aprendizaje y, en general, a cualquier tipo de externalidades a las que puede dar origen el proyecto.

Los siguientes son algunos sencillos ejemplos que suelen vincularse con este tipo de repercusiones:

Economías de escala: si como consecuencia del proyecto aumenta el volumen de compras de una materia prima determinada, y esto se traduce en un menor costo unitario, debe computarse como un ingreso del proyecto la disminución del costo unitario, multiplicada por el volumen preexistente de compras.

Deseconomías de escala: si el emprendimiento del proyecto origina traslados de planta y con ello se incrementan los costos de transporte, debe incluirse como un costo adicional del proyecto no solo el costo de traslado de planta sino también el mayor costo de transporte de la producción ya existente.

Canibalizaciones: si la concreción del proyecto tiene como consecuencia que una parte de los clientes habituales de la empresa dejen de comprar otros productos que actualmente demandan, esta pérdida de ingresos debe ser computada.

Curva de aprendizaje: si el proyecto permite explotar la curva de aprendizaje, los beneficios generados por tal motivo deben ser considerados. Quizá resulte oportuno recordar que, a diferencia de las economías de escala, que permiten obtener una mayor rentabilidad sobre la base de un mayor volumen *periódico*, la curva de aprendizaje genera rentabilidad en función de un mayor volumen *acumulado*.

Costos de oportunidad y costos hundidos: las zonas grises

Los precios a utilizar en la evaluación de un proyecto son los que realmente reflejan las oportunidades abiertas para la empresa (lo que generalmente se asocia con los precios de mercado), aunque ello no implique efectivas erogaciones de fondos.

Es decir, aun si se utiliza algún tipo de recurso propio, que no requiere ser pagado a un tercero, el costo de tal recurso debe ser considerado. Por ejemplo: la utilización de un edificio propio no significa que el mismo no pueda ser alquilado a un tercero o que el proyecto disponga de un lugar gratuito para su emplazamiento.

Si tal es el caso, dicho alquiler debe ser tenido en cuenta como un egreso más del proyecto: no considerarlo sería confundir los ingresos netos generados por el proyecto con los ingresos del inversor. Más claramente, la situación en nada cambiaría si el inversor alquilara este edificio a un tercero y este tercero, a su vez, lo volviera a alquilar a la empresa que lleva a cabo el proyecto, al mismo precio.

Al aplicar el criterio de costo de oportunidad debe tenerse la precaución de no exagerar demasiado la cuestión: no todos los recursos que se emplean en un proyecto tienen un costo. En muchas circunstancias el costo de oportunidad de un recurso disponible no existe, o existe solo en la esperanza de un ilusionado inversor: simplemente el inversor no reconoce que el recurso no posee ningún valor. En tales casos se está frente a un *costo hundido*.

Por ejemplo: puede suceder que el edificio de los párrafos anteriores por sus particulares características no pudiera ser alquilado a nadie, en tal caso dicho costo no se debería tener en cuenta en el proyecto.

Nuevamente, tampoco se debe exagerar con la disponibilidad de costos hundidos: en muchos casos un costo está hundido simplemente porque falta que alguien ponga algo de imaginación para venderlo o utilizarlo en otra actividad rentable.

Como se ve, en la estimación práctica de *Cash-flows*, resulta fundamental el buen criterio y sentido común del evaluador para dilucidar en qué momento un recurso disponible tiene un costo de oportunidad positivo y cuándo se trata, simplemente, de un costo hundido. Este tipo de consideraciones, como puede imaginarse, cobra particular importancia y virulencia en aquellos casos en que los recursos para realizar el proyecto son físicamente aportados por distintos socios.

Tasas de descuento aplicadas para los distintos *Cash-flows*

Los efectos impositivos sobre la tasa de descuento

En la medida en que los *Cash-flows* relevantes para la evaluación de proyectos de inversión son los que quedan finalmente disponibles para los inversores, la consideración de los impuestos requiere el empleo de alguno de estos dos métodos:

i. considerar que el componente de beneficios en los *Cash-flows* están estimados antes de impuestos y la tasa de descuento empleada también está calculada antes de impuestos a los beneficios,

ii. considerar que el componente de beneficios en los *Cash-flows* está estimado después de impuestos a los beneficios y la tasa de descuento también está calculada después de impuestos.

En este sentido, un error muy frecuente es ver que los *Cash-flows* son considerados luego de impuestos a los beneficios, mientras que la tasa de costo de capital es estimada antes de esos mismos impuestos.

Obviamente, un procedimiento de este tipo tiende a castigar muy fuertemente el descuento de los flujos de fondo de un proyecto: por un lado, considera flujos relativamente pequeños (por los impuestos a pagar) y se les aplica una tasa de descuento muy alta (no se restan los impuestos que dejan de pagarse debido a la deducibilidad de los intereses en la Cuenta de Resultados).

Un poco más formalmente y adelantándonos al próximo capítulo: normalmente para determinar la tasa de rendimiento que debe dejar un proyecto de inversión (el costo del capital) se suele emplear la fórmula del Costo Promedio Ponderado del Capital.

Esta fórmula supone que la inversión será financiada utilizando deuda y capital propio, de modo tal que se mantenga una determinada relación entre ambas fuentes de financiamiento (estructura financiera). Por lo tanto, la rentabilidad que arroje el proyecto debe alcanzar para retribuir adecuadamente tal estructura de financiamiento. En muchos casos se asume que tal estructura es la que tiene la empresa antes de encarar el proyecto.

Esto es, un proyecto debe dejar, por lo menos, una rentabilidad *ROA*, tal que la tasa *ROA* alcance para retribuir adecuadamente a acreedores y accionistas. Por definición, la tasa *ROA* es igual a:

$$(1) \quad ROA \cdot A = D \cdot i \cdot (1 - t) + ROE \cdot K$$

o, lo que es lo mismo,

$$(2) \quad ROA = i \cdot (1 - t) \cdot w_1 + ROE \cdot w_2$$

donde:

ROA	=	*Tasa de Retorno sobre los Activos*
i	=	*Tasa de Interés de la Deuda*
ROE	=	*Tasa de Retorno sobre el Capital Propio*
A	=	*Activos de la Empresa*
D	=	*Deuda de la Empresa*
K	=	*Capital Propio de la Empresa*
w_1	=	*Participación de la Deuda en la estructura de financiamiento*
w_2	=	*Participación del Capital Propio en la estructura de financiamiento*
t	=	*Tasa de Impuesto a los beneficios*

Entonces, en caso de no considerarse la tasa de impuesto a los beneficios (*t*), se está incrementado la tasa de descuento *ROA* a emplear para el descuento de los flujos de fondos del proyecto.

Distintas tasas de descuento para *Cash-flows* con distintos riesgos

En la medida de lo posible, no todos los *Cash-flows* de un proyecto deben ser descontados a la misma tasa.

Como se recordará de lo visto en el Capítulo 6, la tasa de interés (o de descuento) de un proyecto no hace sino reconocer la existencia de un conjunto de riesgos. Así, por ejemplo, un flujo muy volátil representa mucho más riesgo que un flujo sumamente estable. En el mismo sentido, la parte del *escudo fiscal* que se transfiere a cada período refleja un riesgo mucho menor que el resto de las partidas que forman el *Cash-flow*.

Lo que metodológicamente corresponde es descontar cada uno de los componentes que forman el CF_t por la tasa de descuento apropiada para el riesgo asociado con ese CF_t.

Sistemas de amortización e impuestos

Como se sabe, el costo de los Activos va siendo asimilado período por período en la Cuenta de Resultados. En este sentido, cualquiera sea el método de amortización empleado, la amortización de un Activo permite la deducción de impuestos por un valor igual al precio del Activo multiplicado por la tasa del impuesto a los beneficios.

Es decir, dada una tasa de impuesto a los beneficios igual a t, cualquiera sea la inversión física I, el proyecto de inversión podrá deducir, a lo largo del tiempo, una cantidad $t{\cdot}I$, de su Cuenta de Resultados, en concepto de amortización. Esta cantidad $t{\cdot}I$ es conocida como *escudo fiscal*.

Sin embargo, en la medida en que la forma adoptada por la amortización permite deducir los impuestos en distintos momentos, el método de amortización deja de ser neutral y cobra particular importancia. La cantidad $t{\cdot}I$, deducible de las Cuentas de Resultado del proyecto, tendrá un distinto Valor Presente, según cómo se distribuya a lo largo del tiempo.

Es decir: el valor del escudo fiscal depende de cuál sea el método de amortización elegido y/o permitido.

Así los métodos de amortización acelerada posibilitan la deducción de amortizaciones mayores en los Beneficios antes de Impuestos de los primeros períodos, disminuyendo el beneficio contable de estos primeros períodos y permitiendo, por lo tanto, el menor pago de impuestos al principio del proyecto (ver Apéndice 1 del presente capítulo).

II. La inflación y la evaluación de proyectos

Como el lector puede imaginar, la inflación incorpora elementos que suelen ser seriamente distorsionantes de la información con la que debe trabajar el evaluador de un proyecto, por lo que, en esta sección, trataremos de exponer una serie de prevenciones que entendemos no deben dejar de ser consideradas en un contexto inflacionario.

Primera prevención: cómo introducir la tasa de inflación en la evaluación de proyectos

En principio, el tratamiento de la inflación en la evaluación de proyectos es relativamente sencillo, existiendo dos vías para incorporar la tasa de inflación:

a) considerando la tasa de inflación π tanto en los flujos de fondos (los CF_t) como en la tasa de descuento de estos utilizando (en términos del Apéndice al Capítulo 7) una tasa de descuento nominal igual a:

$$i = [\,(1 + r) \cdot (1 + \pi) - 1\,]$$

en lugar de simplemente r,

b) ignorando la tasa de inflación π, tanto en los flujos de fondos como en la tasa de descuento.

Esto, que parece una tontería, en la práctica suele traer muy serios inconvenientes. Como se sabe, la metodología que habitualmente se aplica consiste en proyectar hacia el futuro los flujos a precios actuales. Sin embargo, al descontar los flujos de fondos se aplican tasas de interés que sí tienen incorporadas expectativas de inflación.

Con un ejemplo quizá se vea más claro. Supongamos que un proyecto, en el cual no se inflacionaron los flujos futuros, tiene una *TIR* del 15%. Si el costo del capital para la empresa que está evaluando el proyecto es del 20%, a primera vista se estaría tentado a desistir del proyecto.

Sin embargo, si ese costo del capital ha sido estimado cuando la tasa de inflación se encontraba en torno del 8%, la *TIR* que efectivamente se requeriría para un proyecto sería de solo el 12%, con lo cual el proyecto anterior, en principio, no debería ser rechazado.

Segunda prevención: la inflación y los precios relativos

Como se sabe, se denomina inflación *al aumento sostenido en el nivel general de precios*. Normalmente, a lo que está haciendo referencia esta definición es a que, en una situación inflacionaria, todos los precios están siendo afectados por igual. Por tal motivo, luego del tiempo requerido para que toda la economía ajuste sus precios, los precios relativos no se ven afectados por la inflación. En la jerga técnica, este concepto es reconocido como *neutralidad de la inflación*.

Normalmente, por tratarse de una variable que se determina en un mercado tan amplio como el financiero, el costo de capital para una empresa refleja, de una u otra manera, la tasa de inflación.

Sin embargo, los *Cash-flows* de un proyecto están vinculados principalmente con una serie de variables relativamente pequeña, cuyos patrones de evolución de precios no siempre se ajustan en forma instantánea y estricta a la tasa de inflación. Es decir: no hay nada que obligue a que los precios de las máquinas, de los insumos, de la mano de obra y del producto que se vinculan con un proyecto en particular evolucionen día por día en forma paralela.

Esta dispar evolución de los precios individuales en relación con la evolución de la tasa de inflación puede dar origen a muy importantes ganancias o pérdidas que deben ser adecuadamente previstas en la evaluación del proyecto. De ahí que aumentar simple y directamente los flujos de fondos, sin considerar la futura evolución independiente de los principales precios individuales con los que se relaciona el proyecto, suele ser un procedimiento de dudosa confiabilidad. Las firmas encargadas de hacer estudios de mercado para productos individuales, obviamente, nunca dejan de hacer excesivo hincapié en esta cuestión.

Tercera prevención: las simplificaciones inapropiadas

En el Apéndice al Capítulo 7 habíamos establecido que, dado que:

$$(1 + i) = (1 + r) \cdot (1 + \pi) = 1 + r + \pi + r \cdot \pi$$

la tasa nominal i será igual a:

$$(1) \quad i = r + \pi + r \cdot \pi$$

y que, en situaciones en las cuales la tasa de inflación π era relativamente pequeña, la relación anterior conducía a:

$$(1') \quad i = r + \pi$$

Esta aproximación, sin embargo, no es correcta para una situación en la que la tasa de inflación no es *relativamente pequeña*. Así, por ejemplo, supóngase que se quiere determinar la tasa de descuento a fijar para un proyecto con una tasa de inflación del 15% y una tasa real de costo de capital k del 10%.

La relación (1) daría como resultado una tasa nominal de interés $i = 26,5\%$ en tanto que (1') daría $i = 25\%$.

Es decir, un proyecto que brinde una *TIR* del 25% sería aceptado siguiendo el criterio simplificado de (1'), en tanto que, ajustando de una forma estricta la tasa de descuento, siguiendo el criterio (1), el proyecto debería ser descartado.

La magnitud de este error es mayor cuanto mayor es la duración del proyecto. Para dramatizar un poco esta idea, asumamos que el proyecto es la compra de un título de deuda que promete una *perpetuidad* de *CF* por período, ajustable periódicamente por la tasa de inflación π.

En este caso el *VP* del proyecto, en términos reales, sería:

$$VP = \frac{CF * (1 + \pi)}{i - \pi}$$

Siguiendo el criterio (1), el *VPN* sería:

$$VP = \frac{CF * (1 + \pi)}{r + \pi + r * \pi - \pi} = \frac{CF * (1 + \pi)}{r + r * \pi} = \frac{CF * (1 + \pi)}{r * (1 + \pi)} = \frac{CF}{r}$$

que es el resultado habitual que ya habíamos desentrañado en el Capítulo 7. Mientras, siguiendo el criterio (1'), el *VP* sería:

$$VP = \frac{CF * (1 + \pi)}{r + \pi - \pi} = \frac{CF * (1 + \pi)}{r} = \frac{CF}{r} = \frac{CF}{i - \pi}$$

Es decir, el seguimiento del criterio simplificador (1') implica, para el caso de una perpetuidad, incurrir en un error de sobrevaluación de una magnitud directamente proporcional a la tasa de inflación. Con una tasa de inflación como las que se acostumbraba a ver en Latinoamérica durante los años '80, esto significa un error no menor al 100% (¡!).

Nótese que, tal como ya habíamos desentrañado en el Capítulo 7, la forma correcta de expresar la tasa de interés real es:

$$(1 + r) = \frac{1 + i}{(1 + \pi)}$$

y no la expresión que resulta de aplicar (1'), que es la que habitualmente se emplea: $r = i - \pi$.

Cuarta prevención: los impuestos y la inflación

Aun en los casos en los cuales la tasa de inflación sea perfectamente neutral, el tratamiento impositivo de los flujos de fondos de un proyecto puede tener efectos distorsivos importantes.

Por ejemplo, si no se permite efectuar ajustes por inflación a los montos que, en forma de amortización, se deducen periódicamente de los beneficios, aumentará el valor presente de los impuestos a pagar por un proyecto en el cual las maquinarias, equipos, instalaciones e inmuebles son adquiridos por los inversores, haciéndose no rentable el proyecto.

En tales casos, la rentabilidad del proyecto puede ser restablecida de dos formas distintas. La primera alternativa consiste, simplemente, en cambiar la propiedad de los Activos: en lugar de adquirirse, se alquilan los bienes que conforman la inversión física del proyecto. En cuyo caso en la Cuenta de Resultados no aparecerá una amortización histórica, sino un alquiler que –de una u otra manera– seguramente contemplará algún tipo de ajuste por inflación.

La segunda alternativa, menos sutil que la *elusión impositiva* del párrafo anterior, es llevar a cabo el proyecto en un medio en donde sí se permite el ajuste por inflación para los importes correspondientes a la amortización.

Quinta prevención: la información contable y la inflación

En muchas oportunidades, la información contable y/o histórica es la base sobre la que se construyen las estimaciones de los futuros

Cash-flows que se utilizarán para la evaluación de un proyecto. En tales casos, deben corregirse los efectos inflacionarios a fin de interpretar adecuadamente el significado de esta información.

En particular, por ejemplo, este tipo de circunstancias suele presentarse cuando de lo que se trata es de la compra de empresas en marcha, con múltiples líneas de producto, amplia variedad de insumos, etc. El mismo problema de interpretación adecuada de la información aparece cuando lo que se quiere es estudiar la conveniencia o no de extender un préstamo, etcétera.

Los principales elementos distorsivos a considerar en estos casos –que generalmente tratan de ser eliminados por los mecanismos de ajuste de los estados contables a la inflación– son:

Activos y Pasivos monetarios

En la medida en que la situación inflacionaria es totalmente neutral, y todos los bienes suben a la misma tasa, el principal tipo de ajuste que corresponde efectuar a los estados contables es considerar la pérdida de poder adquisitivo de los Activos monetarios. En el mismo sentido, debería computarse la ganancia generada por la pérdida de poder adquisitivo de los Pasivos monetarios (los Pasivos pueden ser cancelados con una menor cantidad de bienes).

Por supuesto, en las Cuentas de Resultado convencionales no suele aparecer explícitamente este tipo de ajuste.

Valuación de inventarios

En la mayoría de los casos, el Costo de las Mercaderías Vendidas en las Cuentas de Resultado suele estimarse como diferencia en la valuación de inventarios, de acuerdo con la siguiente fórmula:

Existencia Inicial + Compras – Costo Mercaderías Vendidas =
= Existencia Final

o sea:

$$EI + C - CMV = EF$$

donde:

$$CMV = EI + C - EF$$

Dados una determinada valuación inicial de inventario y el valor de las compras de un período, la valuación final de los inventarios es la variable clave que define el Costo de las Mercaderías Vendidas y, por lo tanto, dicha valuación es de significativa importancia al determinarse el beneficio.

Básicamente existen dos formas de valuar los inventarios: el método *FIFO* (*First In First Out* = Primero Entrado Primero Salido), que valúa los inventarios al precio de las mercaderías más antiguas que permanecen en stock y el método *LIFO* (*Last In First Out* = Último Entrado Primero Salido), que valora los inventarios al precio de las mercaderías más recientes.

La valuación de inventarios según el método *FIFO* tiende a subestimar el valor de las existencias en situaciones inflacionarias. Esta subestimación (un valor relativamente pequeño para *EF*) tiende a mantener bajo el *CMV* y, por lo tanto, produce un sesgo alcista en la información de los beneficios, lo que impacta en mayores impuestos a los beneficios.

Estos efectos distorsivos en la valuación de inventarios según el método *FIFO* son eliminados en el método *LIFO*, que utiliza el precio de las últimas compras para valorar las existencias finales y, por lo tanto, informa un *CMV* mayor que el que habría informado el método *FIFO*, un menor beneficio y, por consiguiente, un menor impuesto a los beneficios.

Sin embargo, en muchas circunstancias muchos gerentes o administradores prefieren utilizar el método *FIFO*, aun a expensas de pagar mayores impuestos, a fin de proporcionar una información de mayores beneficios.

Amortización de Activos Fijos

Con respecto a la amortización de Activos Fijos las distorsiones ocasionadas por la inflación son múltiples.

Por una parte, mientras no se autoriza el ajuste de los Activos físicos por inflación la amortización de estos bienes se realiza a valores históricos, lo que produce un beneficio inexistente sobre el que deben pagarse impuestos que, obviamente, disminuyen la rentabilidad.

Por otra parte, legalmente los ajustes para reconocer los efectos inflacionarios deben ser realizados con índices generales, que abarcan una serie relativamente amplia de bienes. Así, por ejemplo, siempre que el precio de un bien en particular haya variado por arriba o por debajo del índice inflacionario, la aplicación de este último índice en los estados contables de ninguna manera garantiza la corrección de los valores informados en tales estados contables.

A menos que los ajustes por inflación se realicen sobre la base de índices muy particularizados, los ajustes con índices generales lo único que permiten es, simplemente, distorsionar un desequilibrio preexistente.

Así por ejemplo, es obvio lo distorsionante que puede ser aplicar la variación en el Índice del Costo de la Construcción para practicar el ajuste por inflación a un terreno: el precio de un terreno nada tiene que ver con el costo de la pintura, de la mano de obra, etc., elementos estos que, por supuesto, están incluidos en dicho índice. No obstante ello, para ajustar el valor de un terreno por efecto de la inflación, generalmente se utiliza un índice mucho menos relacionado con la disponibilidad de espacio, tal como el índice de Precios Mayoristas.

Ajustes con diversos índices

El ajuste de las distintas partidas de la información contable mediante la aplicación de diferentes índices, sin embargo, de ninguna manera previene la aparición de muy serias distorsiones.

Supóngase el caso de una empresa importadora en la Argentina. En tanto que, a todos los efectos legales e impositivos, las Ventas se ajustan con el Índice de Precios Mayoristas (*IPM*), las existencias son valoradas con independencia de dicho índice. En su lugar, se valoran, mediante el método *LIFO,* con los últimos precios pagados en divisas.

Por lo tanto, en la medida en que los precios en divisas sean estables, el ajuste de los inventarios está determinado por la evolución del tipo de cambio.

Así, toda discrepancia que se produzca entre la tasa de devaluación y la tasa de inflación medida por el *IPM* distorsiona completamente la información.

Si el Balance impositivo debiera realizarse poco después de una súbita devaluación del tipo de cambio, el *IPM* aún no habrá recibido todo el impacto de la devaluación. En tal situación las ventas permanecerán fijas, en tanto que el Costo de las Mercaderías Vendidas aumentará sensiblemente por la devaluación. Con esta combinación, disminuirán los beneficios contables y, consecuentemente, los impuestos a pagar.

Por el contrario, si el Balance impositivo debiera realizarse poco después de una súbita revaluación del tipo de cambio real (un período durante el cual el *IPM* haya subido más que el tipo de cambio), las Ventas informadas habrán aumentado mucho (por el efecto del ajuste por el *IPM*), en tanto que el Costo de las Mercaderías Vendidas habrá subido relativamente poco (por el efecto de una devaluación menor a la tasa de inflación). Con esta combinación, aumentarán los beneficios contables y, consecuentemente, los impuestos a pagar.

APÉNDICE 1 AL CAPÍTULO 10

Toda solución genera nuevos problemas.

Efectos impositivos de distintos métodos de amortización

Habíamos visto en el apéndice del Capítulo 1 que existían distintos métodos de amortizar una inversión. Cuando existen impuestos, los métodos de amortización, tal como ya hemos visto, no son neutrales porque generan deducciones impositivas (*Cashflows* positivos, en definitiva) en distintos momentos.

Veamos con un ejemplo cuál es la diferencia que, en términos de Valor Presente, aparece cuando se puede optar por alguno de los tres métodos que vimos en el Apéndice del Capítulo 1.

Para ello supondremos que el Activo en el cual se invierte tiene un valor de $ 100, que la tasa impositiva es del 30% y que la tasa de descuento apropiada para descontar este proyecto es del 10%.

Período	Amortización lineal	Ahorro de impuestos	Valor actual del ahorro impositivo	Valor actual acumulado del ahorro impositivo
1	10,00	3,00	2,73	2,73
2	10,00	3,00	2,48	5,21
3	10,00	3,00	2,25	7,46
4	10,00	3,00	2,05	9,51
5	10,00	3,00	1,86	11,37
6	10,00	3,00	1,69	13,07
7	10,00	3,00	1,54	14,61
8	10,00	3,00	1,40	16,01
9	10,00	3,00	1,27	17,28
10	10,00	3,00	1,16	18,43
Totales	100,00	30,00	18,43	

Período	Amortización saldo decreciente	Ahorro de impuestos	Valor actual del ahorro impositivo	Valor actual acumulado del ahorro impositivo
1	20,00	6,00	5,45	5,45
2	16,00	4,80	3,97	9,42
3	12,80	3,84	2,89	12,31
4	10,24	3,07	2,10	14,40
5	8,16	2,46	1,53	15,93
6	6,55	1,97	1,11	17,04
7	5,24	1,57	0,81	17,85
8	4,19	1,26	0,59	18,43
9	3,36	1,01	0,43	18,86
10	13,42	4,03	1,55	20,41
Totales	100,00	30,00	20,41	

Período	Amortización números dígitos	Ahorro de impuestos	Valor actual del ahorro impositivo	Valor actual acumulado del ahorro impositivo
1	18,18	5,45	4,96	4,96
2	16,36	4,91	4,06	9,02
3	14,55	4,36	3,28	12,29
4	12,73	3,82	2,61	14,90
5	10,91	3,27	2,03	16,93
6	9,09	2,73	1,54	18,47
7	7,27	2,18	1,12	19,59
8	5,45	1,64	0,76	20,36
9	3,64	1,09	0,46	20,82
10	1,82	0,55	0,21	21,03
Totales	100,00	30,00	21,03	

En este ejemplo puede apreciarse, tal como era de esperar, que las amortizaciones aceleradas dan un mejor resultado que el método lineal.

Sin embargo, no es fácil concluir cuál de los métodos brinda mejores resultados. En principio, aunque puede no apreciarse claramente en este caso, el *ranking* de valor presente neto acumulado para los dos últimos métodos se alterará según cuál sea la tasa de descuento.

Con tasas de descuento bajas, la amortización del último año, relativamente importante para el método del saldo decreciente, no es demasiado significativa. En estos casos este método dará lugar a un *VPN* mayor que el método de los números dígitos. Este resultado se irá invirtiendo a medida que suba la tasa de descuento aplicada.

Por otra parte, si se consideran posibilidades de siniestros que pueden suceder en distintos años, el valor pendiente de amortización no será siempre el mismo para todos los métodos. Esto también puede alterar el *ranking* de preferencia.

APÉNDICE 2 AL CAPÍTULO 10

Hemos hecho un cambio fundamental:
hemos dado un giro de 360 grados.

Sobre la irrelevancia de los métodos de amortización de préstamos

Del mismo modo que existen distintas alternativas para amortizar el Activo de un proyecto de inversión, también existen diferentes formas para amortizar los préstamos financieros o, lo que es lo mismo, devolver el principal.

Vamos a ver con un ejemplo que, cualquiera sea el método que se utilice para computar la devolución de un préstamo, el valor presente neto, cuando se descuenta a la misma tasa a la que fue asignado el crédito, será siempre el mismo. En particular, los más escépticos podrán comprobar que en todo momento el valor actual de abandonar el proyecto –cancelar la deuda pendiente– sumado al valor que tiene lo ya pagado, será siempre igual al valor original del crédito.

Las tres alternativas que vamos a utilizar para ver este tema son:

- a) *amortización lineal:* el principal que se cancela en cada período es siempre el mismo (y, por lo tanto, la *cuota* siempre distinta),
- b) *sistema francés:* todas las cuotas son iguales, motivo por el cual el principal que se cancela en cada período es siempre distinto, y
- c) *cupón cero:* no se paga nada hasta el final, momento en el que se paga el 100% del principal y los intereses acumulados.

Veamos en las siguientes tablas un ejemplo que supone un crédito de $ 100, cancelable en 10 períodos, con un interés periódico del 10%, en particular: cómo se compone el Valor Presente Neto igual a cero en cada uno de los casos:

t	Factor de actualización	Deuda al inicio	Amortización lineal	Deuda al final	Interés	*Cash-flow* del préstamo	*Cash-flow* del préstamo actualizado	*Cash-flow* del préstamo actualizado acumulado	Valor de cancelación actualizada
	10,00%	100,00		100,00	10,00%				
0	1,0000	100,00		100,00		(100,00)	(100,00)		
1	0,9091	100,00	10,00	90,00	10,00	20,00	18,18	18,18	81,82
2	0,8264	90,00	10,00	80,00	9,00	19,00	15,70	33,88	66,12
3	0,7513	80,00	10,00	70,00	8,00	18,00	13,52	47,41	52,59
4	0,6830	70,00	10,00	60,00	7,00	17,00	11,61	59,02	40,98
5	0,6209	60,00	10,00	50,00	6,00	16,00	9,93	68,95	31,05
6	0,5645	50,00	10,00	40,00	5,00	15,00	8,47	77,42	22,58
7	0,5132	40,00	10,00	30,00	4,00	14,00	7,18	84,61	15,39
8	0,4665	30,00	10,00	20,00	3,00	13,00	6,06	90,67	9,33
9	0,4241	20,00	10,00	10,00	2,00	12,00	5,09	95,76	4,24
10	0,3855	10,00	10,00	0,00	1,00	11,00	4,24	100,00	0,00
	TOTAL	100,0	TOTAL	55,00	55,00				
	VPN	61,45	*VPN*	38,55	0,00	Amortización lineal			
			TIR	10,00					

t	Factor de actualización	Deuda al inicio	Amortización lineal	Deuda al final	Interés	*Cash-flow* del préstamo	*Cash-flow* del préstamo actualizado	*Cash-flow* del préstamo actualizado acumulado
	10,00%	100,00		100,00	10,00%			
0	1,0000	100,00		100,00		(100,00)	(100,00)	
1	0,9091	100,00	6,27	93,73	10,00	16,27	14,80	14,80
2	0,8264	93,73	6,90	86,82	9,37	16,27	13,45	28,25
3	0,7513	86,82	7,59	79,23	8,68	16,27	12,23	40,47
4	0,6830	79,23	8,35	70,88	7,92	16,27	11,12	51,59
5	0,6209	70,88	9,19	61,69	7,09	16,27	10,11	61,69
6	0,5645	61,69	10,11	51,59	6,17	16,27	9,19	70,88
7	0,5132	51,59	11,12	40,47	5,16	16,27	8,35	79,23
8	0,4665	40,47	12,23	28,25	4,05	16,27	7,59	86,82
9	0,4241	28,25	13,45	14,80	2,82	16,27	6,90	93,73
10	0,3855	14,80	14,80	0,00	1,48	16,27	6,27	100,00
		TOTAL	100,00	TOTAL	62,75	62,75		
		VPN	57,04	VPN	42,96	0,00	Sistema francés	
					TIR	10,00%		

t	Factor de actualización	Deuda al inicio	Amortización lineal	Deuda al final	Interés	*Cash-flow* del préstamo	*Cash-flow* del préstamo actualizado	*Cash-flow* del préstamo actualizado acumulado	Valor de cancelación actualizada
	10,00%	100,00		100,00	10,00%				
0	1,0000	100,00		100,00		(100,00)	(100.00)		
1	0,9091	100,00	0,00	110,00	10,00	0,00	0,00	0,00	100,00
2	0,8264	110,00	0,00	121,00	11,00	0,00	0,00	0,00	100,00
3	0,7513	121,00	0,00	133,10	12,10	0,00	0,00	0,00	100,00
4	0,6830	133,10	0,00	146,41	13,31	0,00	0,00	0,00	100,00
5	0,6209	146,41	0,00	161,05	14,64	0,00	0,00	0,00	100,00
6	0,5645	161,05	0,00	177,16	16,11	0,00	0,00	0,00	100,00
7	0,5132	177,16	0,00	194,87	17,72	0,00	0,00	0,00	100,00
8	0,4665	194,87	0,00	214,36	19,49	0,00	0,00	0,00	100,00
9	0,4241	214,36	0,00	235,79	21,44	0,00	0,00	0,00	100,00
10	0,3855	235,79	100,00	259,37	23,58	259,37	100,00	100,00	100,00
		TOTAL	100,00	TOTAL	159,37	159,37			
		VPN	38,55	*VPN*	61,45	0,00		Cupón cero	
					TIR	10,00%			

Sin embargo, la conclusión que antes anunciábamos sobre la irrelevancia de los métodos de amortización *pierde validez cuando consideramos los efectos impositivos*. Veamos cómo se compone el Valor Presente Neto igual a cero en cada uno de los casos:

Forma de cancelación del préstamo	Valor Presente de:		
	Préstamo original	Devolución del principal	Pago de intereses
Amortización lineal	($ 100)	$ 61,45	$ 38,55
Sistema francés	($ 100)	$ 57,04	$ 42,96
Cupón cero	($ 100)	$ 38,55	$ 61,45

Dada cualquier tasa impositiva, resulta obvio que, cuanto mayor sea el valor presente del pago de intereses, mayor será el beneficio fiscal obtenible.

Dicho de otro modo: cuando existen impuestos, el método de amortización pierde neutralidad, convirtiéndose en más conveniente la alternativa que genera un mayor componente bajo la forma de intereses o, lo que es exactamente lo mismo, un menor valor presente correspondiente a devolución del principal.

APÉNDICE 3 AL CAPÍTULO 10

Una digresión sumamente pertinente: consecuencias de aplicar distintos criterios de indexación

Una de las prevenciones para la aplicación de ratios que habíamos mencionado en este capítulo estaba referida a la necesidad de distinguir el poder adquisitivo de las unidades de dinero que se medían en distintos momentos. Otra de las prevenciones que se hicieron estaba vinculada con la conveniencia de, en determinadas circunstancias, aplicar mediciones *medio contra promedio*, en lugar de mediciones *punta a punta*.

En nuestro país, es importante destacarlo, la metodología empleada para confeccionar los índices de precios no es la misma para todos los índices. En particular, presentando el tema con algunas licencias, se podría decir que el Índice de Precios al Consumidor (*IPC*) utiliza el criterio de medición *promedio contra promedio*.

Por otra parte, el Índice de Precios Mayoristas utiliza una combinación: *promedio contra promedio* para los precios agropecuarios y *punta a punta* para los precios industriales e importados (del 15 del mes anterior hasta el 15 del mes que corresponde a la medición).

Las consecuencias de actualizar y/o indexar valores mezclando estas dos metodologías suele traer aparejadas muy notables distorsiones. Estas distorsiones no siempre son adecuadamente tenidas en cuenta, especialmente en casos judiciales.

En tales ocasiones, cuando las tasas de inflación son muy altas, se pueden perpetrar notables inequidades. Por ejemplo, cuando se utilizan índices calculados con metodología *promedio contra promedio* y se los aplica con criterio *punta a punta*.

En la Tabla 1, mediante un ejemplo hipotético, se pueden apreciar más claramente algunas de las diferencias que surgen por la aplicación de estos dos criterios. El ejemplo está construido a partir de un supuesto índice de precios que se mide por los dos criterios anteriores, a partir de cinco mediciones de precio en cada mes, durante un período de cuatro meses.

Medición N°	Mes base	1er. mes	2do. mes	3er. mes
1	100	100	130	140
2	100	100	130	140
3	100	100	130	140
4	100	100	130	140
5	100	130	140	140
Índice al final del mes		130	140	140
Índice promedio del mes		106	132	140
Inflación mensual "punta-punta"		30,00%	7,69%	0,00%
Inflación mensual "promedio vs. promedio"		6,00%	24,53%	6,06%
Inflación trimestral "punta-punta"				40,00%
Inflación trimestral "promedio vs. promedio"				40,00%

TABLA 1. *Dos mediciones distintas y una sola inflación verdadera.*

Obsérvese que si de lo que se trata es de medir lo sucedido entre el final del tercer mes y el mes base, cualquiera de los dos criterios da exactamente el mismo resultado. Esto es así porque en el tercer mes se llega a una total estabilidad de precios.

Sin embargo, los resultados intermedios son completamente distintos y justamente este es el objetivo de esta nota.

En particular, nótese que el método *punta a punta* ignora qué es lo que ha estado sucediendo a lo largo de cada mes: en lo único que se concentra este método es en la medición de lo sucedido al final de cada período.

Nótese también cómo el *efecto arrastre,* en el criterio *promedio contra promedio,* modera el valor del índice de cada mes, distribuyendo el aumento a lo largo del tiempo en lugar de concentrarlo como lo hace el criterio *punta a punta.* La consecuencia de esto es que los valores de las mediciones mensuales de la inflación son más extremos en este último criterio, versus el criterio *promedio contra promedio.*

El cálculo del efecto arrastre

La forma más práctica de calcular el efecto arrastre en el índice *promedio contra promedio* es comparando el valor del índice al final del mes con el valor del índice promedio del mes.

Teniendo estas mediciones podemos calcular sencillamente, al final de cada mes, cuál es el efecto arrastre esperado, el que suele fijar un piso a la tasa de inflación. De este modo, el efecto arrastre para el mes siguiente, en el caso de la tabla 1, sería:

		Mes 1	**Mes 2**	**Mes 3**
(1)	Índice Final de Mes	130	140	140
(2)	Índice Promedio del Mes	106	132	140
(3)	Índice de arrastre [(1)/(2)]	1,2264	1,0606	1,0000
(4)	Efecto arrastre [{(1)/(2)} – 1]	22,64%	6,06%	0,00%

En particular, nótese que la inflación *promedio contra promedio* para el segundo mes, por ejemplo, se puede descomponer de la siguiente manera:

$$\textit{Inflación para mes 2} = \frac{132}{106} - 1 = \frac{130}{106} \cdot \frac{140}{130} \cdot \frac{132}{140} - 1$$

es decir, reordenando los términos:

$$\textit{Inflación para mes 2} =$$

$$= (\textit{Índice puntual mes 2}) \cdot \frac{\textit{Índice arrastre mes 1}}{\textit{Índice arrastre mes 2}} - 1$$

Es decir, al estar indexando para el mes 2 con el índice promedio contra promedio, en realidad no se estará registrando toda la inflación del mes 2: una parte quedará en el tintero (el arrastre del mes 2) pero se habrá ganado una parte que no corresponde a la inflación de ese mes: el efecto arrastre del mes 1.

De más está decir que las inequidades se producen en la medida en que los efectos arrastre sean muy diferentes, lo que suele presentarse en los casos en que la tasa de inflación salta o se detiene súbitamente.

Algo más sobre la indexación

Un punto de particular relevancia, sobre todo en pleitos judiciales, es que en la práctica no se conocen las mediciones intermedias por lo que, cualquiera sea la metodología seguida para construir el índice de inflación, se supone que la inflación evoluciona diariamente de una manera homogénea a lo largo del mes: los precios suben de manera continua y no a los saltos.

Esto, desde luego, es una ficción con importantísimas consecuencias jurídicas: véase que en nuestro ejemplo los precios permanecen estables durante casi todo el mes, excepto durante la última medición. No obstante lo cual, en caso de apelarse a algún criterio de indexación, se deberá reconocer una inflación diaria, aun cuando dentro del período en cuestión haya habido una completa estabilidad de precios.

La tasa de inflación diaria para cada uno de los meses de nuestro ejemplo (asumiendo todos meses de 30 días) difieren sustancialmente, según cual sea el criterio con el que se mide la inflación, tal como puede verse en la Tabla 2.

Las consecuencias de estas distintas tasas de inflación diarias se observan más claramente en la Tabla 3, en el cual hemos consignado los valores correspondientes a la indexación de $ 1 de distintos momentos según los dos criterios.

El primero de los casos es el de $ 1 que se indexa mes por mes en forma acumulativa, suponiendo que la indexación debe practicarse hasta el día 20 de cada mes. En este caso el criterio *punta a punta* arroja para nuestro ejemplo, cualquiera sea el mes, valores más altos. La explicación de esto, tal como antes dijimos, estriba en que este criterio evita el toque moderador dado por los *efectos arrastre*.

Criterio	Mes Base	1er. mes	2do. mes	3er. mes
Índice "Punta-Punta"	100,00	130,00	140,00	140,00
Inflación mensual	0,00%	30,00%	7,69%	0,00%
Inflación diaria	0,0000%	0,8784%	0,2473	0,0000
Índice "Promedio vs. promedio"	100,00	106,00	132,00	140,00
Inflación mensual	0,00%	6,00%	24,53%	6,06
Inflación diaria	0,0000%	0,1944	0,7339%	0,1963%

TABLA 2. *Tasas de inflación diarias según los dos criterios.*

Criterio	Mes base	1er. mes	2do. mes	3er. mes
Valor de $ 1 de fines del mes base y al día 20 de cada mes				
Punta - Punta	$ 1,00	$ 1,19	$ 1,37	$ 1,40
Promedio vs. Promedio	$ 1,00	$ 1,04	$ 1,23	$ 1,37
Valor de $ 1 de fines del mes anterior y al día 20 de cada mes				
Punta - Punta	$ 1,00	$ 1,19	$ 1,05	$ 1,00
Promedio vs. Promedio	$ 1,00	$ 1,04	$ 1,16	$ 1,04

TABLA 3. *Consecuencias de indexar según los distintos criterios.*

En el segundo de los casos, lo que interesa es ver simplemente la indexación mes por mes sin los efectos de las indexaciones acumulativas.

Aquí se puede observar que, excepto para el primer mes, el criterio *promedio contra promedio* genera los valores indexados más altos. Nuevamente, los *efectos arrastre* están presentes: la inflación de hecho está cayendo durante el segundo mes, pero la inflación de períodos pasados aún tiene incidencia.

Quizás el ejemplo más elocuente sea el del tercer mes en el cual los precios permanecen estables, no obstante lo cual, con arreglo a este criterio, debe reconocerse un valor indexado superior al usar la metodología del *promedio contra promedio*.

Conclusiones

Las conclusiones que surgen de estas observaciones son bastante claras: parafraseando a Churchill, podemos decir que las cuestiones judiciales son demasiado serias como para que queden únicamente en manos de abogados; no estaría de más que los hombres de leyes estudiaran algo de economía y viceversa.

La equidad de las indexaciones –o lo pertinente de una medida indexada– no solo depende de cuestiones tan relativamente amplias y generales como el tipo de índice que se utiliza (al consumidor o mayorista) o la tendencia que muestra la tasa de inflación en relación con el momento en que se establece la obligación de pago (tasa de inflación creciente o decreciente). En un contexto de tasas de inflación muy altas, tal como hemos podido ver, las cuestiones atinentes a pequeños detalles metodológicos súbitamente cobran una insospechada importancia.

PARTE III

TASAS DE DESCUENTO APROPIADAS, ESTRUCTURA DE FINANCIAMIENTO Y MERCADOS FINANCIEROS

CAPÍTULO 11

LA ESTRUCTURA DE CAPITAL

*En un mundo imperfecto nada hay
más imperfecto que algo perfecto.*

Habiendo visto ya distintos aspectos de la evaluación de proyectos estamos en condiciones de analizar, con más detalle, temas vinculados con la estructura de financiamiento de una empresa. En particular se estudiará si existe alguna relación entre la Deuda (D) y los Recursos Propios (K) de una empresa que pueda ser identificada como una *estructura óptima* de financiamiento.

Este tema es relevante para estudiar (tal como más adelante lo haremos en este mismo capítulo) cuál es la tasa de descuento más apropiada para descontar los *Cash-flows* que ofrece una determinada empresa y/o actividad.

Dicho de otro modo, en este capítulo trataremos de profundizar sobre la mejor forma de componer el lado derecho del Balance o, lo que es lo mismo, la relación más conveniente que puede establecerse entre los Recursos Propios y la Deuda.

A partir de allí veremos cómo se relaciona la estructura de financiamiento *(D/K)* con la determinación de las tasas de descuento apropiadas para descontar *Cash-flow*.

El Teorema de Modigliani-Miller (M-M)

En general, en el mundo empresarial, siempre ha habido un cierto consenso público en torno de la existencia de una determinada composición del lado derecho del Balance, que puede identificarse como la estructura óptima de financiamiento. Sin embargo, ese consenso nunca terminó de llegar al ámbito académico.

En cualquier caso, la falta de una demostración rigurosa que corrobore la existencia de esa mejor estructura estuvo ausente durante mucho tiempo. Esta notable ausencia fue reemplazada por una serie de intuiciones e ideas generales que, seguramente, eran las que más recelos despertaban a nivel teórico.

En 1958, en un artículo publicado por Modigliani y Miller, se llevó a cabo un estudio que, por primera vez, trataba con un gran rigor analítico el tema de la relación óptima Deuda/Capital (o Deuda/Recursos Propios).

Las dos proposiciones básicas que constituyen el aporte principal de dicho trabajo son:

Proposición 1

En *un mundo de competencia perfecta, el valor de los Recursos Propios de una empresa es completamente independiente de la estructura de financiamiento de dicha empresa.*

Proposición 2

El costo de oportunidad para los flujos de fondo de una empresa es ajustado automáticamente por el mercado, para reflejar los mayores riesgos que están asociados con un mayor endeudamiento. Por lo tanto, el valor total de una empresa (Deuda + Recursos Propios), luego de que el mercado actúe libremente, resultará invariable.

La validez de estas dos proposiciones no puede demostrarse en forma inmediata, más bien requiere que previamente se haya armado un escenario adecuadamente provisto de algunos supuestos.

Demostración de la Proposición 1

Consideremos dos firmas que, en lo operativo, son exactamente iguales. A una de ellas la llamaremos *NA* (por *No Apalancada*) y a la otra la llamaremos *AF* (por *Apalancamiento Financiero*).

En particular, las empresas *NA* y *AF* tienen, por definición, el mismo nivel de *BAIT* y están sujetas al mismo riesgo empresario. Es decir, la varianza del *ROA* –*Return on Assets* o *Tasa de Retorno sobre los Activos*– es la misma para las dos empresas: están en *la misma clase de riesgo.*

En lo único que difieren estas dos empresas es en su estructura de financiamiento: una utiliza algo de Deuda mientras que la otra se financia 100% con Recursos Propios.

El *Cash-flow* después de impuestos que la empresa *NA* (la *No Apalancada*) brindará al conjunto de sus financiadores –que en este caso estará conformado exclusivamente por accionistas– será:

$$CF_{NA} = BAIT \cdot (1 - t)$$

donde hemos utilizado las mismas abreviaturas del Capítulo 1 (en particular, t = tasa de impuestos).

Si los accionistas descuentan este flujo de fondos *a perpetuidad,* a la tasa de equilibrio requerida para el mantenimiento de esas acciones [o sea, a la tasa *ROE(*)* = *Tasa de Retorno sobre los Recursos Propios* (*Return on Equity*) *de equilibrio, de la empresa no apalancada*]. El valor de los Recursos Propios de la empresa *NA* –y por lo tanto también de los Activos– será:

$$V_{NA} = \frac{CF_{NA}}{ROE(*)} = BAIT \cdot \frac{(1 - t)}{ROA}$$

Nótese que, en este caso, el *ROA* es exactamente igual al *ROE(*)*. Por definición esto es y debe ser así: *al no haber ninguna otra fuente de financiamiento, el valor de los Recursos Propios debe ser exactamente igual al valor que posee el 100% de los Activos de la empresa.*

Por su parte, la empresa *AF* (la que posee un cierto *Apalancamiento Financiero*) brindará a sus accionistas y acreedores el siguiente *Cash-flow*:

$$CF_{AF} = (BAIT - i \cdot D) \cdot (1 - t) + i \cdot D$$

El primer miembro del lado derecho es la retribución que la empresa *AF* realiza a sus accionistas y el componente $i \cdot D$ es la retribución que proporciona a sus acreedores [i = tasa de interés que devenga el conjunto de la deuda (D) de la empresa].

Reordenando los términos de esta última expresión tenemos:

$$CF_{AF} = BAIT \cdot (1 - t) + i \cdot D \cdot t$$

Descontando ahora cada uno de los componentes del flujo de fondos por su respectiva tasa de costo de oportunidad, tenemos:

$$V_{AF} = BAIT \cdot \frac{(1-t)}{ROA} + D \cdot t$$

la utilización de la tasa *ROA* [o alternativamente *ROE*(*)] para descontar el *BAIT* $\cdot$ (1 – *t*), responde al hecho de que este flujo estaba asociado con el mismo tipo de riesgo en ambas empresas, por lo tanto, sin ningún lugar a dudas, corresponde que sea descontado a la misma tasa.

Asimismo, resulta casi obvio hacer notar que la tasa apropiada para descontar la deuda no es otra que *i* [la tasa de interés que devenga la *Deuda* (*D*) de la empresa *AF*].

Entonces:

$$V_{AF} - V_{NA} + D \cdot t$$

Es decir, solo si existen impuestos el valor de mercado de la empresa *Apalancada Financieramente* puede ser mayor que el de la empresa *No Apalancada*. El mayor valor de mercado que posee la empresa endeudada [el término (*D* $\cdot$ *t*) de la expresión anterior] es exactamente igual al valor presente neto del escudo fiscal que se origina por las posibilidades de descontar los intereses en la Cuenta de Resultados.

En un mundo de competencia perfecta, donde *t* = *0*, obviamente la estructura financiera es completa y totalmente irrelevante para determinar el valor de mercado de las empresas: cualquiera sea el nivel de endeudamiento de la empresa, el valor de la misma será invariable. El endeudamiento de la empresa no genera ningún tipo de beneficios adicionales para sus accionistas.

Demostración de la Proposición 2

La demostración de esta segunda proposición requiere un poco más de manipuleo algebraico. Comencemos recordando que la tasa de Retorno sobre los Recursos Propios para la empresa *AF*, por definición, es igual a:

$$(1) \qquad ROE = \frac{(BAIT - i \cdot D) \cdot (1 - t)}{K} =$$

$$= \frac{BAIT \cdot (1 - t)}{K} - \frac{i \cdot D \cdot (1 - t)}{K}$$

(donde hemos anulado las iniciales *AF* para facilitar la lectura).

A su vez, de la Proposición 1, sabemos que:

$$(2) \qquad V \cdot ROA = BAIT \cdot (1 - t) + t \cdot D \cdot ROA$$

En (2) nuevamente hemos anulado las iniciales *AF* y, dado lo establecido en la Proposición 1, hemos reemplazado *ROE*(*) *por ROA,* para facilitar la lectura.

Reordenando términos en (2):

$$(3) \qquad BAIT \cdot (1 - t) = (V{-}t \cdot D) \cdot ROA$$

y, reemplazando (3) en (1):

$$(4) \qquad ROE = \frac{(V - t \cdot D) \cdot ROA}{K} - \frac{i \cdot D \cdot (1 - t)}{K}$$

reordenando los términos en (4):

$$(5) \qquad ROE = \frac{V \cdot ROA - t \cdot D \cdot ROA - i \cdot D + i \cdot D \cdot t}{K}$$

Dado que $V = D + K$,

$$(6) \qquad ROE = \frac{(D + K) \cdot ROA - t \cdot D \cdot ROA - i \cdot D + i \cdot D \cdot t}{K}$$

Reordenando finalmente (6):

$$(7) \qquad ROE = ROA + \frac{D \cdot ROA \, (1 - t) - i \cdot D \cdot (1 - t)}{K}$$

o, lo que es lo mismo:

$$(8) \qquad ROE = ROA + (ROA - i) \cdot \frac{D}{K} \cdot (1 - t)$$

Reemplazando *ROA* por *ROE*(*) (Tasa de Retorno de los Recursos Propios de la empresa *No Apalancada*):

$$(9) \qquad ROE_{AF} = ROE(*) + [ROE(*) - i] \cdot \frac{D}{K} \cdot (1 - t)$$

La expresión (8) tiene una interpretación que ya antes, desde otro punto de vista, habíamos analizado: el Retorno sobre los Recursos Propios de una empresa tiene un *primer componente* exclusivamente atribuible a sus resultados operativos [el *ROA* o el *ROE(*)*] y un *segundo componente* exclusivamente vinculado con su estructura financiera, cuyo origen se encuentra en la diferencia existente entre el *ROA* y el costo de la deuda.

La expresión (9), que es básicamente la misma expresión (8), dice que la Tasa de Retorno de los Recursos Propios de la Empresa Apalancada es igual a la Tasa de Retorno de los Recursos Propios de la Empresa no endeudada, más una prima de riesgo vinculada con el Apalancamiento Financiero:

$$ROE_{AF} = Tasa\ de\ Beneficio\ Operativo + Prima\ de\ Riesgo$$

Cualquiera de las dos expresiones (8) o (9) permiten concluir que, si el mercado actúa libremente, la tasa de descuento que debe aplicarse al flujo de fondos de la empresa *Apalancada* se ajustará automáticamente según vaya variando el nivel de endeudamiento, de modo tal que permanentemente se cumplan los resultados establecidos por la Proposición 1.

Este ajuste en la tasa de descuento se realiza adicionando una prima de riesgo financiero (variable en función del nivel de endeudamiento de la empresa) a la tasa que refleja los beneficios operativos de la empresa.

La existencia de impuestos tiene un único efecto sobre la tasa de descuento: disminuye el valor de la prima de riesgo que el mercado reclama de una empresa Apalancada [véase el último término de la expresión (9)].

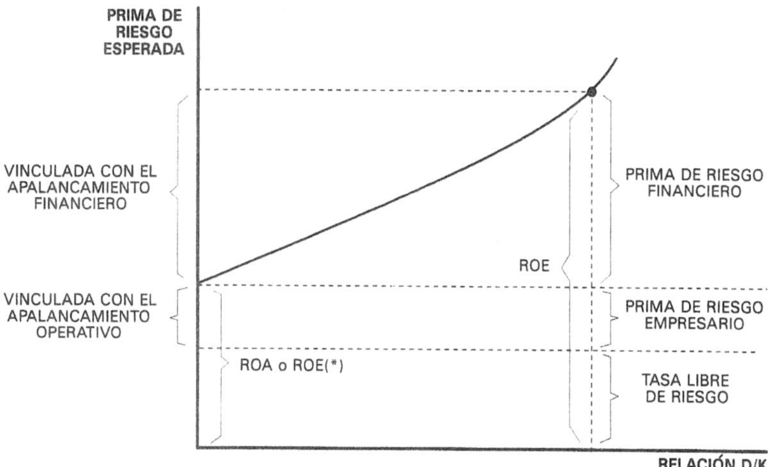

Gráfico 1.
La prima de riesgo como función de la relación *D/K*.

Es decir, la prima de riesgo dependerá en forma positiva del apalancamiento (D/K) (véase el gráfico 1) y en forma negativa de la tasa impositiva (t).

Consecuencias del Teorema de Modigliani-Miller

Gráficamente, el Teorema de M-M puede representarse de la forma en que lo hacemos en el Gráfico 2 (ver página siguiente).

La primera conclusión que un lector puede extraer del Teorema de M-M es que los resultados que ofrece son no solo sorprendentes, sino también muy desagradables para los directores financieros de las empresas.

Si no existen impuestos, haga lo que haga un director financiero, da lo mismo: no existe una estructura óptima de financiamiento. En un mundo de esas características los directores financieros están totalmente demás. Por el contrario, en un mundo en el que sí existen impuestos y los intereses pueden deducirse de ellos, la estructura óptima de financiamiento es aquella que está formada por Deuda en un 100%. En este mundo los directores financieros no tienen descanso.

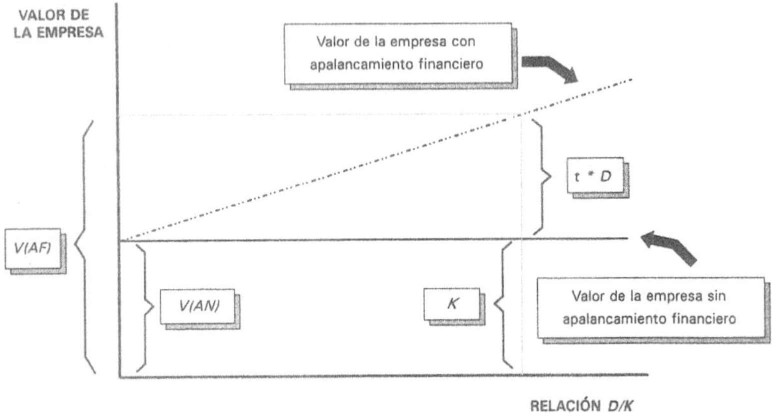

Gráfico 2.
Valor de una empresa con apalancamiento y sin apalancamiento.
Las consecuencias del Teorema de M-M.

Como usted ya se habrá imaginado, estos resultados del tipo *o todo o nada* son la consecuencia necesaria de varios supuestos que están subyacentes y que condicionan el modelo.

En *primer lugar,* se supone que la tasa de interés no varía para ningún nivel de endeudamiento de la empresa, lo que no parece ser un supuesto excesivamente realista. Muy por el contrario, las tasas de interés a pagar se incrementan permanentemente junto con el nivel de la deuda.

En *segundo lugar,* además de los costos de intermediación, transacción, etc., existen normalmente en el mundo real restricciones legales y operativas que impiden la acumulación de deudas por encima de determinados niveles.

En *tercer lugar,* el resultado del modelo está expuesto de modo tal que es irrelevante hacer el apalancamiento desde la empresa. El razonamiento implícito es que los accionistas pueden apalancarse financieramente en forma individual (endeudarse personalmente para comprar las acciones) y obtener de ese modo el mismo resultado final que obtendrían si la que se endeuda es la empresa.

Más concretamente: el modelo está suponiendo que endeudarse para comprar acciones de una empresa no endeudada debe dar, a nivel individual, el mismo resultado que comprar (con recursos propios) acciones de una empresa endeudada.

Este supuesto es frágil por muy distintos motivos, pero nos limitaremos a señalar los dos que, a nuestro entender, son los más importantes:

a) *el endeudamiento de una empresa puede tener otro tipo de accesibilidad totalmente distinto al tipo de endeudamiento disponible para un individuo, fundamentalmente en lo que se refiere a cantidad de deuda disponible y rapidez de obtención de los fondos, y*

b) *nunca puede ser lo mismo el costo para una empresa que para una serie de individuos: desde la tasa de interés en sí misma hasta los costos operativos vinculados con un número importante de pequeñas operaciones vs. una única operación importante.*

Si esto es así, en la vida real difícilmente el *leverage* (o apalancamiento) de la empresa pueda ser replicado fácil e inmediatamente por los accionistas individuales.

La estructura óptima de financiamiento en la práctica

En la realidad, puede observase que el *leverage* financiero no es gratuito y que existen costos asociados con el aumento del endeudamiento de la empresa que tienden a ponerle límites.

La estructura óptima, por lo tanto, se encuentra en el punto en el que estos costos adicionales originados por el mayor endeudamiento compensan los beneficios extra que se prometen obtener por el uso del Apalancamiento Financiero.

Estos costos adicionales, en general, se asocian con:

1) *La carga adicional sobre la deuda originada por un incremento en la tasa de interés.*

2) *Los mayores costos de supervisión de los accionistas sobre los directivos de la empresa.*

3) *Los mayores costos operativos vinculados con el mantenimiento de un mayor nivel de deuda.*

4) *Los mayores costos que se asociarían con una posible cesación de pagos y/o quiebra de la empresa (abogados, interrupciones, caída de contratos, cambio de directivos, pérdida de liquidez, etcétera).*

Gráficamente:

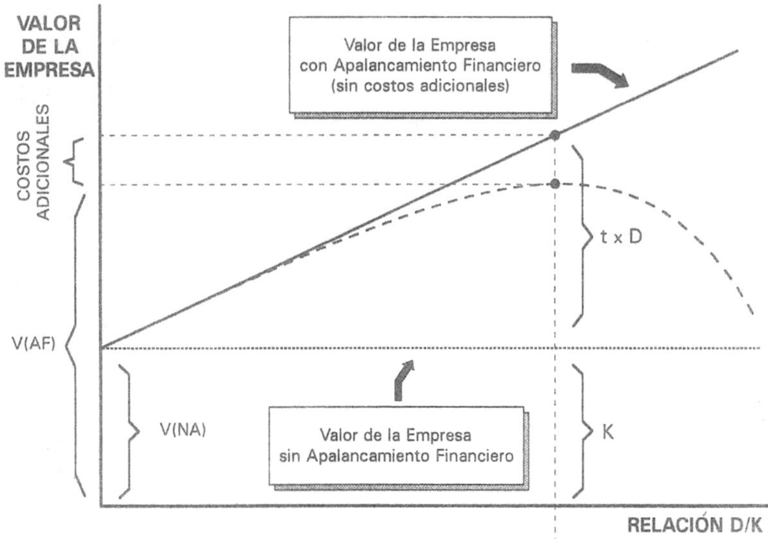

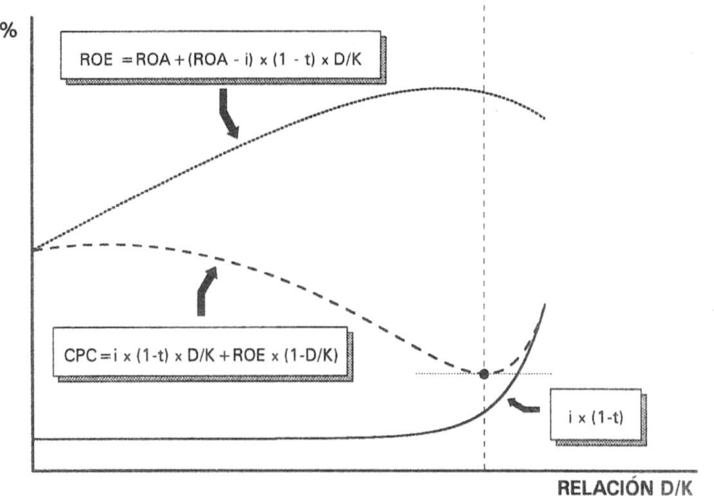

Gráfico 3.
El Apalancamiento Financiero, el costo de los Recursos Propios
y el Valor de la empresa.

El costo del capital y la estructura de financiamiento

Por definición, y de algún modo ya hemos trabajado con este concepto en varios capítulos anteriores, el costo del capital es la mínima tasa de retorno, ajustada por el riesgo, que debe dejar como resultado un proyecto para ser aceptado por los accionistas. ¿Cuál es esa tasa mínima?

Tal como vimos al estudiar el Teorema de M-M, el valor de una empresa estaba dado por el descuento de los flujos que la misma genera, descontados a la correspondiente tasa de descuento:

$$V = \frac{BAIT \cdot (1-t)}{ROA} + \frac{i \cdot D \cdot t}{i} = \frac{BAIT \cdot (1-t)}{ROA} + D \cdot t$$

Para dejar satisfechos a los accionistas, un nuevo proyecto de inversión que implique un aumento en los Activos de la empresa de ΔI debe proporcionar un resultado tal que:

$$\frac{\Delta V}{\Delta I} = \frac{(1-t)}{ROA} \cdot \frac{\Delta BAIT}{\Delta I} + t \cdot \frac{\Delta D}{\Delta I} > 1$$

Es decir, el aumento en el valor total de la empresa debe ser mayor al valor de la inversión: justamente de eso se trata un valor presente neto mayor que cero, tal como vimos en el Capítulo 8.

Reordenando los términos de la expresión anterior, se puede apreciar que:

$$\frac{\Delta BAIT}{\Delta I} \cdot (1-t) > ROA \cdot (1 - t \cdot \frac{\Delta D}{\Delta I})$$

El lado izquierdo de la expresión anterior expresa la variación del *Cash-flow* operativo, después de impuestos, que debe generarse en relación con el proyecto ΔI. Esta es justamente la tasa de retorno, después de impuestos, que debe dejar el proyecto.

El lado derecho de la expresión establece cuál es el mínimo nivel que debe tener esa tasa de retorno. Nótese que hemos utilizado la tasa *ROA*, aunque, por lo visto anteriormente con el Teorema de M-M, también podríamos haber expresado esta tasa de retorno como:

$$\frac{\Delta BAIT}{\Delta I} \cdot (1-t) > \text{ROE}(*) \cdot (1 - t \cdot \frac{\Delta D}{\Delta I})$$

en donde $ROE(*)$ es la tasa de retorno sobre Recursos Propios requerida cuando el financiamiento se hace sin ningún tipo de Deuda.

En la medida en que la nueva inversión (ΔI) se financie del mismo modo en que lo hace el resto de la empresa, se mantendrá estable la estructura de financiamiento. De esta manera, la estructura financiera de la nueva inversión será igual a la relación D/K (o, lo que es lo mismo, D/V) de acuerdo con la siguiente formulación:

$$\frac{\Delta D}{\Delta I} = \frac{D}{D+K}$$

Así, la tasa de retorno @, que como mínimo se debe requerir de un proyecto de inversión es igual a:

$$@ = ROA \cdot (1 - t \cdot \frac{D}{D+K})$$

Costo Promedio del Capital

Otro camino para establecer la tasa de descuento apropiada para un proyecto, alternativo al que se siguió en la sección anterior, consiste en considerar el Costo Promedio del Capital (CPC).

Así, el CPC, por definición, es igual a:

$$CPC = \frac{D}{A} \cdot i \cdot (1-t) + \frac{K}{A} \cdot ROE$$

Es decir, el CPC es igual a un promedio ponderado de las tasas de retorno después de impuestos con las que la empresa debe remunerar a acreedores y accionistas. El factor de ponderación en este promedio es la participación de cada uno de estos componentes en el financiamiento total de la empresa.

Dado que, tal como vimos en el Teorema de M-M:

$$ROE = ROA + (ROA - i) \cdot (1 - t) \cdot \frac{D}{K}$$

Reemplazando entonces el *ROE* en la expresión del *CPC*:

$$CPC = \frac{D}{A} \cdot i \cdot (1 - t) + \frac{K}{A} \cdot \left[ROA + (ROA - i) \cdot (1 - t) \frac{D}{K} \right] =$$

$$= \frac{D}{A} \cdot i \cdot (1 - t) + \frac{K}{A} \cdot ROA + \frac{K}{A} \cdot ROA \cdot (1 - t) \cdot \frac{D}{K} - \frac{K}{A} \cdot i \cdot (1 - t) \cdot \frac{D}{K} =$$

$$= \frac{K}{A} \cdot ROA + \frac{D}{A} \cdot ROA \cdot (1 - t) =$$

$$= ROA \cdot \left(\frac{K}{A} + \frac{D}{A} - \frac{D}{A} \right)$$

Por lo tanto:

$$CPC = ROA \cdot \left(1 - t \cdot \frac{D}{D + K} \right)$$

o, lo que es lo mismo:

$$CPC = ROE^* \cdot \left(1 - t \cdot \frac{D}{D + K} \right)$$

Que es exactamente la misma expresión que habíamos encontrado al final de la sección anterior.

Nótese que, sorprendentemente, en esta formulación del *Costo Promedio del Capital* no aparece la tasa de interés en forma explícita. Esto es así porque los valores de D y K son valores de mercado, o sea flujos adecuadamente descontados por sus tasas esperadas de rendimiento.

Para situaciones *prácticas*, en las que no se trabaja con valores de mercado, atendiendo la observación del párrafo anterior, resulta más apropiado utilizar la formulación del *CPC* con la que comenzamos esta sección.

Cabe hacer notar que esta formulación está sujeta a una serie de restricciones o limitaciones:

1) *se supone que no hay crecimiento,*
2) *se supone que los valores* D *y* K *son los valores de mercado de la empresa,*
3) *se supone que la empresa está en equilibrio de largo plazo en lo que hace a su estructura de financiamiento,*
4) *se supone que no existen costos de suscripción para la emisión de Deuda o de Recursos Propios.*

Cuando estas restricciones son superadas por la realidad específica sobre la que se pretende aplicar el modelo, tal como normalmente ocurre, se deben efectuar distintas correcciones (algunos piensan que es mejor corregir el modelo y otros la realidad, en todo caso ese no es el problema… que aquí nos interesa tratar).

Estas necesarias modificaciones al planteamiento original suelen aparecer cuando no existe un mercado para la deuda o los recursos propios de la empresa o, aun existiendo tal mercado, la estructura de financiamiento no está en su nivel de equilibrio de largo plazo (p. ej., porque la empresa está en su faz de crecimiento).

En estos casos, desde el punto de vista metodológico, la ponderación más razonable para obtener el *CPC* debe efectuarse a partir de los valores que la empresa busca como objetivos para *D* y *K*.

Es decir, la estructura de financiamiento a utilizar en la fórmula del *CPC* es la *deseada* (porque define la aplicación pretendida para el futuro *Cash-flow*) y *no la observada* o la proveniente de un Balance histórico (porque solo define la aplicación que en el pasado se dio al *Cash-flow*).

El cálculo del *ROE*: el modelo de Gordon-Shapiro

Haber encontrado que la tasa apropiada para descontar los *Cash-flows* de un proyecto de inversión es la proporcionada por la fórmula del *Costo Promedio del Capital* nos soluciona la mitad de un problema. Para calcular el *CPC* a utilizar en un proyecto de inversión, previamente es necesario conocer la tasa de interés que requiere la atención de la deuda y el *ROE* que exigen los accionistas para mantenerse en el negocio.

Suponiendo que contamos con el dato de la tasa de interés de la deuda, debemos ahora encontrar la tasa apropiada de descuento para los flujos de fondo que la empresa origina en favor de los accionistas: el *ROE*. Esto es lo que intentaremos hacer en esta sección.

El modelo de Gordon-Shapiro asume que el precio de una acción no es más que el valor presente descontado del flujo futuro de pagos a perpetuidad que promete este título de deuda.

Los pagos pueden provenir de dos fuentes: vía una corriente de dividendos o vía ganancias de capital (aumentos en el precio de la acción). Sin embargo: ¿qué otra cosa son las ganancias de capital sino la materialización del aumento previsto en los dividendos que ofrece la acción?

En un mundo donde las variables no experimentan saltos bruscos, sino que crecen o decrecen a una tasa constante, el planteamiento anterior podría formularse de la siguiente manera:

$$P = \frac{D_1}{ROE^* - g}$$

En donde P es el precio, al comienzo de este período, de la acción, D_1 es el dividendo que al final de este período pagará la acción, y g la tasa de crecimiento de dicho dividendo.

A los fines de establecer el $ROE(*)$, la expresión anterior puede reformularse de la siguiente manera:

$$ROE(*) = \frac{D_1}{P} + g$$

donde el primer término del lado derecho no es más que la tasa de pago de dividendos que ofrece la acción y g las ganancias de capital que promete generar la acción.

Para mayor comprensión del término g, quizá convenga repasar la sección de "Descomposición de ratios", del Capítulo 3. En cualquier caso, recordemos que:

$$g = b \cdot r$$

siendo:

$b =$ Tasa de Beneficio después de Impuestos (BDT/K). [Recuérdese que $K = Recursos\ Propios = Precio\ de\ una\ acción \cdot Cantidad\ de\ Acciones.$]

$r =$ Tasa de Retención de Beneficios. [Es decir: r = $(BR/BDT) = Beneficios\ Retenidos/Beneficios\ después\ de\ Impuestos.$]

La obtención de la primera de estas expresiones se basa en la solución matemática de una serie. Para los más escépticos quizá convenga encontrar ordenadamente la solución.

Utilizando la nomenclatura anterior, si el último dividendo que ha pagado la acción es D_0, el flujo de pagos que promete la inversión en este Activo financiero, para una cantidad de períodos igual a n, será igual a:

$$D_0 \cdot (1 + g) + D_0 \cdot (1 + g)^2 + \ldots + D_0 \cdot (1 + g)^n$$

Si la tasa de descuento adecuada para esta acción es $k = ROE(*)$, el precio P que hoy debiera tener esta acción cumpliría con la siguiente condición:

$$P = D_0 \cdot \frac{(1 + g)}{(1 + k)} + D_0 \cdot \frac{(1 + g)^2}{(1 + k)^2} + \ldots + D_0 \cdot \frac{(1 + g)^n}{(1 + k)^n}$$

sacando factor común al primer término del lado derecho, y reordenando, obtenemos

$$P \cdot \left[\frac{(1 + k)}{(1 + g)} \right] = D_0 \cdot \left[1 + \frac{(1 + g)}{(1 + k)} + \ldots + \frac{(1 + g)^{n-1}}{(1 + k)^{n-1}} \right]$$

Restando estas dos últimas expresiones:

$$P \cdot \left[\frac{(1 + k)}{(1 + k)} - 1 \right] = D_0 \cdot \left[1 - \frac{(1 + g)^n}{(1 + k)^n} \right]$$

Reordenando nuevamente:

$$P \cdot \left[\frac{(k - g)}{(1 + g)} \right] = D_0 \cdot \left[1 - \frac{(1 + g)^n}{(1 + k)^n} \right]$$

y por lo tanto:

$$P = D_0 \cdot \left[\frac{(1 + g)}{(k - g)} \right] \cdot \left[1 - \frac{(1 + g)^n}{(1 + k)^n} \right]$$

para que el precio P no sea negativo, el último término debe ser positivo, al igual que $(k - g)$. Eso implica que, normalmente (dado que sabemos que vivimos en un mundo estable ...), la tasa de retorno sobre el capital $[ROE(*) = k]$ debe ser mayor que la tasa de crecimiento prevista para la empresa (el factor g).

Suponiendo entonces que $k > g$, y que la cantidad de períodos n es suficientemente grande (el descuento del flujo de fondos se hace con un prolongado horizonte temporal), el último término entre paréntesis es igual a la unidad.

Por lo tanto:

$$P = \frac{D_1}{(k - g)}$$

tal como más arriba asumimos.

Conclusiones

Varios aspectos merecen la pena ser destacados en este capítulo. *En primer lugar,* y tal como ya antes vimos, los Activos y Pasivos no son más que flujos descontados por sus respectivas tasas esperadas de rendimiento. Esto ha sido particularmente utilizado al ver el Teorema de M-M.

En segundo lugar, y de un modo general, nuevamente resulta crucial tener siempre presentes los supuestos que subyacen en cada planteamiento. Por ejemplo: recuérdese lo visto al derivar una formulación para el *CPC.*

En cuanto a aspectos precisos, en este capítulo hemos podido ver que, en un mundo en el que no existen impuestos, tampoco existe algo que pueda ser identificado con una estructura óptima de financiamiento. Cuando sí existen impuestos, y la tasa de interés no se incrementa con el nivel de endeudamiento, la estructura óptima para el lado derecho del Balance se logra cuando todo el financiamiento proviene de la deuda.

Estos resultados cambian completamente cuando se incorpora una tasa de interés para la deuda que varía junto con el apalancamiento. En estos casos siempre existe una estructura financiera que puede identificarse como óptima.

Nótese que esta estructura financiera D/K puede variar entre 0 (cuando el 100% del Activo es soportado por los Recursos Propios) e infinito (cuando el 100% del Activo es soportado por Deuda). Dicho sea de paso, una vez más, la estructura de capital D/K, que hemos estudiado en este capítulo, en términos de lo que veíamos en el Capítulo 5, no es más que la composición de los Recursos Permanentes, en tanto que en el Activo se han *neteado* los Pasivos corrientes o espontáneos, por lo que se podría expresar que, a los fines de este capítulo: *Activo = Capital de Trabajo + Activo Fijo.*

También en este capítulo hemos analizado la relación que existe entre la estructura de financiamiento y el costo promedio del capital (la tasa que debemos utilizar para evaluar un proyecto).

Sobre el final, hemos podido derivar una formulación que nos permite calcular de una manera independiente el *ROE* (Tasa de Rendimiento Esperada sobre los Recursos Propios). La expresión que hemos encontrado, a partir del *modelo de Gordon-Shapiro,* es una de las maneras más sencillas con la que se puede hacer operativa la fórmula del *CPC.*

APÉNDICE AL CAPÍTULO 11

El valor es el producto resultante de la relación (promiscua)
entre la escasez y la necesidad.

Sobre las tasas de descuento y la creación de valor

Vamos a ver en este apéndice un ejemplo de cómo los conceptos introducidos en estos capítulos permiten comprender la generación de valor.

En primer lugar, nos concentraremos en un proyecto tal como el que muestra la Tabla 1, explotado por una empresa que se financia exclusivamente con recursos propios, que no reinvierte (es decir, no retiene dividendos) y que reclama un *ROE** del 20%.

Período (*t*)	Inversión	ROA 20,00%	*Cash-flow* nominal proyecto	Factor de descuento 20,00%	*Cash-flow* actualizado proyecto
0	100,00		(100,00)	1,0000	(100,00)
1	100,00	20,00	20,00	0,8333	16,67
2	100,00	20,00	20,00	0,6944	13,89
3	100,00	20,00	20,00	0,5787	11,57
4	100,00	20,00	20,00	0,4823	9,65
5	100,00	20,00	20,00	0,4019	8,04
6	100,00	20,00	20,00	0,3349	6,70
7	100,00	20,00	20,00	0,2791	5,58
8	100,00	20,00	20,00	0,2326	4,65
9	100,00	20,00	20,00	0,1938	3,88
10	100,00	20,00	120,00	0,1615	19,38
				VPN	0,00

TABLA 1

Obviamente, el Valor Presente de este proyecto, así planteado y descontando al 20% los *Cash-flows* (en este caso exclusivamente conformados por dividendos y el valor de recupero al final del año 10), es igual a $ 100. Por lo tanto, deducidos los $ 100 requeridos hoy para encarar la inversión, el proyecto daría como resultado un *VPN* = 0 y los accionistas no estarían disconformes.

Supongamos ahora que, por algún motivo, el *ROA* que reporta el proyecto súbitamente aumenta a un 30%. Motivos para ello podrían sobrar, por ejemplo: por una mejora tecnológica u organizativa, por la caída de un competidor, por aumento de la demanda, etcétera.

Asúmase además que esta mejora en el *ROA* no origina ninguna variación en la tasa de descuento del 20% que aplican los accionistas para valorar los flujos de fondos que el proyecto les reporta. Dado que estrictamente hablando esta tasa ya no es el *ROE* de equilibrio, llamaremos simplemente *k* a esta tasa. La nueva situación queda descripta en la Tabla 2.

Período (t)	Inversión	ROA 30,00%	*Cash-flow* nominal proyecto	Factor de descuento 20,00%	*Cash-flow* actualizado proyecto
0	100,00		(100,00)	1,0000	(100,00)
1	100,00	30,00	30,00	0,8333	25,00
2	100,00	30,00	30,00	0,6944	20,83
3	100,00	30,00	30,00	0,5787	17,36
4	100,00	30,00	30,00	0,4823	14,47
5	100,00	30,00	30,00	0,4019	12,06
6	100,00	30,00	30,00	0,3349	10,05
7	100,00	30,00	30,00	0,2791	8,37
8	100,00	30,00	30,00	0,2326	6,98
9	100,00	30,00	30,00	0,1938	5,81
10	100,00	30,00	130,00	0,1615	21,00
				VPN	41,92

TABLA 2

Nótese que este aumento de la rentabilidad del proyecto se produce porque no se ha ajustado la tasa con la que los accionistas descuentan los fondos. Tal como está planteado, si las acciones de este proyecto cotizaran en el mercado, estos $ 41,92 se traducirían en una ganancia de capital inmediata: un aumento en el precio de las acciones.

Supóngase ahora que, entusiasmados por este aumento de la rentabilidad del proyecto, los accionistas deciden (sin modificar la tasa del 20% que utilizan para valuar el *Cash-flow* que reciben) reinvertir una parte de los beneficios que genera el proyecto, para lo cual están dispuestos a sacrificar un 50% de sus dividendos. La nueva situación sería como la que aparece en la Tabla 3.

Período (t)	Inversión	ROA 30,00%	*Cash-flow* nominal proyecto	Factor de descuento 20,00%	*Cash-flow* actualizado proyecto
0	100,00		(100,00)	1,0000	(100,00)
1	100,00	30,00	15,00	0,8333	12,50
2	115,00	34,50	17,25	0,6944	11,98
3	132,25	39,68	19,84	0,5787	11,48
4	152,09	45,63	22,81	0,4823	11,00
5	174,90	52,47	26,24	0,4019	10,54
6	201,14	60,34	30,17	0,3349	10,10
7	231,31	69,39	34,70	0,2791	9,68
8	266,00	79,80	39,90	0,2326	9,28
9	305,90	91,77	45,89	0,1938	8,89
10	351,79	105,54	457,32	0,1615	73,86
				VPN	69,32
TABLA 3					

El haber seguido esta política de retención del 50% de los dividendos les significa un aporte adicional a los accionistas de $ 27,40 ($ 69,32 – $ 41,92), producto del rendimiento de las reinversiones realizadas, que se siguen descontando a una tasa del 20%, aunque continúan brindando un *ROA* del 30%.

Supongamos que alguien convence a estos accionistas de modo tal que, para encarar este mismo proyecto, se encuentran dispuestos a endeudarse, emitiendo un bono de $ 50 totalmente amortizable al finalizar el proyecto y con una tasa de interés neta del 7%, pagadera en cada período. Veamos qué sucede si, bajo esta nueva situación (véase la Tabla 4), los accionistas siguen manteniendo una tasa de descuento del 20% para los fondos que reciben del proyecto.

Período (t)	Inver-sión	ROA 30.00%	*Cash-flow* nominal proyecto	*Cash-flow* nominal deuda	*Cash-flow* nominal accionistas	*Cash-flow* actualizado accionistas
0	100,00		(100,00)	50,00	(50,00)	(50,00)
1	100,00	30,00	15,00	(3,50)	11,50	9,58
2	115,00	34,50	17,25	(3,50)	13,75	9,55
3	132,25	39,68	19,84	(3,50)	16,34	9,45
4	152,09	45,63	22,81	(3,50)	19,31	9,31
5	174,90	52,47	26,24	(3,50)	22,74	9,14
6	201,14	60,34	30,17	(3,50)	26,67	8,93
7	231,31	69,39	34,70	(3,50)	31,20	8,71
8	266,00	79,80	39,90	(3,50)	36,40	8,47
9	305,90	91,77	45,89	(3,50)	42,39	8,21
10	351,79	105,54	457,32	(53,50)	403,82	65,22
					VPN	96,58

TABLA 4

Es decir, estos cambios adicionales han originado un flujo de beneficios que, valuados a la tasa a la que son descontados por los accionistas, les reporta el equivalente de $ 27,26 ($ 96,58 – $ 69,32) con los que hoy pueden contar en sus bolsillos.

¿Cuál es el origen de esta ganancia de $ 96,58 para los accionistas de esta empresa?

Claramente, el origen de esta ganancia se encuentra en súbitas mejoras imprevistas y en cambios de la función de utilidad de los accionistas, en particular en lo que se refiere a reinversión de beneficios y política de endeudamiento.

Sobre este último punto: nótese que los accionistas de este caso siempre mantienen una tasa de descuento del 20% para el nuevo flujo de fondos, aun cuando ha cambiado la política de distribución de dividendos, de reinversión y de endeudamiento.

Resumiendo, hemos encontrado distintas fuentes de generación de valor, que en este caso se resumirían de la siguiente manera:

1) *Por utilizar una tasa de descuento* k < *ROA, lo que ha generado para los accionistas $ 41,92,*

2) *Por reinvertir en el proyecto el 50% del* Cash-flow *generado por el mismo, lo que ha aportado $ 27,40 extra, en favor de los accionistas,*

3) *Por financiar el proyecto con una deuda que requiere una tasa de rendimiento menor a la que exigen los accionistas, lo que representa una suma adicional de $ 27,26.*

Nótese una vez más que esta generación de valor por $ 96,58 tiene su fundamento, exclusivamente, en la utilización de tasas de descuento que no son las que la teoría predeciría como de equilibrio.

Una forma alternativa de decir lo mismo sería: esta generación de valor depende, exclusivamente, del tiempo que tarden en ajustarse las tasas de descuento apropiadas. *Una vez que las tasas están correctamente ajustadas, esta generación de valor desaparece.*

CAPÍTULO 12

EL *CAPITAL ASSET PRICING MODEL* (CAPM)

El que no arriesga, no pierde.

Algo más sobre el riesgo y el *ROE*

En distintas partes del libro hemos estado hablando del riesgo: hemos hablado de él al tratar el *break-even* (riesgo empresario), hemos vuelto sobre el tema al tratar el Apalancamiento Financiero (riesgo financiero) y hemos vuelto a tratar el tema en el capítulo anterior.

En todos estos casos hemos asociado el riesgo con la incertidumbre y con la dispersión que *ex-ante* presentan los posibles resultados. Desde este punto de vista, del mismo modo que podemos identificar el *retorno esperado* con la media y/o esperanza matemática, podemos vincular el riesgo con una muy conocida medida estadística: el desvío estándar.

Para los que no tengan muy presente el concepto de desvío estándar, recordemos que es una medida que responde a las siguientes características:

Dados un conjunto de posibles resultados x_i (cada uno de ellos con una probabilidad determinada P_i), que tienen una media x^* (media = promedio = esperanza matemática), el desvío estándar es una medida de dispersión en torno de la media x^*, de modo tal que:

$$\text{Desvío Estándar} = \sigma = \sum \sqrt{(x_i - x^*)^2 \cdot P_i}$$

Cuando se dispone de solo algunos datos y nada se sabe sobre las probabilidades asociadas con cada una de las observaciones, la fórmula del desvío estándar se convierte en:

$$\text{Desvío Estándar} = \sigma = \sqrt{\dfrac{\sum (x_i - x^*)^2}{n-1}}$$

donde n es la cantidad de valores observados en la muestra. Teniendo los datos de la media y el desvío estándar, se tiene completamente definida una distribución estadística que se conoce como *normal*. Cuando la distribución de los posibles valores es *normal*, los posibles resultados pueden ser representados tal como aparecen en el Gráfico 1.

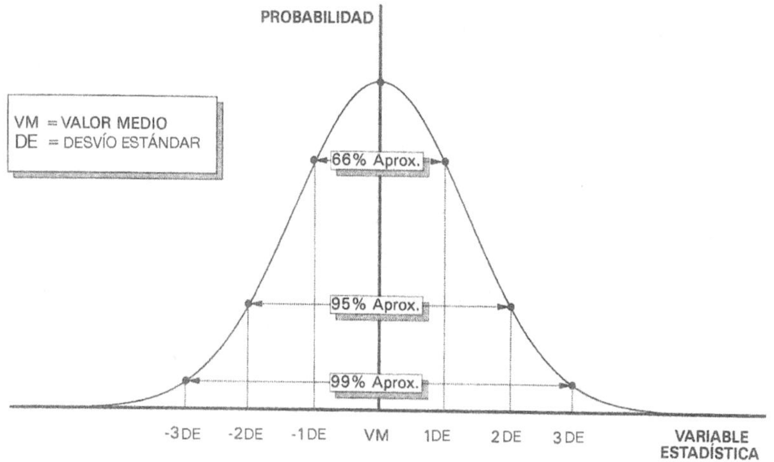

Gráfico 1.
Distribución normal.

La particularidad de una distribución *normal* es que cualquiera sea el valor de la media (x^*) y del desvío estándar (σ), la distribución de los datos siempre se hará con el siguiente criterio:

$x^* +/- 1\,\sigma$ ===> aproximadamente 66% de todos los datos posibles

$x^* +/- 2\,\sigma$ ===> aproximadamente 95% de todos los datos posibles

$x^* +/- 3\,\sigma$ ===> aproximadamente 99% de todos los datos posibles

282

No es muy difícil comprender la enorme utilidad que en materia financiera tienen los conceptos que acabamos de presentar.

Supóngase que existen dos títulos de deuda que ofrecen el mismo rendimiento (un 15% por ejemplo), pero están vinculados con distintos riesgos (uno tiene un desvío estándar del 1,5% y el otro tiene uno del 6%), tal como sucede en el ejemplo del Gráfico 2.

En general, los individuos adversos al riesgo prefieren un título de deuda tal como el *A* antes que el *B*, por tener este último una mayor dispersión en cuanto a los posibles rendimientos: prácticamente el 100% de las posibles tasas de retorno que pueden obtenerse con el título *A* estarán comprendidas entre un mínimo de 10,50% y un máximo de 19,50% (o sea la media de 15%, +/− 3 veces el desvío estándar de 1,5%).

El mantenimiento del título *B*, en cambio, puede hacer que el tenedor de este título se encuentre al vencimiento con 33% más de lo que originalmente invirtió, pero también tiene una alta chance de quedarse con un 3% menos de lo que originalmente invirtió en el título de deuda (15% de media +/− 3 veces el desvío estándar de 6%).

Teniendo claros estos conceptos elementales sobre el riesgo, podemos comenzar a ver algunas clasificaciones de riesgo que constituyen la base de las técnicas de valoración de Activos financieros.

Riesgos diversificables y riesgos no diversificables

Por lo general ningún inversor es muy proclive a *poner todos los huevos en una misma canasta*. Por el contrario, los inversores suelen mantener un porfolio de Activos financieros más o menos diversificado, en el que los riesgos de algunos Activos se compensan con los de otros.

Si tal es el caso, el riesgo total que aportan un conjunto de Activos financieros no es estrictamente proporcional a la suma de los riesgos individuales de cada uno de los Activos por separado.

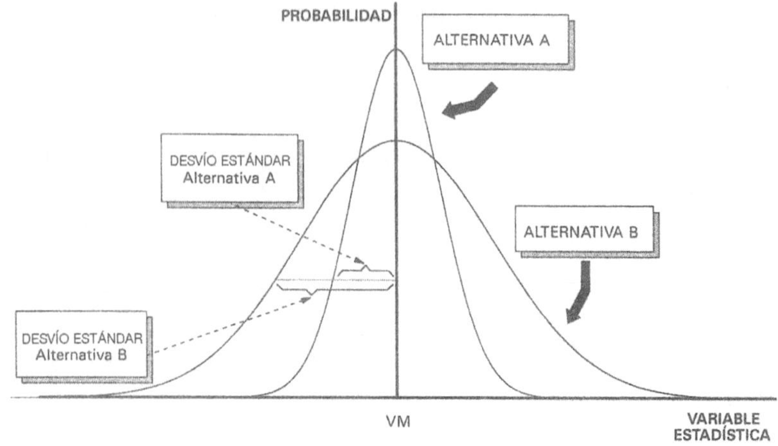

Gráfico 2.
Dos distribuciones normales, con la misma media y distintos desvíos estándar.

Los ejemplos de esto son bastante sencillos. Supóngase que usted puede invertir únicamente en acciones de dos empresas que, históricamente, han venido proporcionando solo dos tipos de resultado: 15% o 0%. Esto significa que el riesgo de cualquiera de estos títulos es relativamente alto: existe una chance del 50% de ganar 15% y otra del 50% de no ganar nada.

Sin embargo, si las dos empresas alternan sistemáticamente sus resultados, el inversor tiene la garantía de ganar permanentemente el 7,5% si mantiene su porfolio dividido en porciones iguales entre ambas acciones. En otras palabras: ha conseguido, en parte, eliminar el riesgo.

A esta parte del riesgo total que puede ser eliminada de un porfolio financiero se la llama *riesgo no sistemático o diversificable,* en tanto que, a la parte del riesgo que no puede ser eliminada se la llama *riesgo sistemático o no diversificable.*

Entre los muchos ejemplos de riesgo no sistemático (o diversificable), se encuentran: estacionalidad, modas, dependencia de una materia prima específica, dependencia climática, etc. Ejemplos de riesgo sistemático (o no diversificable), por su lado, son: un aumento generalizado de los impuestos a los beneficios de las empresas, una huelga general, el resultado de una elección, una guerra, etcétera.

Habíamos dicho antes que el rendimiento que se obtiene de una inversión está indisolublemente ligado con su riesgo. Esto puede reformularse de un modo más operativo: si la afirmación anterior es correcta, se puede concluir que *un riesgo que puede ser eliminado es un riesgo que no genera recompensas de ningún tipo.*

Dicho más claramente: *el único riesgo que genera retornos o recompensas es el riesgo sistemático o no diversificable: aquel que subsiste aun en un porfolio perfectamente diversificado.*

La diversificación permite diseñar la composición de porfolios en los que los riesgos individuales y específicos de distintas acciones (empresas) se eliminan: lo que no puede eliminarse, sin embargo, es el riesgo del mercado en sí mismo, en su conjunto.

El repaso de algunas medidas estadísticas nos ayudará a aclarar un poco más estos conceptos. La covarianza de dos variables x e y, $Cov_{(x, y)}$ es una medida de la forma en la que cada una de estas dos variables se mueve en relación con la otra:

$$Cov_{(x, y)} = \Sigma \left[(x_i - x^*) \cdot (y_i - y^*) \right] \cdot P_i$$

El *coeficiente de correlación* entre dos variables x e y, $CC_{(x, y)}$ proporciona una medida similar a la que brinda la covarianza, y define la dependencia lineal entre dos variables. La medida del $CC_{(x, y)}$ responde a la siguiente formulación:

Permítasenos recordar que la varianza de una variable x o y (Var_x o Var_y) no es más que el desvío estándar de dicha variable, elevado al cuadrado. Dicho de otra manera:

$$CC_{(x, y)} = \frac{Cov_{(x, y)}}{Var_{(x)} \cdot Var_{(y)}}$$

La varianza es una medida de la dispersión de posibles resultados, en torno del promedio de tales resultados. La relación lineal que establece el $CC_{(x, y)}$ implica que:

$$y = a + CC_{(x, y)} \cdot x$$

Este coeficiente de correlación, $CC_{(x, y)}$, puede variar del siguiente modo:

$$-1 < CC_{(x, y)} < +1$$

Cuando el $CC_{(x,y)}$ (el coeficiente de correlación entre x e y) es igual a -1, se puede realizar una perfecta diversificación del porfolio, eliminando completamente el riesgo. Cuando el $CC_{(x, y)}$ es igual a $+1$, el riesgo es completa y totalmente inevitable y el riesgo del porfolio no puede ser modificado.

Entre esos dos extremos (-1, $+1$), se encuentran los coeficientes de correlación más habituales, que permiten una eliminación parcial del riesgo.

La prima de riesgo

La recompensa que promete el riesgo sistemático o no diversificable (es decir: la prima de riesgo que se asocia con el riesgo de mercado) puede expresarse como la diferencia entre R_m, la tasa de rendimiento del mercado accionario en su conjunto (algo así como la rentabilidad que señala el Índice del Mercado de Valores) y R_f, la tasa libre de riesgos de la economía. Es decir:

$$\textit{Prima de riesgo de Mercado} = R_m - R_f$$

A nivel de un porfolio en particular, a medida que aumenta la cantidad de acciones que se reúnen en él, el riesgo tiende a caer. Exactamente este es el efecto de la diversificación. Es más, la experiencia parece indicar que, en mercados bursátiles desarrollados, un porfolio con más de 20/30 acciones distintas tiende a mostrar un riesgo similar al del mercado accionario en su conjunto (ver Gráfico 3).

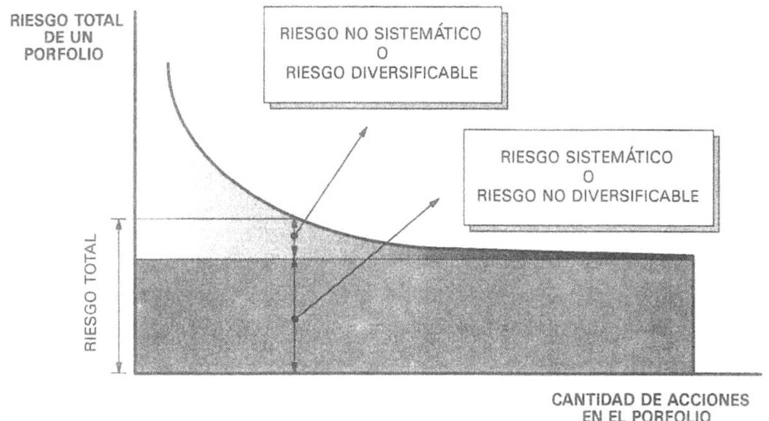

Gráfico 3.
Efectos de la diversificación sobre la estructura de riesgos de un porfolio.

El riesgo de un porfolio, por lo que hemos visto, se mide por la dispersión de los posibles rendimientos de ese porfolio, comparada con la dispersión que muestra el rendimiento del mercado accionario en su conjunto.

Por lo tanto, se puede concluir que, en lo que a riesgo se refiere, *lo único relevante al realizar la evaluación de una acción individual sería el aporte de riesgo no diversificable con el que la acción contribuye al riesgo total de un porfolio.*

Nuevamente: el retorno de una acción en particular se justificaría solo por la porción del riesgo sistemático (o no diversificable) que posee. La porción de riesgo diversificable (o no sistemático) –al poder ser eliminada– no genera retornos: *nadie en su sano juicio está dispuesto a pagar para evitar un riesgo que se elimina solo.*

Dicho de otro modo: si todo el planteamiento anterior es correcto, el valor de la prima de riesgo esperado para una acción está directamente vinculado con la volatilidad de los rendimientos que muestre esa acción, en relación con los rendimientos que ofrece el mercado en su conjunto.

Llamando β (beta) a esta medida:

$$\textit{Prima de Riesgo de la Acción} =$$
$$= \beta \cdot \textit{Prima de Riesgo de Mercado}$$

De modo que:

$$ROE_i - R_f = \beta \cdot (R_m - R_f)$$

por lo tanto:

$$\beta = \frac{Prima\ de\ Riesgo\ de\ la\ Acción}{Prima\ de\ Riesgo\ del\ Mercado}$$

ROE_i = $Return\ on\ Equity$ de la acción i,
R_f = Tasa libre de riesgo,
R_m = Tasa de retorno del mercado de acciones.

Podemos reescribir la relación anterior del siguiente modo:

$$ROE_i - R_f + \beta \cdot (R_f - R_m)$$

Es decir: el rendimiento esperado de una acción i, en particular, tiene un piso fijado por la tasa libre de riesgo R_f A ese piso se le debe agregar una prima de riesgo específicamente vinculada con esa acción, que puede expresarse como la proporción de la prima de riesgo del mercado (ver Gráfico 4).

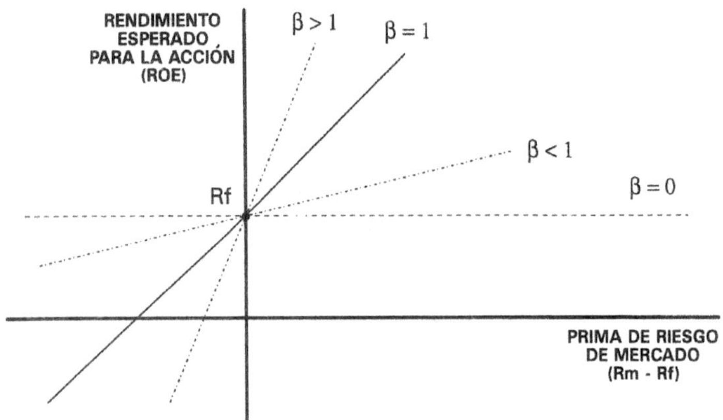

Gráfico 4.
Rendimiento de una acción en particular *vs.* prima de riesgo del mercado.

En el gráfico anterior hemos representado un conjunto de distintas relaciones que podrían establecerse entre el rendimiento de una acción en particular y la prima de riesgo de mercado. Las distintas relaciones posibles dependerán del valor que tome el coeficiente β.

Así:

$$(1) \quad \beta = 0 \ =====> ROE_i = R_f$$
$$(2) \quad \beta < 1 \ =====> ROE_i < R_m$$
$$(3) \quad \beta = 1 \ =====> ROE_i = R_m$$
$$(4) \quad \beta > 1 \ =====> ROE_i > R_m$$

Nótese que, *ex-ante,* para individuos normales nunca se esperaría $\beta < 0$, puesto que esto significaría que alguien estaría dispuesto a tener un Activo con riesgo, cuyo rendimiento esperado es menor a R_f (la tasa de retorno de un Activo libre de riesgos). Un $\beta = 1$ es aquel que se relaciona con una acción que evoluciona en forma exactamente paralela al mercado en su conjunto.

Un $\beta < 1$ está vinculado con aquellas acciones cuyos rendimientos esperados son menos volátiles que los del mercado, por lo que ofrecen una prima de riesgo menor a sus tenedores; en tanto que $\beta > 1$ está asociado con aquellas empresas cuyos rendimientos esperados son más volátiles que los del mercado, por lo que ofrecen una prima de riesgo mayor a sus accionistas.

Esta última forma de ver la relación anterior es la que da origen a la llamada *Línea del Mercado de Valores* y que aparece representada en el Gráfico 5.

Si manipulamos el Gráfico 5, podemos analizar con bastante claridad los efectos que sobre la tasa de rendimiento exigida a una acción (o a los Recursos Propios de la empresa), tienen acontecimientos tales como un aumento de la tasa libre de riesgo de la economía (Gráfico 6) o un aumento generalizado en la aversión al riesgo (Gráfico 7).

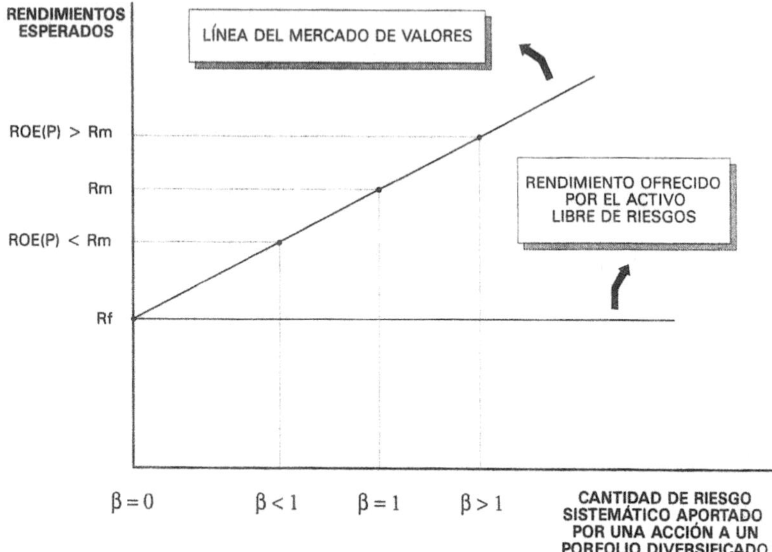

Gráfico 5.
El rendimiento de la acción (*ROE*), en función del riesgo sistemático que la acción aporta al porfolio.

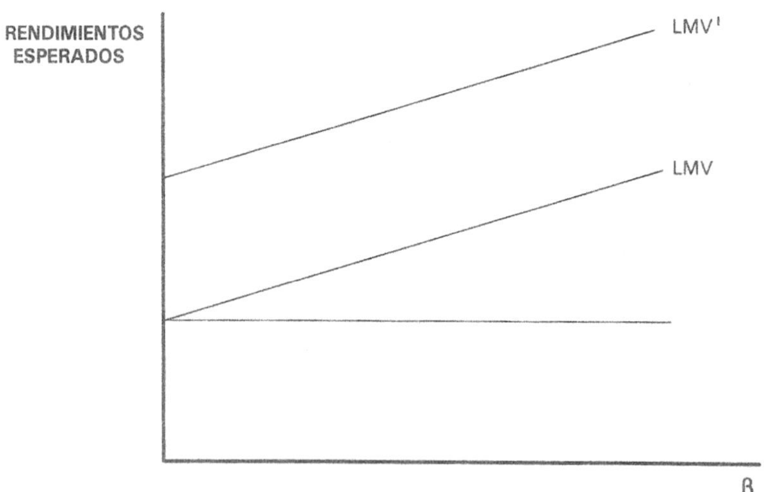

Gráfico 6.
Efecto de un aumento en la tasa libre de riesgo (*RF*).

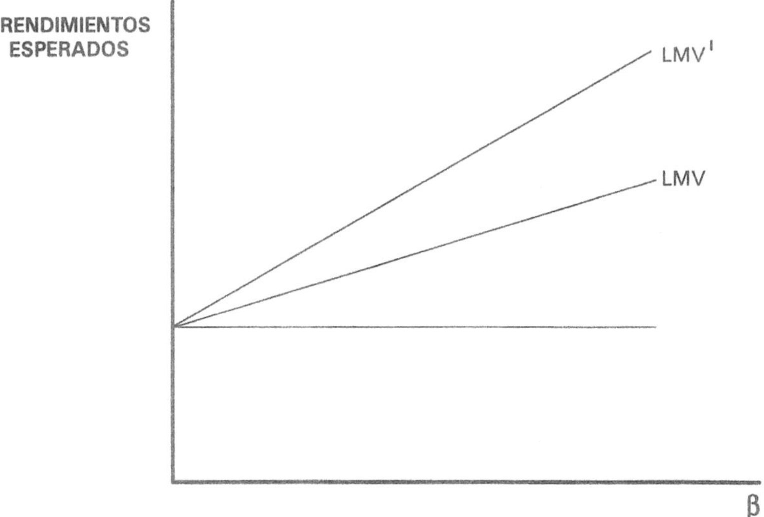

Gráfico 7.
Efecto de un aumento en la aversión al riesgo.

Una forma alternativa de establecer las mismas relaciones

Habiendo examinado el tema de un modo relativamente intuitivo, estamos ahora en condiciones de replantearlo de un modo (apenas) un poco más técnico.

Se puede demostrar que un porfolio individual eficiente (en cuanto a la rentabilidad que proporciona dado el riesgo que asume) es el resultado de una combinación de títulos que devengan la tasa libre de riesgos (R_f) y títulos que devengan la tasa de rendimiento del mercado de acciones en su conjunto.

Trataremos de desarrollar la demostración utilizando el Gráfico 8.

Las distintas acciones individuales (hemos limitado a dos nuestro caso en el gráfico, las acciones [*A* y *Z*]) pueden combinarse de distintas maneras en porfolios exclusivamente formados por distintas proporciones de estas dos acciones, tal como lo señala la curva *AMZ*.

La forma de la curva no es difícil de entender: en la medida en que las dos acciones se pueden combinar en distintas

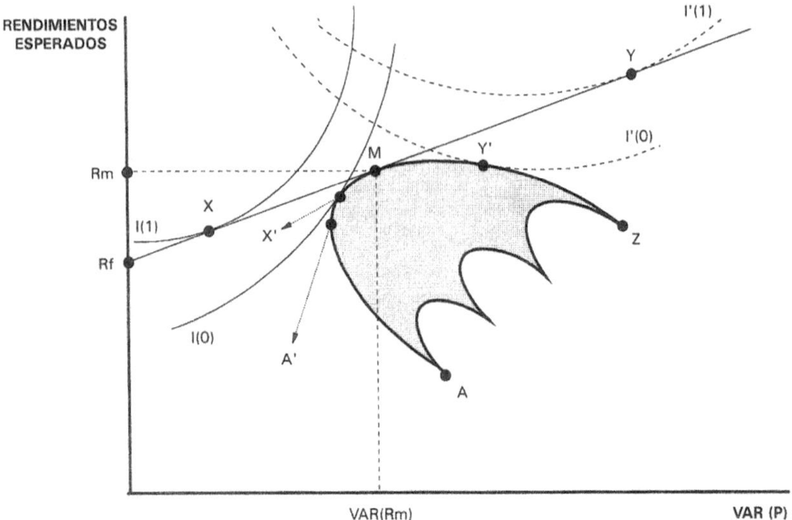

Gráfico 8.
Combinaciones de equilibrio de Activos financieros libres de riesgo y porfolios de acciones.

proporciones en un porfolio, habrá algunas de esas combinaciones mejores que otras; combinaciones en las que aumentando la cantidad mantenida de una de las dos acciones se aumenta el rendimiento total del porfolio y, al mismo tiempo, se disminuye el riesgo total del mismo, por efecto de la diversificación.

En la medida en que solo interesan los porfolios eficientes, solo el tramo $A'MZ$ de la curva es relevante: allí se encuentran los máximos rendimientos para un nivel determinado de riesgo. En el tramo AA' se encuentran combinaciones de riesgo y rendimiento fácilmente superables. Nótese que, manteniendo el mismo nivel de riesgo, los rendimientos que se encuentran a partir de A' (hacia Z) superan a los que se obtienen en AA'.

La recta R_fMM' representa un conjunto de porfolios que reúnen no solo acciones –representadas por el punto M, que proporcionan la tasa de rendimiento del mercado R_m– sino también Activos libres de riesgo, que devengan la tasa R_f.

En primer lugar obsérvese que, para el individuo que tiene curvas de utilidad (recuérdese el Capítulo 6) como las definidas en $I'(0)$ e $I'(1)$, la posibilidad de incorporar el Activo libre de riesgos a su porfolio le permite ubicarse en una curva de utilidad (o de indiferencia entre rendimiento y riesgo) superior. Eso es lo que sucede entre el punto X' y X.

Del mismo modo, podría argumentarse para un individuo que tiene curvas de indiferencia como las indicadas por $I'(0)$ e $I'(1)$ y los puntos y' e y. En este caso, sin embargo, lo que mejora la posición del individuo es la posibilidad de endeudarse a la tasa R_f para adquirir un conjunto de acciones que le prometen una tasa R_m (téngase siempre presente la diferencia entre la *promesa* de devengamiento que se hace *ex-ante* y lo que *efectivamente* se percibe *ex-post*).

En general los individuos del primer grupo son acreedores (prefieren menor rendimiento y menor riesgo) y los individuos del segundo grupo son deudores (prefieren más rendimiento aun asumiendo mayores riesgos). Cualquiera sean sus preferencias, lo que todos ellos tratarán de hacer, teniendo abierta la posibilidad de hacerlo, es moverse hacia curvas de indiferencia (de utilidad) que los ubiquen en la recta $R_f MM'$, antes que en $A'MZ$.

De más está decir que lo anterior no significa que efectivamente un individuo pueda tomar o dar prestado a la tasa R_f lo que sí en cambio puede hacer es comprar o vender Activos libres de riesgos que mantiene en su porfolio. En el primer caso claramente se convierte en acreedor. En el segundo caso, de alguna manera puede pensarse que el individuo se ha convertido en deudor a dicha tasa R_f (en particular cuando la venta la realiza en descubierto, sin tener los títulos en su poder).

En el Gráfico 9 pueden verse las curvas que corresponden a los rendimientos esperados de distintos tipos de porfolio. El origen estaría representado por la actual tasa R_f.

La curva A señala los rendimientos de un porfolio exclusivamente compuesto por acciones. La curva A' se vincula con un porfolio que mantiene títulos de deuda libre de riesgos y, por lo tanto, para cada nivel de $(R_f - R_m)$, genera una menor expectativa de rendimientos que el anterior.

Finalmente, la curva A'' representa un porfolio *apalancado* en el que se incorpora deuda para mantener acciones y, por lo

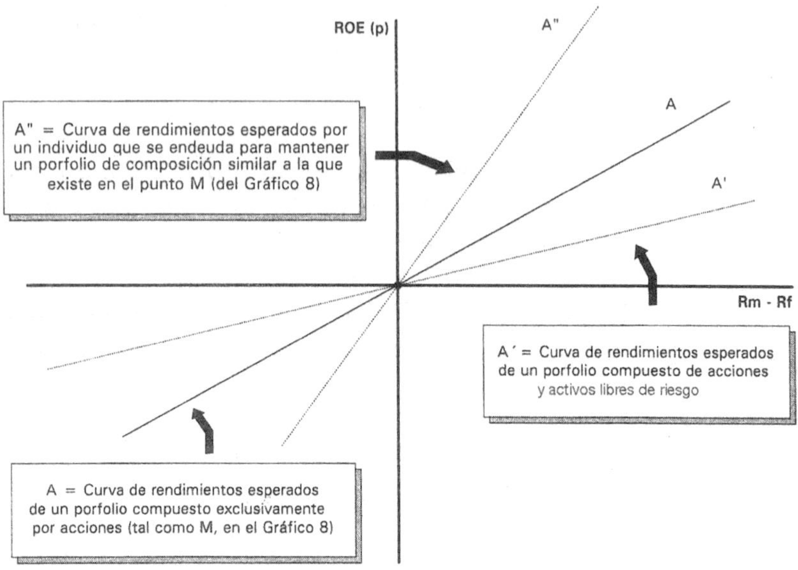

Gráfico 9.

Rendimientos esperados (*ex-ante*) de distintos tipos de porfolios que combinan acciones y Activos libres de riesgo.

tanto, para cada nivel de $(R_f - R_m)$ genera una mayor expectativa de rendimientos que el porfolio representado por la curva A.

Dicho de otra manera: el rendimiento final de un porfolio individual eficiente (ROE_p) será un promedio ponderado del siguiente tipo:

$$(\text{A}) \quad ROE_p = w \cdot R_f + (1 - w) \cdot R_m$$

donde w es la proporción de los Activos libres de riesgo mantenidos en ese porfolio.

Del mismo modo, por definición, el riesgo con el que se vincula este porfolio (en este caso lo mediremos por medio del desvío estándar de los rendimientos ofrecidos por este porfolio $[\sigma_{ROE_p}]$) será igual a:

$$(\text{B}) \quad \sigma_{ROE_p} = (1 - w) \cdot \sigma_{R_m}$$

donde σ_{R_m} = desvío estándar de los rendimientos ofrecidos en conjunto por el Mercado Accionario. La explicación de este resultado es casi obvia: *el Activo libre de riesgos no puede tener sino una varianza igual a cero*. Reordenando los términos de esta última expresión:

$$(C) \quad (1 - w) = \frac{\sigma_{ROEp}}{\sigma_{R_m}}$$

Por lo tanto, la recta sobre la que tenderán a ubicarse los porfolios eficientes responde a la siguiente formulación:

$$ROE_p = w \cdot R_f + (1 - w) \cdot R_m + R_f - R_f$$
$$ROE_p = R_f + (1 - w) \cdot R_m - (1 - w) \cdot R_f$$
$$ROE_p = R_f + (1 - w) \cdot (R_m - R_f)$$

Es decir la línea $R_f MM'$ del Gráfico 8 tiene una ordenada al origen indicada por R_f y una pendiente definida por el cociente $(R_m - R_f)/\sigma_{Rm}$. Teóricamente todos los porfolios eficientes deberían yacer sobre esta recta cuyo nombre técnico, en la bibliografía, se conoce como *Línea del Mercado de Capitales*.

$$(D) \quad ROE_p = R_f + (R_m - R_f) \cdot \frac{\sigma_{ROE_p}}{\sigma_{R_m}}$$

De la línea del mercado de capitales a la línea del mercado de valores

La expresión (D) de la sección anterior nos ha servido para encontrar una forma de predecir los resultados esperables de un determinado porfolio.

Para ello, simplemente, se requieren dos cosas: en *primer lugar,* conocer las tasas de rendimiento R_m, R_f y el riesgo (desvío estándar) que históricamente ha mostrado el mercado accionario. Esta es información estadística de fácil y simple obtención.

En *segundo lugar,* se necesita *tener mucha confianza* en que los valores del punto anterior se mantendrán *razonablemente* durante *todo* el período que se intenta predecir; lo que ya no es tan sencillo de obtener.

Trataremos ahora de encontrar una expresión que nos permita formular un pronóstico similar al anterior, pero para el caso de una sola acción.

El objetivo práctico final de todo este complejo trabajo debería quedar relativamente claro: teniendo una expresión de este tipo, fácilmente se podría encontrar una formulación confiable para estimar la tasa de descuento apropiada para descontar los *Cash-flows* ofrecidos por una empresa, uno de los temas para los cuales todavía no habíamos encontrado una respuesta definitiva.

Para ello, necesitaremos un poco de análisis matemático elemental y, como siempre, un poco de *supuestos simplificadores*.

Comencemos suponiendo que se tiene un porfolio compuesto exclusivamente por acciones, que mantiene una proporción a en acciones de un único y determinado tipo, a las que llamaremos i. La proporción remanente del porfolio $(1 - a)$, para simplificar, son mantenidas en acciones que se componen de una manera exactamente igual a la que se verifica en un punto tal como el M, del Gráfico 8.

Los rendimientos esperados y el riesgo de este porfolio serán, por lo tanto:

$$R_p = a \cdot R_i + (1 - a) \cdot R_m$$

$$Var_{R_p} = a^2 \cdot Var_{R_i} + (1 - a)^2 \cdot Var_{R_m} + 2 \cdot a \cdot (1 - a) \cdot Cov_{(R_i,\, R_m)}$$

donde hemos reemplazado ROE_p por R_p y ROE_i por R_i, para simplificar la lectura.

En la medida en que cambie la proporción a de la acción i que se mantiene en el porfolio, cambiará el rendimiento esperado y el riesgo soportado por el mismo. Esto es:

$$\frac{\partial R_p}{\partial a} = R_i - R_m$$

$$\frac{\partial Var_{R_p}}{\partial a} =$$

$$= \frac{1}{2} \cdot \frac{[2a Var_{R_i} - 2a Var_{R_i} - 2(1 - a) Var_{R_m} + 2(1 - 2a) Cov_{(R_i,\, R_m)}]}{\sqrt{[2a^2 Var_{R_i} + (1 - a)^2 Var_{R_m} + 2a(1 - a) Cov_{(R_i,\, R_m)}]}}$$

evaluando estas dos expresiones anteriores para cambios infinitesimales en la proporción *a*, tales como los que pueden producirse en un porfolio en particular, en el ámbito de un mercado en equilibrio, el resultado es:

$$\frac{\partial Var_{R_p}}{\partial a} = \frac{1}{2} \cdot \frac{-2\,Var_{R_m} + 2 \cdot Cov_{(R_i,\,R_m)}}{\sqrt{Var_{R_m}}}$$

$$= \frac{Cov_{(R_i,\,.\;R_m)} - Var_{R_m}}{\partial_{R_m}}$$

O sea que la pendiente de una curva que relacionase el rendimiento de una acción en particular con respecto al riesgo de un porfolio, evaluada en torno del punto *M* (dados los cambios infinitesimales en la proporción *a*), sería igual al cociente entre estas dos últimas expresiones. Esta curva es, justamente, la *Línea del Mercado de Valores*.

Tenemos ahora dos relaciones de equilibrio, una *Línea del Mercado de Valores* y otra, tal como vimos en la sección anterior, *Línea del Mercado de Capitales*.

Si todo el sistema está en equilibrio, la pendiente de la *Línea del Mercado de Capitales* debe ser exactamente igual a la pendiente de la *Línea del Mercado de Valores*. En caso contrario, la acción *i* estaría ofreciendo una relación de rendimiento/riesgo que no sería eficiente, dando origen por lo tanto a oportunidades de arbitraje que restablezcan el equilibrio del sistema.

Por lo tanto:

$$\frac{R_m - R_f}{\sigma_{R_m}} = \frac{R_i - R_m}{\dfrac{Cov_{(R_i,\,R_m)} - Var_{R_m}}{\sigma_{R_m}}}$$

donde el primer término representa la pendiente de la *Línea del Mercado de Capitales* y el segundo término la pendiente de la *Línea del Mercado de Valores*.

Reordenando los términos de esta igualdad se obtiene:

$$R_i = R_f + \frac{Cov\ (R_i,\ R_m)}{Var_{R_m}} \cdot [R_m = R_f]$$

Llegamos así, llamando β al cociente $[Cov_{(Ri,\ Rm)}/Var_{Rm}]$, a la misma formulación que habíamos encontrado anteriormente a nivel gráfico (ver Gráfico 5).

La prima de riesgo en esta última expresión (el segundo miembro del lado derecho) puede descomponerse en un precio del riesgo $(R_m - R_f)$ y una cantidad de riesgo, β.

Tal como ya antes hemos dicho, puede estimarse mediante datos históricos, a partir de los elementos que se obtengan de R_m (medido, por ejemplo, por el nivel que en distintos momentos va obteniendo un índice bursátil suficientemente amplio) y de R_i (medido por las variaciones de precio de la acción i y los dividendos que la misma ha pagado durante un período que se considere representativo).

El precio del riesgo $(R_m - R_f)$ suele estimarse en alrededor de un 9-10% para un mercado como el de Estados Unidos en la década de los 70. Seguramente ese 9-10% puede ser apenas un piso (o quizás un sótano) para mercados bursátiles como los latinoamericanos para la década de los 80.

En cualquier caso, nótese que ese precio es una tasa real, dado que, si R_m y R_f fueron estimadas como tasas nominales, la tasa de inflación desaparecería del paréntesis.

Finalmente, la tasa R_f es el componente más sencillo de estimar, puesto que hace referencia al rendimiento previsto para el Activo más sólido que existe en una economía, el que tiene un mínimo riesgo de *default*. De más está decir que esto puede constituir un verdadero problema de interpretación para algunos casos latinoamericanos de la "década perdida".

En este tipo de casos, el alto nivel de *riesgo sistemático* de estas economías implica que no existan títulos libres de riesgo y/o los que ofrecen el mínimo riesgo de *default*; así y todo, deben mostrar altas tasas de rendimientos para que sean mantenidos por el público.

Conclusiones

Hemos visto en este capítulo un modelo teóricamente sólido y confiable, que permite deducir de un modo relativamente sencillo la tasa de descuento apropiada para descontar los *Cash-flows* ofrecidos por una empresa.

Tenemos así una alternativa a otro tipo de métodos que normalmente se utilizan para estimar las tasas de descuento. En particular, este modelo claramente aventaja al modelo del crecimiento de los dividendos (*el modelo de Gordon-Shapiro* del capítulo anterior). Este último requiere el mantenimiento de supuestos relativamente restrictivos, tales como, por ejemplo, que la tasa de crecimiento de los dividendos no solo sea constante y permanente, sino que además sea inferior a la tasa de costo de los Recursos Propios.

No obstante esta ventaja, en la práctica de los negocios, por lo general, este tipo de metodologías no se usa con exclusividad. Más bien se utilizan para mostrar una faceta adicional de un problema, tal como comentamos que solía suceder con los métodos de evaluación de proyectos. No está de más recordar que también en este terreno la diversificación disminuye (en este caso la *diversificación de enfoques*) los riesgos.

CAPÍTULO 13

LA INVERSIÓN EN LOS MERCADOS FINANCIEROS

Un inversor es un especulador
que no supo salir a tiempo.

I. Sobre las ganancias y pérdidas de capital

Efectos de un cambio en la tasa de rendimiento

La tasa de rendimiento de un título de deuda, tal como antes hemos visto, puede contemplar la cobertura de una serie de riesgos que enfrenta el ahorrista. Sin embargo, existe un riesgo particular para los tenedores de un título de deuda (o de capital) emitido con una tasa de rendimiento fija: el riesgo de variación de la tasa de rendimiento que el mercado les asigna a ese tipo de títulos.

En este caso el riesgo que debe asumir el ahorrista (o inversor) es el del efecto directo que sobre el precio del título de deuda genera el cambio en la tasa de rendimiento y que da origen, por lo tanto, a inmediatas ganancias o pérdidas de capital.

En el resto de este capítulo continuaremos utilizando el término *tasa de interés,* aun cuando en realidad nos estaremos refiriendo a la *tasa de rendimiento* asociada con un determinado título de deuda o de capital (pudiendo ser por lo tanto dividendos, dividendos preferidos, intereses, etcétera).

El caso de una perpetuidad

Para hacer más sencilla la explicación, supóngase que se compra una perpetuidad que ofrece el pago de $ 1 periódicamente, cuando la tasa de interés es del 10%. El precio que por ella pagaríamos, según nuestra fórmula de valuación para perpetuidades, vista en el Capítulo 7, es:

$$PV = \frac{\$\,1}{r} = \frac{\$\,1}{10\%} = \$\,10$$

Nada nos asegura que 10 minutos después de haber adquirido este título de deuda la tasa de interés suba al 15% o caiga al 5%. En tales casos, ¿qué precio tendrá nuestro título de deuda? Con una tasa de interés del 15%, nuestro título de deuda pasa a tener un precio de $ 6,67 y con una tasa de interés del 5% el nuevo precio será de $ 20.

La conclusión es clara: un aumento en la tasa de interés origina una pérdida de capital (en nuestro ejemplo, el precio del título de deuda cae de $ 10 a $ 6,67) mientras que una caída de la tasa de interés origina una ganancia de capital (en nuestro ejemplo, el precio sube de $ 10 a $ 20).

Por lo tanto, en general, la regla sería:

Si usted espera que la tasa de interés caiga: compre, porque si su pálpito es correcto tendrá una ganancia de capital.

Si usted espera que la tasa de interés suba: venda ya (manténgase líquido), porque si su pálpito es correcto tendrá una pérdida de capital.

Haga lo que haga (y recuerde que nadie lo obliga a ser coherente), luego de hacerlo cruce los dedos para que su pálpito sea el correcto.

Obviamente, si todos los títulos de deuda fueran perpetuidades, un cambio en la tasa de interés afectaría el precio de todos los títulos exactamente de la misma manera. Sin embargo, pese a que este tipo de títulos sirve para ver en toda su magnitud el efecto de un cambio en la tasa de interés, no todos los títulos son perpetuidades y, por lo tanto, el efecto de un cambio en la tasa de interés no será igual para todos los títulos de deuda.

El efecto será tanto más importante cuanto más pagos futuros resulten afectados por el cambio en la tasa de interés. Esto significa que, en *primer lugar*, considerando un único título de deuda, el precio del mismo variará más cuanto más rápido se produzca el cambio en la tasa de interés.

En *segundo lugar,* considerando títulos de deuda de distinta maduración, los títulos de deuda de más largo plazo verán cambiar más fuertemente sus precios, ante cambios en la tasa de interés de mercado. Esto es lo que exploraremos en las próximas secciones.

El momento en que se produce el cambio en la tasa de interés

El efecto de un cambio en la tasa de interés sobre el precio de un título de deuda será menor cuanto más próximo sea el vencimiento final del título. Esto resulta casi obvio: cuanto menor cantidad de pagos futuros resulten afectados por dicho cambio en la tasa de interés, menor será el impacto que hoy recibirá el precio de dicho título de deuda.

Este punto se puede apreciar más claramente con un ejemplo. Supóngase que estamos interesados en valorar un título de deuda que ofrece pagar $ 1 por período, durante 15 períodos, sabiendo que la tasa de interés actual es de 10%, pero que existen posibilidades de que la misma cambie, en más o menos un 50%, en cualquier momento.

Si suponemos que el cambio puede producirse inmediatamente, afectando los 15 períodos de vida del título de deuda, los posibles precios que hoy tendría el título de deuda serían los expuestos en la Tabla 1. Así, si se mantiene la tasa del 10%, el precio del título será de $ 7,61; si la tasa sube al 15% el precio caerá a $ 5,85 y si la tasa cae al 5%, el precio subirá a $ 10,38.

El nuevo precio que tendría efectivamente el título de deuda, asumiendo que la tasa de interés puede subir al 15%, dependerá de en qué momento se produce este cambio; es decir; cuántos pagos futuros resultarán afectados por esta suba de la tasa de interés (ver Tabla 2). Lo mismo cabe decir con respecto a una caída de la tasa al 5% (ver Tabla 3).

Tanto en las Tablas 2 y 3 como en el Gráfico 1 se puede observar que, cuanto más alejado es el momento en el que se produce el cambio en la tasa de interés, menor es el cambio que experimenta el precio del título de deuda (en relación con los $ 7,61 que valdría el mismo si la tasa de interés se mantuviese en el 10% durante los 15 períodos).

t	CFt	r	PVt	r	PVt	r	PVt
1	$ 1,00	10,00%	$ 0,91	15,00%	$ 0,87	5,00%	$ 0,95
2	$ 1,00	10,00%	$ 0,83	15,00%	$ 0,76	5,00%	$ 0,91
3	$ 1,00	10,00%	$ 0,75	15,00%	$ 0,66	5,00%	$ 0,86
4	$ 1,00	10,00%	$ 0,68	15,00%	$ 0,57	5,00%	$ 0,82
5	$ 1,00	10,00%	$ 0,62	15,00%	$ 0,50	5,00%	$ 0,78
6	$ 1,00	10,00%	$ 0,56	15,00%	$ 0,43	5,00%	$ 0,75
7	$ 1,00	10,00%	$ 0.51	15,00%	$ 0,38	5,00%	$ 0,71
8	$ 1,00	10,00%	$ 0,47	15,00%	$ 0,33	5,00%	$ 0,68
9	$ 1,00	10,00%	$ 0,42	15,00%	$ 0,28	5,00%	$ 0,64
10	$ 1,00	10,00%	$ 0,39	15,00%	$ 0,25	5,00%	$ 0,61
11	$ 1,00	10,00%	$ 0,35	15,00%	$ 0,21	5,00%	$ 0,58
12	$ 1,00	10,00%	$ 0,32	15,00%	$ 0,19	5,00%	$ 0,56
13	$ 1,00	10.00%	$ 0,29	15,00%	$ 0,16	5,00%	$ 0,53
14	$ 1,00	10,00%	$ 0,26	15.00%	$ 0,14	5,00%	$ 0,51
15	$ 1,00	10,00%	$ 0,24	15,00%	$ 0,12	5,00%	$ 0,48
		Precio	$ 7,61		$ 5,85		$ 10,38

TABLA 1. *Precio de un título de deuda que ofrece el pago de $1 por período, asumiendo distintas tasas de interés con vigencia al comienzo de cada período.*

Momento en el que se produce la suba en la tasa de interés				
t	15	10	5	1	0
1	$ 0,91	$ 0,91	$ 0,91	$ 0,91	$ 0,87
2	$ 0,83	$ 0,83	$ 0,83	$ 0,76	$ 0,76
3	$ 0,75	$ 0,75	$ 0,75	$ 0,66	$ 0,66
4	$ 0,68	$ 0,68	$ 0,68	$ 0,57	$ 0,57
5	$ 0,62	$ 0,62	$ 0,50	$ 0,50	$ 0,50
6	$ 0,56	$ 0,56	$ 0,43	$ 0,43	$ 0,43
7	$ 0,51	$ 0,51	$ 0,38	$ 0,38	$ 0,38
8	$ 0,47	$ 0,47	$ 0,33	$ 0,33	$ 0,33
9	$ 0,42	$ 0,42	$ 0,28	$ 0,28	$ 0,28
10	$ 0,39	$ 0,25	$ 0,25	$ 0,25	$ 0,25
11	$ 0,35	$ 0,21	$ 0,21	$ 0,21	$ 0,21
12	$ 0,32	$ 0,19	$ 0,19	$ 0,19	$ 0,19
13	$ 0,29	$ 0,16	$ 0,16	$ 0,16	$ 0,16
14	$ 0,26	$ 0,14	$ 0,14	$ 0,14	$ 0,14
15	$ 0,12	$ 0,12	$ 0,12	$ 0,12	$ 0,12
Precio	$ 7,49	$ 6,83	$ 6,16	$ 5,89	$ 5,85

TABLA 2. *Efecto de un aumento de la tasa de interés, del 10% al 15%, que se produce al comienzo del período 0, 1, 5, 10 y 15.*

Momento en el que se produce la caída en la tasa de interés				
t	**15**	**10**	**5**	**1**	**0**
1	$ 0,91	$ 0,91	$ 0,91	$ 0,91	$ 0,95
2	$ 0,83	$ 0,83	$ 0,83	$ 0,91	$ 0,91
3	$ 0,75	$ 0,75	$ 0,75	$ 0,86	$ 0,86
4	$ 0,68	$ 0,68	$ 0,68	$ 0,82	$ 0,82
5	$ 0,62	$ 0,62	$ 0,78	$ 0,78	$ 0,78
6	$ 0,56	$ 0,56	$ 0,75	$ 0,75	$ 0,75
7	$ 0,51	$ 0,51	$ 0,71	$ 0,71	$ 0,71
8	$ 0,47	$ 0,47	$ 0,68	$ 0,68	$ 0,68
9	$ 0,42	$ 0,42	$ 0,64	$ 0,64	$ 0,64
10	$ 0,39	$ 0,61	$ 0,61	$ 0,61	$ 0,61
11	$ 0,35	$ 0,58	$ 0,58	$ 0,58	$ 0,58
12	$ 0,32	$ 0,56	$ 0,56	$ 0,56	$ 0,56
13	$ 0,29	$ 0,53	$ 0,53	$ 0,53	$ 0,53
14	$ 0,26	$ 0,51	$ 0,51	$ 0,51	$ 0,51
15	$ 0,48	$ 0,48	$ 0,48	$ 0,48	$ 0,48
Precio	$ 7,85	$ 9,03	$ 10,00	$ 10,34	$ 10,38

TABLA 3. *Efecto de una caída de la tasa de interés, del 10% al 5%, que se produce al comienzo del período 0, 1, 5, 10 y 15.*

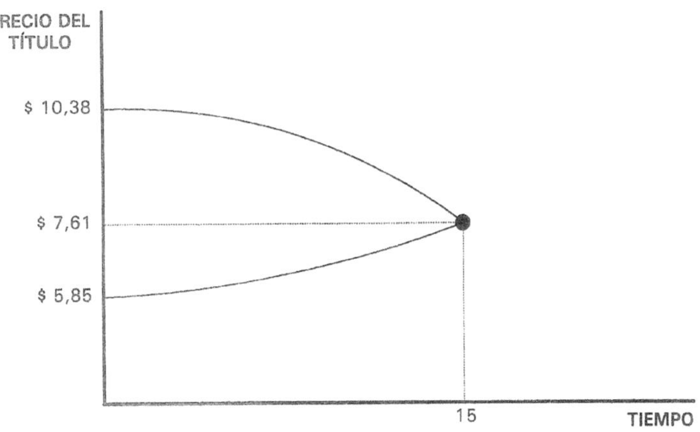

Gráfico 1.

Efecto de una variación de la tasa de interés, dependiendo del momento en que se produce.

Sensibilidad del precio de un título de deuda ante cambios en la tasa de interés

Las Tablas 1, 2 y 3 dejan todavía lugar para ser reinterpretadas. En el Gráfico 2 se puede apreciar la sensibilidad del precio (la magnitud del cambio en el precio) ante cambios en la tasa de interés.

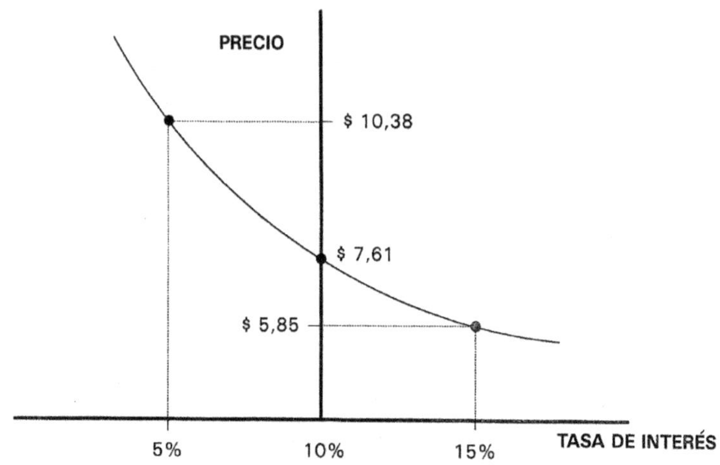

Gráfico 2.
Sensibilidad del precio de un título de deuda ante cambios en la tasa de interés.

Nótese que hemos graficado solo una de las curvas, la correspondiente al cambio más pronunciado en el precio –cuando la tasa de interés cambia inmediatamente, en el momento 0– no obstante lo cual queda claro que se podrían representar curvas correspondientes a distintos supuestos en cuanto al momento en el cual cambiará la tasa de interés.

Obviamente todas ellas cortarían el eje vertical en el mismo punto ($ 7,61), el signo de todas las pendientes sería igual y la misma iría siendo menos pronunciada a medida que se fuera alejando el momento en el que se produce el cambio en la tasa de interés.

Este suele ser el tipo de relaciones que establecen muchos de quienes operan en los mercados financieros: esperan ganancias de capital (movimientos a lo largo del eje vertical) ante cambios en la tasa de interés (movimientos a lo largo del eje horizontal).

El "especulador", dentro de los de ese numeroso grupo de operadores de los mercados financieros, se caracteriza por tomar las curvas que muestran una mayor pendiente.

Cambios en la tasa de interés y títulos de distinta maduración

El cambio en la tasa de interés produce cambios más significativos en los títulos de deuda de más largo plazo. Nuevamente, en forma intuitiva: cuantos más pagos futuros sean afectados por un cambio en la tasa de interés, más afectado estará el precio de un título de deuda.

Un ejemplo nos servirá, otra vez, para aclarar el concepto. Dada una tasa de interés del 15%, el precio de un título de deuda A, que ofrece pagar $ 1 por período, durante 15 períodos ($ 5,8474), es exactamente el mismo que el de otro título B, un tanto exótico, que ofrece pagar $ 6,7245 dentro de solamente un período. Estos valores pueden verificarse fácilmente: mediante el auxilio de la Tabla 1 (nótese que en dicha tabla se *redondeó* $ 5,8474 en $ 5,85) y recordando que (6,7245/1,15) = 5,8474.

Veamos ahora qué pasa con el precio de estos títulos de deuda ante un aumento súbito de la tasa de interés al 20%, o una caída del mismo tipo al 10%. En la Tabla 1 se pueden ver los nuevos precios para estos títulos de deuda y en la Tabla 2 las correspondientes variaciones porcentuales.

Precio de:	Tasa de Interés de Mercado		
	10,00%	15,00%	20,00%
Título de Deuda A	$ 7,6061	$ 5,8474	$ 4,6755
Título de Deuda B	$ 6,1130	$ 5,8474	$ 5,6033

TABLA 1. *Precio de los títulos de deuda A y B, ante distintas tasas de interés.*

Variación porcentual del precio	Tasa de Interés de Mercado		
Precio de:	10,00%	15,00%	20,00%
Título de Deuda A	30,08%	0,00%	−20,04%
Título de Deuda B	4,54%	0,00%	−4,17%

TABLA 2. *Variación porcentual del precio de los títulos de deuda A y B, ante cambios en la tasa de interés.*

Tanto las Tablas 1 y 2, como el más elocuente Gráfico 3, muestran que cuanto más largo es el plazo de un título de deuda más fluctuará su precio ante un cambio de la tasa de interés. En ambos casos el mensaje es claro: *si usted es conservador, apueste a título cortos, si usted es más bien audaz, juéguese por títulos largos.*

Resumiendo, las ganancias de capital por la tenencia de un título de deuda están directamente vinculadas con:

> *1) magnitud de la caída de la tasa de interés,*
> *2) rapidez con la que cae la tasa de interés, y*
> *3) maduración del título de deuda.*

Las pérdidas de capital por la tenencia de un título, a su vez, serán tanto mayores cuanto:

> *1) mayor sea la suba de la tasa de interés,*
> *2) más rápido (más cerca de hoy) se produzca dicha suba, y*
> *3) mayor maduración tenga el título de deuda.*

Cortoplacismo y títulos de deuda con tasa de interés variable

En un mercado de ahorristas adversos al riesgo, que ven con recelo los cambios frecuentes y significativos en los precios de los títulos de deuda, no existen muchas formas de cubrir el riesgo de un cambio en la tasa de interés –o al menos quitar significatividad a estos cambios–.

La primera de estas coberturas se obtiene acortando el plazo de emisión de los títulos de deuda. En este sentido, toda Latinoamérica es un claro ejemplo: en muchos lugares, durante largos períodos de tiempo y bajo muy distintas circunstancias, las deudas han llegado a pactarse a plazos de solo un día. En este sentido el *cortoplacismo* no sería más que el síntoma que muestra un mercado financiero sometido a cambios exacerbantes en la tasa de interés. Si estos cambios fueran previsibles, la valuación de los títulos de deuda no ofrecería mayores problemas; lo que convierte en *exacerbantes* a los cambios en la tasa de interés es el carácter imprevisible de los mismos.

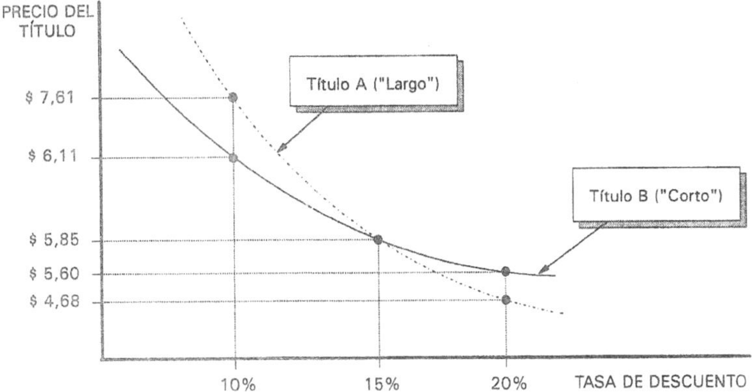

Gráfico 3.
Efectos de un cambio en la tasa de interés sobre títulos de deuda de distinta
maduración.

Muchas veces esta imprevisibilidad se debe a la existencia
de regulaciones que garantizan ilimitadamente el pago de los
títulos de deuda y/o a la aparición de oferentes o demandantes
de fondos, anormalmente grandes –tales como los organismos
públicos– cuyo comportamiento no responde a los estímulos de
la tasa de interés. En ambos casos, una parte significativa del mercado se mueve sin que su comportamiento resulte afectado por
un aumento o una disminución de la tasa de interés.

Alternativamente, otro camino que permite cubrir el riesgo
de variación en la tasa de interés, sin caer en los problemas del
cortoplacismo –manteniendo, por tanto, plazos de financiación un
tanto más prolongados– consiste en no fijar una tasa predeter-
minada a los títulos de deuda sino hacerla variable. Es decir, con
esta modalidad, la tasa de interés para un título de deuda se re-
pacta, período por período, hasta el vencimiento final del título.

En estos casos, la tasa de interés de mercado y la tasa de interés de los títulos tienen pocas diferencias y el riesgo de cambio
en la tasa de interés queda sumamente limitado.

En la práctica, en esta variante, todo el efecto sobre el precio
queda acotado solamente a la ganancia o pérdida de capital sobre el pago de un único período: si la tasa de interés cambia hoy,
en el período siguiente ya estará vigente la nueva tasa de interés.

Por lo tanto, solo está afectado el próximo pago que ofrece el título de deuda, pero no los pagos remanentes que quedan hasta el vencimiento.

Cabe agregar que, aunque las dos opciones cubren los riesgos de cambios en la tasa de interés, la primera de estas alternativas (el *cortoplacismo*) cubre los tremendos riesgos emergentes de un marco jurídico de poca estabilidad, tal como el que existe en toda Latinoamérica. Estos mismos riesgos, sin embargo, no quedarían adecuadamente cubiertos en el caso de una cobertura mediante el uso de una tasa de interés variable.

II. Hacia un enfoque más general

Sobre el precio de un título de deuda

*No price is too high for a bull
or too low for a bear.*

Habíamos dicho, en el Capítulo 7, que el precio P de un título de deuda que ofrecía $ 1 dentro de un período, emitido con una tasa de interés r, era igual a:

$$P = \frac{\$\,1}{(1 + r)}$$

Queda claro que este precio P supone varias cosas. En *primer lugar,* que la tasa de interés se mantiene hasta que el $ 1 se cobre; en *segundo lugar,* que efectivamente ese $ 1 se cobrará y, en *tercer lugar,* que no hay costos de entrada y salida.

Así, si la tasa de interés que el público espera para este título no es la tasa r fijada en el mismo, sino la tasa R, el precio del título de deuda será P':

$$P' = \frac{\$\,1}{(1 + R)}$$

Del mismo modo, si el público percibe que la probabilidad de cobrar $ 1 al final del período no es del 100%, sino de w (donde $0 < w < 1$), el precio del título de deuda ya no será P', sino P'':

$$P'' = P' \cdot w = \frac{\$\,1}{(1+R)} \cdot w$$

Podemos, a partir de esta última formulación, reexpresar el precio P'' de la siguiente manera (multiplicando y dividiendo el lado derecho por $[1+r]$):

$$P'' = \frac{\$\,1}{(1+r)} \cdot \frac{(1+r)}{(1+R)} \cdot w$$

del mismo modo, sumando y restando R en el segundo término:

$$P'' = \frac{\$\,1}{(1+r)} \cdot w \cdot \frac{(1+r+R-R)}{(1+R)}$$

reordenando ahora los componentes del último término del lado derecho:

$$P'' = \frac{\$\,1}{(1+r)} \cdot w \cdot \left[1 + \frac{(r-R)}{(1+R)} \right]$$

El precio de mercado del título de deuda, P'', ya no es simplemente el $\$\,1$ prometido al cabo del período descontado por la tasa a la que fue emitido, sino que a ese precio teórico original, P, ahora se lo ajusta:

(1) por un factor w que pondera la probabilidad que ese $\$\,1$ (prometido) sea efectivamente percibido y,

(2) por un factor que ajusta los riesgos adicionales que el público visualiza al descontar el título de deuda con la tasa R, en lugar de hacerlo con la tasa r.

Las consecuencias de estos ajustes, por no ser nada triviales, merecen un detallado análisis. En *primer lugar,* aunque no se produzca ningún ajuste en la tasa de descuento apropiada para este título de deuda, el precio de mercado del título (P'') puede ser inferior al precio teórico (P) –es decir, el título puede estar subvaluado– simplemente porque existe la expectativa de que la posibilidad de no percibir el $\$\,1$ prometido al final del período tiene una probabilidad igual a $(1-w)$.

En *segundo lugar,* siempre que la tasa R que el público espere por la tenencia de este título sea superior a la tasa r a la que se emitió el título, el precio de mercado P'' estará subvaluado (será inferior a P). Del mismo modo, siempre que la tasa esperada R sea inferior a r, el título estará sobrevaluado.

Esto, que es relativamente sencillo de explicar, en la práctica es sumamente difícil de demostrar y mucho más difícil de explotar en beneficio propio, comprando y vendiendo títulos de deuda en el mercado financiero.

En efecto, la probabilidad w y la tasa de descuento R suelen estar muy relacionadas: cuanto más próximo al 100% se encuentre la probabilidad w, tanto más baja será la tasa R. No obstante ello, pueden suceder cambios en r que no afecten para nada la probabilidad w: por ejemplo cambios en la expectativa de inflación, etc. ... El primer tipo de cambios, tal como hemos visto en el capítulo anterior, está asociado con los riesgos no sistemáticos o diversificables, en tanto que el segundo tipo de cambios está vinculado con los riesgos sistemáticos o no diversificables.

En *tercer lugar,* como ya hemos visto en el Capítulo 6, en la medida en que asumamos que la tasa de interés es el resultante de una suma de primas de riesgo, *ex-ante* resulta sumamente difícil determinar si corresponde o no cambiar la tasa de descuento del título (de r a R).

Queda claro entonces que la sobre o subvaluación del título, resultante de comparar el precio de mercado P'' y el precio teórico P, puede obedecer, indistintamente, a cualquiera de los dos factores arriba comentados: la probabilidad asignada al cobro y al ajuste de la tasa de descuento.

Finalmente, en ambos casos, lo único que puede ser observado es el precio de mercado *ex-post* mientras que lo que es relevante para aprovechar esta formulación es el precio *ex-ante*.

Moraleja: *lamentablemente todavía no pueden adquirirse el domingo a la noche diarios confiables del martes a la mañana.* Dicho de otro modo: siempre que usted esté comprando un título de deuda lo estará asaltando una duda: ¿estaré invirtiendo o estaré financiando la huida del resto del público? Esta pregunta, por el momento, no tiene respuesta.

Los costos de entrada y salida

El sencillo modelo de valuación que habíamos presentado anteriormente y que estimaba el precio teórico del título de deuda, P, no consideraba los costos de entrada y salida requeridos por una operación. Estos costos están representados por una serie de comisiones e impuestos que deben abonarse por la compra y/o venta de un título de deuda.

Así, asumiendo que los costos de entrada (por la compra del título) son un porcentaje e del precio de mercado P'' y los costos de salida son un porcentaje s de la cantidad que se espera recibir, podemos reexpresar el precio P'' de la sección anterior de la siguiente forma:

$$P'' \cdot (1 + e) = \frac{\$\,1}{(1 + r)} \cdot w \cdot \left[1 + \frac{(r - R)}{(1 + R)} \right] \cdot (1 + s)$$

Podemos reinterpretar esta expresión del siguiente modo:

$$P'' = \frac{\$\,1}{(1 + r)} \cdot w \cdot \left[1 + \frac{(r - R)}{(1 + R)} \right] \cdot \frac{(1 - s)}{(1 - e)}$$

Como puede observarse, el último término del lado derecho siempre será inferior a 1. Esto significa que, aun cuando la probabilidad de cobro, w, sea del 100% y la tasa de descuento que se utilice para el título, R, sea igual a r, siempre que existan costos de entrada y salida el valor de mercado del título deberá ser inferior a su valor teórico (es decir estará teóricamente subvaluado).

Alternativamente y para verlo de un modo más práctico: dado que podemos ver el precio de un título P'' como:

$$P'' = \frac{\$\,1}{(1 + TIR)}$$

la implicación más directa de la existencia de los costos de entrada y salida es un aumento de la *TIR* requerida para un título. *No toda la TIR generada por el título terminará en las manos del tenedor final del título: una parte de la misma es consumida por los costos de entrada y salida.*

Veamos con un ejemplo cómo funcionan estos conceptos que acabamos de introducir. Supóngase que un título de deuda promete el pago de $ 100 para dentro de un período, en las siguientes condiciones:

$$r = 8\%$$
$$R = 15\%$$
$$w = 95\%$$
$$e = 0{,}95\%$$
$$s = 1{,}41\%$$

El precio de mercado de este título (P'') será entonces:

$$P'' = \frac{\$\,100}{(1+r)} \cdot w \cdot \left[1 + \frac{(r-R)}{(1+R)}\right] \cdot \frac{(1-s)}{(1-e)}$$

$$P'' = (a) \cdot (b) \cdot (c) \cdot (d)$$

donde:

(a) = Precio del Activo financiero valuado a Tasa Libre de Riesgo,
(b) = Ajuste por factor de probabilidad,
(c) = Ajuste por Prima de Riesgo,
(d) = Ajuste por costos de entrada y salida,

aplicando los datos anteriores:

$$P'' = \$\,92{,}59 \cdot 95\% \cdot 93{,}91\% \cdot 97{,}22\% = \$\,80{,}30$$

$$p'' = (a) \cdot (b) \cdot (c) \cdot (d)$$

Asimismo, la *TIR* asociada con este precio será 24,53%.

Sin embargo, si no hubiésemos tenido en cuenta todos los factores a considerar, los precios y tasas de rendimiento *(TIR)* que se habrían estimado serían:

Factor considerado para valuar al título	Precio del título	*TIR* del título
(a)	$ 92,59	8,00%
(a) * (b)	$ 87,96	13,69%
(a) * (b) * (c)	$ 82,60	21,07%
(a) * (b) * (c) * (d)	$ 80,30	24,53%

Es decir, la formulación que hemos encontrado nos permite explicar el paso desde un precio teórico de $ 92,59 y una *TIR* del 8% a un precio de $ 80,30 y una *TIR* del 24,53%. Veámoslo más en detalle en la siguiente tabla:

Factor considerado para valuar al título	Precio del título	*TIR* del título
(a)	7,41%	0,00%
(a) * (b)	5,00%	5,69%
(a) * (b) * (c)	6,93%	7,38%
(a) * (b) * (c) * (d)	2,78%	3,46%
NOTA. Variación inicial considerada con relación al Valor Nominal $ 100.		

Como puede verse, la formulación que hemos presentado nos permite mejorar notablemente el resultado de la valuación de un título de deuda. En particular, al poder descomponer el resultado final en varios efectos parciales.

Ganancias y pérdidas de paridad de un título

Uno de los supuestos clave sobre los que se asienta el criterio de la *TIR* y/o del *VPN* es el de reinversión a las mismas tasas a las que son descontados los flujos de fondos.

Para ver con más claridad las consecuencias de este supuesto, imagínese que se posee un título que tiene un valor nominal de $ 100, que ofrece el pago de cuatro sucesivos cupones anuales, con una tasa de interés del 10%, y que cotiza al 50% de su valor teórico.

La *TIR* de este título, tal como puede observarse en la siguiente tabla, es de 53,25%. Es decir, la única tasa de descuento capaz de brindar como resultado un Valor Presente igual a $ 50 (y por lo tanto un *VPN* = 0) es 53,35% (véase la columna [6]).

t	Deuda final	Amortización	Interés 10%	Cash-flow	Factor actualización 53,25%	Valor presente CFt ajustado
	(1)	(2)	(3)	(4)	(5)	(6)
0	100,00			−50,00	1,0000	
1	75,00	25,00	10,00	35,00	0,6525	22,84
2	50,00	25,00	7,50	32,50	0,4258	13,84
3	25,00	25,00	5,00	30,00	0,2779	8,34
4	0,00	25,00	2,50	27,50	0,1813	4,99
			TIR	53,25%	Precio	50,00

Obsérvese que, siguiendo este planteamiento, puede asumirse que la paridad del título expresa la probabilidad de cobro del mismo. Esto es: si se ajusta el *Cash-flow* que ofrece el título por su paridad del 50% (o sea su probabilidad de cobro) y se lo descuenta a la tasa nominal a la que fue emitido el título (el 10%), el precio de mercado será exactamente el mismo que el que se obtiene con el procedimiento anterior.

t	*Cash-flow* nominal del título	Paridad del título	*Cash-flow* ajustado por probabilidad	Factor actualización al 10%	Valor presente del CFt ajustado
0	($ 50,00)	50,00%	($ 50,00)	1,0000	
1	$ 35,00	50,00%	$ 17,50	0,9091	$ 15,91
2	$ 32,50	50,00%	$ 16,25	0,8264	$ 13,43
3	$ 30,00	50,00%	$ 15,00	0,7513	$ 11,27
4	$ 27,50	50,00%	$ 13,75	0,6830	$ 9,39
TIR	53,25%	*TIR* de emisión	10,00%	Precio	50,00

No obstante lo dicho anteriormente en cuanto a la equivalencia de ambos planteamientos, nótese que, aunque el precio final que se obtiene con los dos procedimientos es el mismo, el *Valor Presente* de cada pago es sustancialmente distinto en cada alternativa (última columna de ambas tablas). En lo que sigue continuaremos utilizando esta última vía para ver los efectos de un cambio de paridad.

Supóngase ahora que, tentado por la *TIR* del 53,25% que ofrece el título de deuda, lo compra, haciéndose acreedor al flujo de fondos de la segunda columna de la tabla anterior. Súbitamente, cinco minutos después de que usted se ha convertido en el feliz poseedor del título, la paridad del mismo sube al 100%, de modo tal que el nuevo *Cash-flow* relevante para el mercado es el exhibido por la columna (3) de la tabla siguiente.

t	*Cash-flow* nominal del título	Paridad del título	*Cash-flow* ajustado por probabilidad	Factor actualización al 10%	Valor presente del CFt ajustado
	(1)	(2)	(3)	(4)	(5)
0	($ 50,00)	50,00%	($ 100,00)	1,0000	
1	$ 35,00	100,00%	$ 35,00	0,9091	$ 31,82
2	$ 32,50	100,00%	$ 32,50	0,8264	$ 26,86
3	$ 30,00	100,00%	$ 30,00	0,7513	$ 22,54
4	$ 27,50	100,00%	$ 27,50	0,6830	$ 18,78
TIR prevista	53,35%	Nueva *TIR*	10,00%	Nuevo precio	100,00

Ante esta ganancia de capital, posiblemente no le interese mucho saber qué es lo que ha pasado, pero igual tratemos de explicarlo. Usted acaba de realizar de golpe la *TIR* prevista: la caída de la *TIR* (del 53,25% al 10%) no es más que la otra cara de la ganancia de capital obtenida (de $ 50 a $ 100), tal como puede verse en los gráficos de las páginas siguientes.

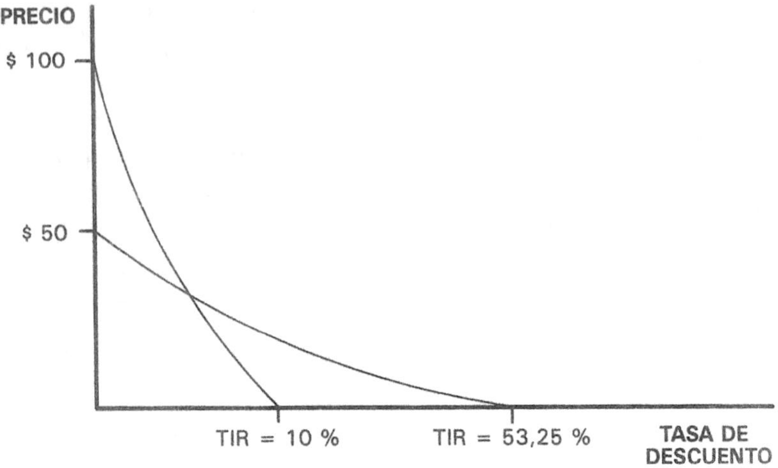

Gráfico 4.
Ganancias y Pérdidas de Capital. El *trade-off* entre la *TIR* y la paridad de un título.

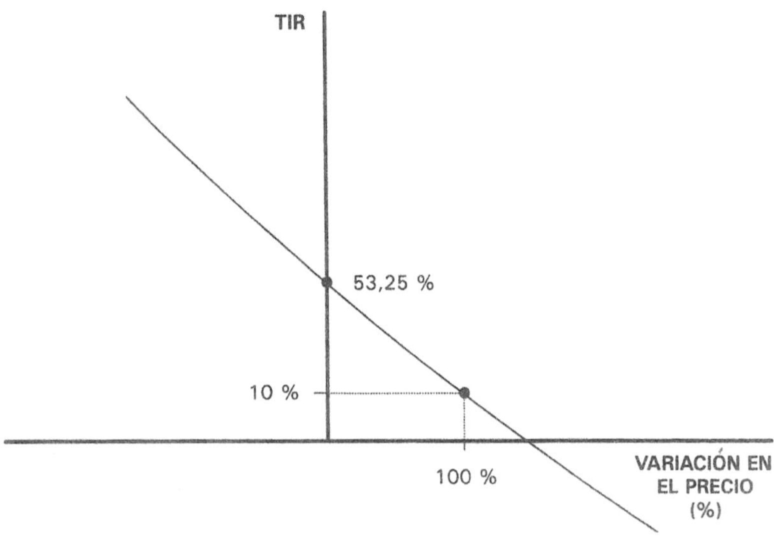

Gráfico 5.
Ganancias y Pérdidas de Capital. El *trade-off* visto como la sensibilidad de la *TIR* ante cambios en el precio del título.

Conclusiones

Podríamos concluir este capítulo final del libro de muchas maneras distintas, pero hemos preferido hacerlo con dos breves cuentos que reflejan, creemos que adecuadamente, los puntos de vista más extremos en lo que hace a la diferencia entre teoría y práctica. Esperamos que tanto el libro que acaba de terminar como estas conclusiones finales le sean de utilidad.

Primer cuento: un diálogo entre Onassis, el famosísimo multimillonario, y un periodista:

Periodista: *¿Cómo ha hecho usted semejante fortuna?*
Onassis: *¿Ve usted aquel jarrón?*
Periodista: *Sí...*
Onassis: *Yo lo vi primero.*

Segundo cuento: un diálogo entre un estudiante y un brillante economista/profesor:

Estudiante: *Mire, profesor, allí en el piso hay un billete de U\$S 100: levantémoslo.*
Profesor: *No diga tonterías, eso no es posible. Si eso fuera así, alguien ya lo habría levantado antes.*

ABREVIATURAS

Abreviatura	*Significado*	*Capítulo**
π (pi)	Inflación	A1-7
σ	Desvío Estándar	12
ΔP	Préstamos adicionales de la entidad bancaria	A2
ΔT	Depósitos de la entidad bancaria que son remunerados	A2
ΔV	Depósitos adicionales captados por la entidad bancaria (no remunerados)	A2
$(R_m\text{-}R_f)$	Precio del riesgo	12
A	Amortizaciones	1
a	Tasa de interés pura	6
AC	Activo Circulante	1
AF	Activo Fijo	1
	Apalancamiento Financiero	11
AO	Apalancamiento Operativo	2
B	Beneficios	2
	Cantidad de riesgo	12
b	Prima de riesgo por liquidez	6
BAAIT	Beneficio antes de Amortizaciones e Impuestos	1
BAIT	Beneficio antes de Intereses e Impuestos	1
BAT	Beneficio antes de Impuestos	1
BDT	Beneficio después de Impuestos	1
BpA	Beneficio Neto por Acción	1
BR	Beneficios Retenidos	3
C	Compras	10
c	Prima de riesgo por plazo	6
	Relación entre Clientes y Ventas	2

---

* Nota. La sigla "A" hace referencia al apéndice de un capítulo (ej. A1-7 refiere al Apéndice 1 del Capítulo 7).

Abreviatura	*Significado*	*Capítulo*
CAPM	*Capital Asset Pricing Model*	12
CC	Coeficiente de Correlación	12
CF	*Cash-flow* (Flujo de Caja)	1
	Costos Fijos	1
CFt	*Cash-flow* ofrecido por un título	13
CGO	Caja generada por las operaciones	1
CMV	Costo de la Mercadería Vendida	1
C_{ov}	Covarianza	12
CPC	Costo Promedio del Capital	11
CT	Capital de Trabajo	1
CTD	Capital de trabajo disponible	5
CTEO	Capital de trabajo estrictamente operativo	1
CV	Costos Variables	1
D	Deuda	1
d	Prima de riesgo por cobrabilidad	
	Tasa de interés pasiva (para depósitos remunerados)	A2
Divid.	Dividendos	3
DLP	Deuda a largo plazo	1
DStd Rm	Desvío Estándar de los rendimientos ofrecidos en conjunto por el Mercado Accionario	12
DStd ROE (p)	Desvío Estándar de rendimientos ofrecidos por un porfolio	12
E	Existencias	1
e	Expectativa de Inflación	
	Porcentaje del encaje (legal y/o técnico) sobre depósitos	A2
	Prima por riesgo de devaluación	2
	Relación entre Existencias y Ventas	2
EF	Existencia Final	10
EI	Existencia Inicial	10
f	Factor de Actualización o descuento	7
FA	Factor de Actualización	9
FGO	Fondos generados por las operaciones	1

Abreviatura	*Significado*	*Capítulo*
FIFO	*First In First Out* (Primero entrado, primero salido)	10
g	Relación entre Proveedores y Ventas	2
GAO	Grado de Apalancamiento Operativo	2
H	Costo total de los incobrables del período	2
i'	Tasa nominal de interés del título de deuda en moneda local	6
I	Intereses	1
i	Tasa de interés de mercado	2
	Tasa de Interés nominal	A1-7
	Tasa nominal de interés del título de deuda en moneda internacional	6
IPM	Índice de Precios Mayoristas	10
IR	Interés de Rentabilidad	8
k	Tasa de descuento o Recursos propios de una Empresa	11
Ko	Patrimonio neto	1
LIFO	*Last In First Out* (Último entrado, primero salido)	10
M	Costo total de las mermas por el mantenimiento de los stocks	2
MC	Margen de Contribución	1
MCT	Margen de Contribución Total	1
MCU	Margen de Contribución Unitario	3
MEC	Máxima Exposición de Caja	9
N	Número	2
n	Número de períodos	7
NA	No Apalancada	11
NCTEO	Necesidad de Capital de Trabajo Estrictamente Operativo	3
o	Prima de riesgo país	6
p(*)	Prima de riesgo de inflación internacional	6
P	Precio de mercado de un título	8
	Precio de venta unitario	2

Abreviatura	Significado	Capítulo
p	Probabilidad	
	Proporción	2
PC	Pasivo Circulante	
	Período de Cobro	4
PM	Precio de mercado de una acción	A2
PP	Plazo de Pago	4
PPI	Pagos Periódicos Iguales	8
PPV	Promedio Ponderado de Vida	9
PRI	Período de Recuperación de la Inversión	9
PS	Período de mantenimiento en stock	4
PV	Valor presente (precio) de una perpetuidad (de un título de deuda)	13
Q	Cantidad vendida	2
r"	Tasa de Interés a pagar por el título de deuda específico en el mercado local	6
r'	Tasa de Interés libre de riesgos vigente en el mercado local	6
R	Revalúo de los stocks mantenidos	2
r	Tasa de descuento o Actualización	7
	Tasa de Interés activa (para préstamos)	A2
	Tasa de Interés libre de riesgos	7
	Tasa de Interés libre de Riesgos Vigente en el Mercado Internacional	6
	Tasa de interés real	A1-7
R_f	Tasa libre de riesgo de la Economía	12
R_m	Tasa de Retorno del Mercado Accionario	12
ROA	Tasa de Retorno sobre Activos	3
ROE	Tasa de Retorno sobre Capital Propio	3
ROEp	Rendimiento de un porfolio eficiente	4
T	Impuestos	1
	Tasa de Interés libre de riesgos o Tasa de Interés real	7
t	Plazo	7
TEA	Tasa de Interés Efectiva Anual	A2-7

Abreviatura	*Significado*	*Capítulo*
Teorema de M-M	Teorema de Modigliani-Miller	11
TIR	Tasa Interna de Retorno	8
TRC	Tasa de Retorno Contable	9
VPN	Valor Presente Neto	8
V*	Nivel del *break-even*	2
V	Ventas	1
Var	Varianza	12
VF	Valor Futuro	7
VP	Valor Presente	7
VPN	Valor Presente Neto	8
w	Probabilidad de cobro estimada por el público ($0<w<1$)	13
	Proporción de los Activos libres de riesgo mantenido en un porfolio	12
w1	Participación de la deuda en la estructura de financiamiento	10
w2	Participación del capital propio en la estructura de financiamiento	10